古典文獻研究輯刊

九 編

潘美月・杜潔祥 主編

第 2 冊

馬國翰及其《玉函山房藏書簿錄》研究

邱麗玟 著

國家圖書館出版品預行編目資料

馬國翰及其《玉函山房藏書簿錄》研究／邱麗玫　著—初版
—台北縣永和市：花木蘭文化出版社，2009〔民98〕
目 4+222 面；19×26 公分
（古典文獻研究輯刊 九編；第 2 冊）
ISBN：978-986-254-010-7（精裝）
1.（清）馬國翰　2. 傳記　3. 私藏目錄　4. 研究考訂
018.87　　　　　　　　　　　　　　　　98014402

ISBN - 978-986-2540-10-7

9 789862 540107

古典文獻研究輯刊
九　編　第二　冊　　　　　ISBN：978-986-254-010-7

馬國翰及其《玉函山房藏書簿錄》研究

作　　者　邱麗玫
主　　編　潘美月　杜潔祥
總 編 輯　杜潔祥
企劃出版　北京大學文化資源研究中心
出　　版　花木蘭文化出版社
發 行 所　花木蘭文化出版社
發 行 人　高小娟
聯絡地址　台北縣永和市中正路五九五號七樓之三
　　　　　電話：02-2923-1455／傳真：02-2923-1452
網　　址　http://www.huamulan.tw 信箱 sut81518@ms59.hinet.net
印　　刷　普羅文化出版廣告事業
初　　版　2009 年 9 月
定　　價　九編 20 冊（精裝）新台幣 31,000 元　　版權所有‧請勿翻印

馬國翰及其《玉函山房藏書簿錄》研究

邱麗玟　著

作者簡介

邱麗玟，台灣桃園人。國立清華大學中語系學士，國立台北大學古典文獻學研究所碩士。曾任中國清史纂修工程項目《清人著述總目》編纂成員。現為山東大學文史哲研究院中國古典文獻學博士生。著有單篇論文〈「《玉函山房藏書簿錄》內容析探〉（2005）。點校《宋元舊本書經眼錄》（2009）。

提　　要

　　馬國翰（1794～1857）是有清一代知名的輯佚大家，平生亦篤好藏書。馬國翰據其「玉函山房」藏書所編撰之《玉函山房藏書簿錄》分首編、經編、史編、子編、集編，共五十七類，約有五萬七千餘卷。馬國翰且為諸書撰有解題，或辨其版刻，或記其存佚，或論其真偽，於目錄學上實有一定之地位。而其所編《玉函山房輯佚書》亦有賴其藏書富贍之功，故《玉函山房藏書簿錄》之價值實不容小覷。

　　本論文《馬國翰及其《玉函山房藏書簿錄》研究》旨在探討山東藏書家馬國翰及其所撰著之《玉函山房藏書簿錄》。全文共分六章：第一章〈緒論〉，說明研究動機、目的、方法，並對前人之研究成果作一探討。第二章〈馬國翰之生平、著述與交遊〉，分述馬氏之生平、著述及交遊狀況。第三章〈《玉函山房藏書簿錄》析論（上）〉，考論《簿錄》成書之背景，《簿錄》之傳本以及所著錄書籍之聚、散情形，並藉由《簿錄》一窺「玉函山房」藏書之特色。第四章〈《玉函山房藏書簿錄》析論（下）〉，針對《簿錄》解題義例與分類之情形予以探討，並舉例證以明之。第五章〈《玉函山房藏書簿錄》與《玉函山房輯佚書》〉，首述清代輯佚之發展，考辨《輯佚書》之作者、釐析《輯佚書》之內容，進一步就《玉函山房藏書簿錄》與《玉函山房輯佚書》二書之關係作一綜合比較。第六章〈結論〉，就《簿錄》之優、缺點予以評價，以彰顯馬國翰於中國目錄學史上的貢獻。

目次

第一章 緒 論 ………………………………………………… 1
　第一節 研究動機 ………………………………………… 1
　第二節 研究目的與方法 ………………………………… 2
　第三節 前人研究成果 …………………………………… 3
第二章 馬國翰之生平、著述與交遊 …………………… 7
　第一節 生 平 …………………………………………… 7
　　一、啓蒙時期 ………………………………………… 8
　　二、科舉求仕時期 …………………………………… 9
　　三、仕宦著述時期 …………………………………… 12
　第二節 著 述 …………………………………………… 16
　第三節 交 遊 …………………………………………… 31
　　一、與賈璇、時銘之師生情誼 ……………………… 31
　　二、與詩人文友之相知相惜 ………………………… 32
　　三、對門生陳永修之獎掖提攜 ……………………… 37
第三章 《玉函山房藏書簿錄》析論（上）………………… 39
　第一節 《玉函山房藏書簿錄》之成書背景 ………… 39
　第二節 《玉函山房藏書簿錄》之傳本 ……………… 43
　第三節 《玉函山房藏書簿錄》所收書之聚散 ……… 50
　　一、藏書之徵集 ……………………………………… 50
　　二、藏書流散概況 …………………………………… 55

第四節　《玉函山房藏書簿錄》所收書之數量與版本 …………………………………………… 69
一、《玉函山房藏書簿錄》所著錄書籍之數量分析 ……………………………………… 69
二、《玉函山房藏書簿錄》所著錄書籍之版本分析 ……………………………………… 71
第五節　《玉函山房藏書簿錄》所收書之內容特點 …………………………………………… 80
一、《四庫》未收書甚多 ……………………… 80
二、輯本甚多 …………………………………… 81
三、地方志甚多 ………………………………… 83
四、勸善書甚多 ………………………………… 84
五、山東鄉賢先輩的著作甚多 ……………… 85
第四章　《玉函山房藏書簿錄》析論（下）……… 89
第一節　《玉函山房藏書簿錄》之解題 ………… 89
一、《玉函山房藏書簿錄》解題義例 ……… 90
二、《玉函山房藏書簿錄》解題與《四庫全書簡明目錄》解題之關係 ………………… 99
第二節　《玉函山房藏書簿錄》之分類 ……… 115
一、《玉函山房藏書簿錄》分類情形 …… 116
二、《玉函山房藏書簿錄》門類設置之承襲與創新 ……………………………………… 122
第五章　《玉函山房藏書簿錄》與《玉函山房輯佚書》 ………………………………………… 139
第一節　清代的輯佚 …………………………… 139
一、清代輯佚興盛之因 ……………………… 140
二、清代輯佚的特點 ………………………… 141
三、清代輯佚的成就 ………………………… 142
第二節　《玉函山房輯佚書》作者考辨 ……… 144
一、學者之誤解——《玉函山房輯佚書》為馬國翰竊掠章宗源之輯佚成果 ………… 144
二、學者為之辯誣——《玉函山房輯佚書》非馬國翰竊掠章宗源之輯佚成果 ……… 146
第三節　《玉函山房輯佚書》概述 …………… 159
一、《玉函山房輯佚書》版本、種數、卷數 … 159
二、《玉函山房輯佚書》之解題與分類 …… 177

第四節　《玉函山房藏書簿錄》與《玉函山房輯佚
　　　　書》之關係 ······················· 185
　一、《玉函山房藏書簿錄》所收輯本爲《玉函
　　　山房輯佚書》輯佚之基礎 ··········· 186
　二、《玉函山房藏書簿錄》所著錄之書與《玉
　　　函山房輯佚書》所取材者相關 ······· 188
　三、二書之互爲著錄 ····················· 194
　四、二書解題之辭意可互爲參證 ········· 195
第六章　結論──《玉函山房藏書簿錄》的評價 · 201
　第一節　《玉函山房藏書簿錄》的優點 ········· 201
　第二節　《玉函山房藏書簿錄》的缺點 ········· 204

重要參考書目 ································· 207

書　影
　書影一：《玉函山房藏書簿錄》 ··············· 215
　書影二：馬國翰《玉函山房藏書簿錄》手批（一）
　　　　　 ································· 216
　書影三：馬國翰《玉函山房藏書簿錄》手批（二）
　　　　　 ································· 217
　書影四：《玉函山房詩集》 ··················· 218
　書影五：《玉函山房文集》 ··················· 219
　書影六：馬國翰致李廷棨手札 ··············· 220
　書影七：馬國翰的藏書印（一）──玉函山房藏書
　　　　　 ································· 221
　書影八：馬國翰的藏書印（二）──玉函山房藏書
　　　　　 ································· 221

第一章 緒 論

第一節 研究動機

馬國翰（1794～1857）除了是有清一代知名的輯佚大家外，平生亦酷嗜藏書，積書約有五萬七千餘卷，雖不刻意搜求宋元舊槧，然所藏率多異本，常可補官修書目與史志之闕，孤本秘笈亦賴是以存，對於古代文獻之保存與傳播有其一定之貢獻。其藏書之富所引發出的許多附加學術研究，亦津逮後學，裨益良多。然此內容繁富、數量可觀的私人藏書卻在中國藏書史上罕有及之者。

再者，馬國翰據其「玉函山房」藏書所編撰之《玉函山房藏書簿錄》，雖「依晁公武《郡齋讀書志》，陳振孫《直齋書錄解題》之式，分列部居，撮記要旨」，〔註 1〕或辨其版刻，或記其存佚，或校其異同，或論其得失，亦可謂解題精要、編纂有體，其所著錄《四庫》未收書或《四庫》後出之書，馬氏為其撰著之解題亦簡扼、切當，足補《四庫全書總目》之罅漏，甚有價值，但或因傳本罕見，致使《玉函山房藏書簿錄》在中國目錄學史上始終默默無聞。

此外，馬國翰《玉函山房輯佚書》所輯佚籍成果之豐碩、所撰解題考據之詳審實與其藏書之富息息相關，當然《玉函山房藏書簿錄》於其中所扮演的橋梁角色自不容小覷，惜前人學者所考頗見支離，闕疑之處亦復不少。

〔註 1〕 馬國翰：《玉函山房藏書簿錄・自序》（北京：北京圖書館出版社，2001 年 6 月），頁 1。

筆者有鑑於此，擬對馬國翰之生平、里貫、仕履、戚友、著述作一彙考，以符合知人論世之旨，進而就《玉函山房藏書簿錄》之成書背景、傳本、內容、體例、分類以及其與《玉函山房輯佚書》之關係作一系統、全面的分析與研究，冀使馬國翰之生平事蹟與《玉函山房藏書簿錄》之價值得以彰顯於世。

第二節　研究目的與方法

筆者選定〈馬國翰及其玉函山房藏書簿錄〉為研究題目，其目的有五，茲條列如下，而本論文之研究方法亦略論如次。

一、考論馬國翰生平、著述及交遊

馬國翰生平事蹟不彰於世，參考材料亦極為有限。筆者擬就今日可目見之馬國翰著作如：《玉函山房文集》、《玉函山房詩集》、《玉函山房輯佚書》、《玉函山房藏書簿錄》等為主要依循的線索，並網羅相關之史籍、方志以及藏書史，加以統整，歸結所見，取其與馬氏生平有關者，俾復馬國翰生平、里貫、仕履、著述、戚友之全貌，以補前人未盡之意。

二、了解馬國翰編纂《玉函山房藏書簿錄》之時代背景、傳本及馬氏藏書之聚、散概況

一事之興，必有其背景、緣由。筆者擬就清代及山東文獻中相關之目錄、藏書材料進行綜合、分析，再參酌前人之研究成果，藉以說明馬國翰一生酷好庋藏書籍且撰有《玉函山房藏書簿錄》所受到時代與環境的影響。其次，筆者擬據公、私簿錄及馬國翰著作，查訪其中有跡可尋之脈絡，針對《玉函山房藏書簿錄》傳本之異同以及馬國翰藏書之來源、方式、散失情況作一闡述。

三、綜理《玉函山房藏書簿錄》所著錄書籍之數量、版本、內容特色

《玉函山房藏書簿錄》所著錄之書籍數量龐大、版本多種、內容廣博，筆者擬詳覈《玉函山房藏書簿錄》之記載，作全面的統計與分析，並加以歸類、整理，力求掌握該書目之特點，發掘該書目之精要，以確立其具體價值之所在。

四、討論《玉函山房藏書簿錄》的解題與分類

馬國翰為所收諸書多撰有解題，其中除珍本秘籍外，還包括大量的普通書籍以及《四庫》未收書，解題內容多有特色，前人學者雖有論及者，但未

能深入作系統之探究。筆者擬將書中所有解題作一彙整、條析並佐以例證，以肯定該書目解題義例之齊備。此外，並將《玉函山房藏書簿錄》與《四庫全書簡明目錄》二書之解題作一對比，互相參證，進而探究彼此之關係。至於《玉函山房藏書簿錄》分類體系之討論則運用分析法以凸顯其分類之特色以及類目設置之所承。

五、探討《玉函山房藏書簿錄》的加值利用

　　要進行學術研究之前，必先查閱資料，而馬國翰所輯《玉函山房輯佚書》堪稱為卷帙浩繁之鉅作，編纂時想必更須大量徵引、利用圖籍文獻，是故，馬國翰將己身所藏書籍編製成家藏目錄，以利檢閱，則益顯迫切。筆者擬以所知見之《玉函山房輯佚書》版本為主要依據並參酌諸家之論述，為《玉函山房輯佚書》的收書種數、解題、分類等問題作一詳盡的探討，進而條舉其與《玉函山房藏書簿錄》互為參證之例，以確定《玉函山房藏書簿錄》與《玉函山房輯佚書》密切之關係，既可駁正前人對馬國翰《玉函山房輯佚書》攘竊之誤解，兼明馬國翰利用自己藏書著述立說的貢獻。

　　綜此五端，為本文之研究目的與研究方法。

第三節　前人研究成果

　　〔清〕光緒中河北學者蔣式瑆即肆力探訪、搜求馬國翰遺書，將所得校錄成《手稿存目》〔註2〕一卷，共分為金、石、絲、竹、匏、土、革、木、日、月、星等十一函，詳載馬氏平生藏書、輯書之資料，鮮為人知，彌足珍貴。蔣式瑆且撰有《書後》三篇，〔註3〕為馬氏《玉函山房輯佚書》竊自章宗源（1752～1800）的疑問，詳舉證據，大力辯誣。後馬國翰外孫李元璡撰《馬氏全書・後序》，對於馬氏藏書活動、藏書散佚原委頗有交代，文中並且言及《玉函山房輯佚書》散落書版集結、刷行之經過，皆為日後研治馬國翰相關論題者提供了甚為寶貴的線索。

〔註2〕　〔清〕蔣式瑆校錄：《手稿存目》一卷，收在《馬氏全書》十種，第15冊（台北：中央研究院歷史語言研究所傅斯年圖書館藏清光緒十年繡江李氏補刊本）。

〔註3〕　〔清〕蔣式瑆：《書後》三篇，收在〔清〕李元璡輯《玉函山房輯佚書目耕帖續補》（台北：中央研究院歷史語言研究所傅斯年圖書館藏清光緒己丑夏五章邱李氏校刊本）。

　　而近世研治馬國翰及其相關著作且有所論述者，王重民（1903～1975）〈清代兩大輯佚書家評傳〉一文實啓其端緒，刊於西元 1932 年《輔仁學誌》。全文首先鉤稽出馬氏之生平、仕履，按時排比，簡明扼要，此外，亦針對馬國翰《玉函山房輯佚書》爲竊自章宗源之疑問再三考述，除批駁諸家之謬說以及對蔣式瑆所提論點之疏漏予以糾正外，更進一步分析、探討章宗源輯佚書稿之流向以證馬國翰竊掠說的無稽。最後，王重民將馬氏生平撰著一一列舉且詳加考證，其功至偉。

　　西元 1936 年 12 月，邢藍田撰〈鵝莊訪書記〉，刊於《山東省立圖書館季刊─奎虛書藏落成紀念專集》，記其六訪山東章邱鵝莊以求馬（國翰）、李（廷棨）二家典藏之所獲，其中訪得馬國翰手札九十頁，關於馬氏平時輯佚之事多有提及，於馬氏洗冤，至有裨益。

　　西元 1952 年 3 月，梁子涵所撰〈玉函山房藏書簿錄及輯佚書問題〉刊諸《大陸雜誌》，全文分爲馬竹吾事略、《簿錄》之內容、《簿錄》之編成與刊行、馬氏之手批、《玉函山房輯佚書》問題、馬竹吾手札等項目。梁氏此文論述層面較廣，尤其是在《玉函山房藏書簿錄》尚未影印流通之前，即據台灣大學圖書館保存之傳本介紹其內容，雖未盡詳審，但發人所未見，功不可沒。

　　西元 1992 年 12 月，山東大學出版社刊印王紹曾、沙嘉孫合編之《山東藏書家史略》，書中亦設有專篇紹述馬國翰之藏書始末，編者廣及各項序跋、方志、史傳、公私簿錄等諸多文獻，使讀者能快速掌握馬國翰一生之藏書軼事、藏書內容以及藏書貢獻，惟篇幅仍嫌過短，殊爲可惜。

　　西元 1994 年，葉樹聲、張立敏撰〈馬國翰竊章宗源輯佚成果辯〉，刊於《河北圖苑》，就前人所論馬氏《輯佚書》之誣，加以澄清，稍有增補。西元 1997 年 6 月，王君南撰〈玉函山房輯佚書研究〉，刊諸《書目季刊》，則於《玉函山房輯佚書》原典材料外，加入對《玉函山房藏書簿錄》以及馬氏手札的考察，以論證《玉函山房輯佚書》必出於馬國翰所自著，除此之外，王君南亦針對《玉函山房輯佚書》的特色與不足處提出研究的成果。西元 1998 年，黃鎮偉撰〈玉函山房、漢學堂輯佚書考略〉，刊於《古籍整理研究學刊》，則考論《玉函山房輯佚書》之版本系統、流傳概況。西元 1996 年 6 月廣西師範大學出版社所刊印的《中國古代文獻學家研究》以及西元 1998 年 9 月東北師範大學出版社刊印的《中國古籍輯佚學論稿》中，曹書杰皆闢專題以論述馬國翰輯佚之成就以及《玉函山房輯佚書》成書、數量、卷數、攘竊諸問題。

　　以上所舉文獻，除梁子涵〈玉函山房藏書簿錄及輯佚書問題〉與王紹曾《山東藏書家史略·馬國翰》外，其餘諸篇撰述之重點多以《玉函山房輯佚書》爲主，《玉函山房藏書簿錄》則少有論及。

　　西元 1999 年秋，馬國翰著作木刻雕版在山東章邱被大量發現，西元 2000年，《文史哲》有滕咸惠撰〈清代馬國翰著作木刻雕版在章邱發現〉、西元 2001年 9 月，《藏書家》第 4 輯有寧蔭棠撰〈百年藏板重現記〉陸續發表，對於馬國翰生平著作雕版的發現經過、雕版數量、版刻狀況皆有詳盡的說明，頗具參考、研究之價值。〔註 4〕

　　西元 2001 年 6 月，北京圖書館出版社將山東大學圖書館所庋藏的《玉函山房藏書簿錄》二十五卷印行流通後，關於《玉函山房藏書簿錄》問題之研究，始漸受注意。杜澤遜師撰《玉函山房藏書簿錄·影印玉函山房藏書簿錄序》爲《玉函山房藏書簿錄》之藏書部類、內容、數量、現存傳本、版本特色及其解題之功，作一整體敘述，後又續成〈馬國翰與玉函山房藏書簿錄〉，刊諸西元 2002 年 4 月《文獻》，其中對於《玉函山房藏書簿錄》與《四庫全書簡明目錄》二書解題的關係以及《玉函山房藏書簿錄》與中華書局本《續修四庫全書提要》的相較，皆列舉實例，品騭得失，發皇較多，可以爲資者甚眾。同年 9 月，賀宜於《東岳論叢》發表〈馬國翰與玉函山房藏書簿錄〉，雖多採杜氏之說，但對馬國翰藏書中的精品特點、具體價值的討論，亦多有新義。杜澤遜師、程遠芬師合撰《山東著名藏書家》中，〈馬國翰玉函山房〉一文於馬國翰的藏書來源、藏書版本、藏書特色、藏書流散情況皆作進一步的增補，資料頗豐。〔註 5〕

　　筆者期望能在前人的研究成果上，針對馬國翰及其《玉函山房藏書簿錄》一書作一全面、系統且深入之研析。

〔註 4〕 據寧蔭棠所記：「這批書板共計五千九百六十六張、一萬零二十三頁，存書籍六百二十三部、六百二十三部、八百七十三卷，約計三百九十七萬字。雕板多爲杜梨木，大部分爲雙面刻。中縫刻有書名、魚尾及頁碼。每頁十八行，滿行二十或二十一字」。據寧蔭棠：〈百年藏板重現記〉，《藏書家》第 4 輯，（濟南：齊魯書社，2001 年 9 月），頁 142。

〔註 5〕 杜澤遜師、程遠芬師合撰：《山東著名藏書家》（濟南：山東文藝出版社，2004年）。

第二章　馬國翰之生平、著述與交遊

　　馬國翰爲清代嘉道時期著名的輯佚大家，同時也是山東當時少數藏書能超過五萬卷的藏書家，然而由於馬國翰家本素貧，一生又位居薄宦，再加上其著作刊刻流布不廣，不爲時人所注意，故關於馬國翰之生平傳略其資料可說是十分貧乏。王重民〈清代兩大輯佚書家評傳〉一文，是對馬國翰生平作較系統研究之伊始，王重民彌補了「嘉道樸學極盛之後，一位輯佚書成績最富的馬國翰，竟沒有立傳」〔註1〕的缺憾，文中雖不免有疏漏、舛誤，或言有未備之處，然仍極具參考價值。本文即以王重民所編之馬氏年表爲基礎，引徵幸可目見之馬氏作品、相關地方志傳等載籍文獻，期能稍加訂補馬國翰之生平仕履行誼、戚友交游以及學術成績等狀況。

第一節　生　平

　　馬國翰，字詞溪，號竹吾，〔註2〕室號玉函山房。〔註3〕原籍山東章邱，

〔註1〕據王重民：〈清代兩個大輯佚書家評傳〉，收在《中國目錄學史論叢》（北京：中華書局，1984年12月），頁277。

〔註2〕另有一説：「（馬國翰）字詞溪，一字竹吾」，見〔清〕孫葆田等撰：《山東通志・人物志・國朝人物》（台北：華文書局據民國四年重印本影印，1969年1月），卷170，頁4918。

〔註3〕杜澤遜師：「濟南南郊有座山叫玉函山，山名頗有寓意，因爲過去把盛書的盒或套稱爲『書函』，上等書函有時配有玉簽，馬國翰因而把自己的藏書處叫『玉函山房』。」杜澤遜師、程遠芬師合撰：《山東著名藏書家》（濟南：山東文藝出版社，2004年），頁61。馬國翰〈閒居課兒經句漫然有詠〉亦

曾祖時遷居山東歷城縣南權府莊(今全福莊)。〔註4〕生於〔清〕乾隆59年(1794)5月13日,〔註5〕卒於咸豐7年〔註6〕(1857),享壽六十有四。馬國翰一生經歷,約分三期,以下分別敘述之。

一、啟蒙時期

——十五歲以前。(乾隆59年(1794)～嘉慶13年(1808))

馬國翰,父馬名錦,〔註7〕字文江,曾任山西汾州府經歷,後歷署甯鄉、武鄉、天鎮等縣知縣,馬國翰即生於馬父官山西知縣時,〔註8〕後亦隨之任所、侍讀其側。嘉慶5年(1800,庚申),7歲,開始從師讀書,學習論語。〔註9〕馬國翰生具異稟,「觀書,目下數行,一覽輒不忘,……幼有聖童之目」,〔註10〕再加上馬父嚴格的鞭策以及期許之下,馬國翰九歲時,其於詩文方面之表現已令馬父頗感欣慰,馬國翰曾云:

嘗言:「門前一桁碧巉巉,吾愛吾廬對玉函」見馬國翰:《玉函山房文集》(上海圖書館藏清光緒十年甲申孟秋繡江李氏補刊本),卷7,頁2。

〔註4〕馬國翰曾云:「余本亦章人,自先曾祖遷居歷下,今四世矣。」馬國翰:《玉函山房文集・朝陽雜詠序》,卷3,頁5。又「馬國翰宅在南權府莊」,見〔清〕毛承霖纂修:《續歷城縣志・古蹟考一》(台北:成文出版社據民國十五年鉛本影印,1968年3月),卷16,頁17。

〔註5〕〔清〕馬國翰有詩題爲:「竹醉日爲余初度」,見馬國翰:《玉函山房詩集》(上海圖書館藏清光緒十年甲申孟秋繡江李氏補刊本),卷7,頁18。按:竹醉日爲五月十三日。又馬國翰於癸卯年(道光23年,1843)有詩名曰〈端午抵宿孟縣與彭蕉山、楊仁圃少梅六姪小酌〉,後又續作〈十三日自石河抵宿土濠中途遇雨,是日爲余五十初度,感賦二首〉。見馬國翰:《玉函山房詩集》,卷8,頁12。以是推知,馬國翰生於5月13日。

〔註6〕〔清〕李元璡云:「咸豐丁巳卒於里,壽六十有四。」據〔清〕李元璡:《馬氏全書・後序》(台北:中央研究院歷史語言研究所傅斯年圖書館館藏清光緒十年甲申繡江李氏補刊本),頁1。

〔註7〕按:《續歷城縣志・列傳三》云:「(馬國翰)父錦,官山西汾州府經歷,歷任甯鄉、武鄉、天鎮等縣知縣。」,而《續歷城縣志・選舉表》有馬名錦(字文江,山西汾州府經歷……),並列有馬名錞、馬名鈞、馬名銛等,「名」字應是馬氏同輩兄弟名。《列傳》疑脫一字,故從《選舉表》馬國翰父應爲馬名錦。據〔清〕毛承霖纂修:《續歷城縣志・列傳三》,卷41,頁23及《續歷城縣志・選舉表》,卷35,頁2。

〔註8〕〔清〕李元璡云:「外曾父官山西知縣,府君生於任所。」據〔清〕李元璡:《馬氏全書・後序》,頁1。

〔註9〕馬國翰〈掃墓〉詩云:「七年就傅習魯論」,見馬國翰:《玉函山房詩集》,卷4,頁10。

〔註10〕同註8。

余九歲時，先君夏夜納涼汾郡之冰懷堂，時翰侍側，先君以五大爲
天、地、君、親、師命對，翰即對曰：「一生守仁、義、禮、智、信。」
先君甚喜，顧謂舅氏戴寶齋先生曰：「是兒將來有望。」〔註11〕

嘉慶 12 年（1807，丁卯），14 歲，從金寶川學習詩文。〔註12〕同年，金寶川
即入都赴試，馬國翰嘗作〈送金寶川夫子北上〉詩表達對恩師的感謝與祝福：

海樣師恩大，洪鑪具化工。一庭懸霽月，列坐沐春風。

驛路公車促，都門遠信通。佇看金帖報，飛馬杏花紅。〔註13〕

嘉慶 13 年（1808，戊辰），15 歲，自金寶川赴都後，馬國翰和李金峰即一同
受業於呂心源。〔註14〕

十五歲之前，馬國翰隨父侍讀，在馬父「不時鞭楚警游惰」〔註 15〕的費
心啓蒙與苦心栽培下，研讀群經、勤作詩文，爲其日後之治學成就奠下了紮
實的基礎。

二、科舉求仕時期
——十六歲～三十九歲。（嘉慶 14 年（1809）～道光 12 年（1832））

嘉慶 14 年（1809，己巳），16 歲，其父以疾卒於太原。〔註16〕自此以後，
近二十年間，馬國翰過著「飄零千里苦奔波」〔註17〕的日子。嘉慶 15 年（1810，
庚午），17 歲，北行赴京師，其愁苦、無依之心境，可於下列二詩見之。〈北
行抵德州僦舟途次偶吟〉云：

解纜去迢迢，鄉關逐漸遙。含情問前渡，回首失浮橋。

作伴鴻千里，撩愁水一條。未知何處宿，北界計來朝。〔註18〕

又〈過蘆溝橋〉云：

〔註11〕同註9，〈憶昔〉八首自注，卷2，頁9。
〔註12〕馬國翰〈憶昔〉八首自注云：「余師金寶川夫子，名揀，浙江山陰人，甲子
　　　　鄉魁。先君宦武鄉時，聘先生教翰讀。翰年十四從先生始學制藝及詩律」，
　　　　同前註。
〔註13〕同前註，〈送金寶川夫子北上〉，卷1，頁2。
〔註14〕馬國翰於戊辰年（嘉慶13年，1808）有〈李金峰課社賦得竹深留客處得留字〉
　　　　詩。同前註，卷2，頁2；又馬國翰〈憶昔〉八首自注云：「金峰隨叔曉林先
　　　　生任汾令，余得與同受業於呂心源夫子」，同前註，卷2，頁10。
〔註15〕同前註，〈掃墓〉，卷4，頁10。
〔註16〕馬國翰〈憶昔〉八首自注云：「己巳冬……，先君亦以疾卒於太原省邸。」，
　　　　同前註，卷2，頁10。
〔註17〕同前註，卷2，頁9。
〔註18〕同前註，〈北行抵德州僦舟途次偶吟〉，卷1，頁6。

　　渾河無定跡，似我一身飄。閱歷客中境，行過天上橋。

　　九重春色近，千里故鄉遙。常被饑驅去，天風吹寂寥。〔註19〕

處處流露出為生活奔走、流落異鄉之苦楚。抵達京師後，曾借寓馬父摯友農部郭心齋宅，雖望有所成，然畢竟謀生不易，馬國翰云：

　　廣廈寬能庇，綈袍贈自羞。

　　可憐鴻鵠志，竟作稻粱謀。

　　涼月三更夢，寒蟲四壁秋。

　　長安居不易，日日起鄉愁。〔註20〕

字句間感慨無限，但終無所成，仲冬即歸返故里。嘉慶16年（1811，辛未），18歲，再度北上。嘉慶17年（1812，壬申），19歲，歸鄉補郡考，有〈補郡考〉詩云：

　　連年奔走誤征輪，小試歸來步後塵。

　　案上莫嗤貂尾續，不知誰是彀中人。〔註21〕

詩中對仕途之期待，隱然可見。嘉慶20年（1815，乙亥），22歲，館於古祝，〔註22〕開課授業。而作於是年之〈春日宴孫耿賈氏南園即景有感〉一詩中出現：「《訓纂》遺搜『鄩』，《埤蒼》字訂『嫭』」〔註23〕等字句，可知當時馬國翰對輯佚工作已有所留意。嘉慶21年（1816，丙子），23歲，應鄉試，未中，嘗自記此事云：

　　丙子房薦邵公自璘，賞余文細意熨貼，擇言尤雅。……而主司一批

　　宏整，……卷僅堂備而已。豈非命哉？〔註24〕

嘉慶22年（1817，丁丑），24歲，告別三載的古祝課童生活，然日後卻仍是「行蹤難自持」，〔註25〕徬徨惆悵，不知何以自處。嘉慶23年（1818，戊寅），25歲，再赴鄉試，又不中。自云：

　　戊寅房薦時公銘賞余文，理正法醇，志和音雅。……，（主司）一批

〔註19〕同前註，〈過蘆溝橋〉，卷1，頁6。

〔註20〕同前註，〈京師寓農部郭心齋先生宅〉，卷1，頁6。

〔註21〕同前註，〈補郡考〉，卷1，頁9。

〔註22〕馬國翰於嘉慶22年（1817，丁丑），24歲，有詩〈留別及門張宗泗〉云：「古祝留三載」，以是推知，嘉慶20年已於古祝開課。同前註，〈留別及門張宗泗〉，卷1，頁27。

〔註23〕同前註，〈春日宴孫耿賈氏南園即景有感〉，卷1，頁18。

〔註24〕同前註，〈憶昔〉八首自注，卷2，頁10。

〔註25〕同前註，〈留別及門張宗泗〉，卷1，頁27。

清貴，卷僅堂備而已。豈非命哉？〔註26〕

面對時運的偃蹇和生命的失據，不禁令馬國翰陷入憂疑之中。嘉慶 24 年（1819，己卯），26 歲，館於冶山。〔註27〕家庭之重擔、生計之窘迫以及其茫昧不可知的未來，都使得馬國翰此時的作品處處流露出煩悶、焦慮的感傷情調。〈生日〉云：

> 馬齒徒加長，鴻名尚未修。面羞明月鑒，身似白雲浮。
>
> 子女添新累，關山感舊遊。中懷不易述，慷慨且傾甌。〔註28〕

又〈雜興〉七首，其二云：

> 雨落不上天，花落不登木。青春去不歸，誰挽流光速。
>
> 兀兀坐窮年，青燈炳茅屋。家貧斷炊煙，親老艱微祿。
>
> 前程不可期，激懷轉輪轂。〔註29〕

嘉慶 25 年（1820，庚辰），27 歲，仍館於冶山。〔註30〕作〈憶昔〉八首，感懷今昔，令人不覺嗟嘆莫名。而其「十年承面命」〔註31〕之賈璇業師亦卒於是年，馬國翰作〈哭賈訥叔夫子三十韻〉敘其生平，生死乖隔的傷痛溢於言表，對此師恩，馬國翰銘感至極。道光元年（1821，辛巳），28 歲，摯友李東臣病逝，作〈哭李東臣〉憶事。道光 2 年（1822，壬午），29 歲，館於鮑山。道光 3 年（1823，癸未），30 歲，仍館於鮑山。道光 4 年（1824，甲申），31 歲，作〈讀毛詩四十五章〉，馬國翰自云：

> 李子戟門有〈讀毛詩〉作十七章，根據注疏及齊、魯、韓三家說，
>
> 而以騷選之筆出之。余愛其古雅，抄存篋笥中，暇日漫興，復續成
>
> 四十五首。〔註32〕

內容有闡發經義者，有鉤深索隱者，均可見馬國翰獨到之識見。道光 5 年（1825，乙酉），32 歲，抄《鶴林玉露》。〔註33〕道光 6 年（1826，丙戌），33

〔註26〕同註24。

〔註27〕馬國翰於嘉慶 24 年（1819，己卯），26 歲，〈驪駒嘒謠〉並序云：「余館冶山」，同前註，〈驪駒嘒謠〉，卷2，頁5。

〔註28〕同前註，〈生日〉，卷2，頁6。

〔註29〕馬國翰：《玉函山房詩集・雜興七首》，卷2，頁7。

〔註30〕馬國翰於嘉慶 25 年（1820，庚辰），27 歲，〈春日詠懷示舊及門劉廷立〉詩云：「冶山不似去年春」，可知。同前註，〈春日詠懷示舊及門劉廷立〉，卷2，頁8。

〔註31〕同前註，〈哭賈訥叔夫子三十韻〉，卷2，頁12。

〔註32〕同前註，〈讀毛詩四十五章〉，卷2，頁22。

〔註33〕同前註，〈秋夜撿抄《鶴林玉露》感陶杜諸公事因憶字山成一律寄之〉，卷2，

歲，曾與同人試拈蘇軾句，〈和周雨蕉齋中待雪雜詠十二首〉自注云：

> 丙戌冬，吳巢松先生蒞任觀風，首取予與范宣亭、李孚雨、金少文、郭外樓等凡十人，覆試此間，即以瑞著書屋命賦，且使為「冰下寒魚漸可叉」詩，炙硯起草，正濃雲欲雪時也。〔註34〕

是年，陳永修從馬國翰學，陳永修《平陵齊音·序》記此事云：

> 道光丙戌、己丑之際，余師馬詞溪夫子設帳鮑山黃石古寺，余從學焉。〔註35〕

道光7年（1827，丁亥），34歲，作「對酒可學仙，攤書及志怪。三卷茶著經，百篇詩償債。」〔註36〕諸句，為當時生活之寫照。道光8年（1828，戊子），35歲，作〈興龍寺花院八詠〉、〈興龍寺花圃雜詠〉等詩，在對物的情感之中，亦見其追求圓滿的渴望。是年，摯友李廷棨以第二名考中舉人，作〈賀戟門秋捷〉記其事。道光9年（1829，己丑），36歲，李戟門將赴保陽就任，作〈送戟門之保陽〉以記之。道光10年（1830，庚寅），37歲，於鮑山授課之餘，成〈孤竹祠〉、〈豫讓橋〉、〈毛公故里〉、〈董子祠〉、〈燕友臺〉、〈張華宅〉諸詩，弔古傷今、詠志抒懷。道光11年（1831，辛卯），38歲，「萬卷難療八口饑」〔註37〕的現實，讓馬國翰對於功名的建立不敢輕心，始終敬謹以赴。是年，以第三名考中舉人。道光12年（1832，壬辰），39歲，殿試三甲第六十七名，中選進士。至此，馬國翰「七度鄉科二十年」〔註38〕坎坷的仕途之路，終底有成。

三、仕宦著述時期
——三十九歲～六十四歲。（道光12年（1832）～咸豐7年（1857））

道光12年（1832，壬辰），39歲，五月二十五日吏部掣籤，分省陝西馳符，同日乞假修墓。〔註39〕後即風塵僕僕赴陝西就任，作〈宿枰鉤灣〉、〈安陽道中〉、〈黃河待渡〉、〈過函關〉、〈潼關即事〉等詩，記路途之迢遠與艱辛，然字裡行

頁22。
〔註34〕同前註，〈和周雨蕉齋中待雪雜詠十二首〉，卷5，頁6。
〔註35〕見〔清〕毛承霖纂修：《續歷城縣志·藝文志》，卷30，頁27。
〔註36〕同註29，〈藤帶用卦字韻同戟門賦〉，卷3，頁12。
〔註37〕同前註，〈和戟門贈句〉，卷4，頁2。
〔註38〕同前註，〈乙未分校陝甘秋闈偶成二律〉，卷5，頁4。
〔註39〕同前註，〈五月二十五日吏部掣籤，余分省陝西馳符，七姪分省安徽，同日乞假修墓〉，卷4，頁9。

間亦隱約流露出其重啓生命新徑的喜悅。道光 13 年（1833，癸巳），40 歲，奉派至敷城，「（敷城）幸僻處山陬，民俗尚近樸實，易於導化」，〔註40〕特作〈我愛山城好〉十首，讚頌其素樸的農耕生活與親和的人情味。公餘之暇，馬國翰仍讀書不輟，有〈讀明紀事本末大禮議〉詩。道光 14 年（1834，甲午），41 歲，任洛川縣知縣。〔註41〕道光 15 年（1835，乙未），42 歲，分校陝甘秋闈，心有所感，作〈乙未分校陝甘秋闈偶成〉二律，其一云：

> 風簷辛苦憶從前，七度鄉科二十年。
>
> 在昔也曾嗟緯繣，何人不自惜嬋娟。
>
> 肯教鵬羽鎩垂地，佇待鶴聲飛上天。
>
> 西地英才都入彀，奎堂還恃鏡雙圓。〔註42〕

回首來時路，過往的辛酸和委屈，一一浮現。是年，洛川縣旱魃爲虐，馬國翰「曩慕董江都《春秋繁露》載請雨法，以爲古舞雩之遺制也。」，〔註43〕遂按而行之爲民設壇祈雨，三日後，果然天降甘霖，作〈三月廿八日白城橋雨中作〉以記之。宦仕之暇，爲其門生陳永修所撰《鮑西樓詩草》一書作序。道光 16 年（1836，丙申），43 歲，五月五日端午節卸洛川縣知縣，八月十五日中秋節接石泉縣知縣。〔註44〕道光 17 年（1837，丁酉），44 歲，有〈石泉雜詠〉三十首，對於石泉縣的古蹟名勝與風俗民情作了精彩的介紹。是年夏天，馬國翰移任涇陽〔註45〕（雲陽），有〈移任雲陽〉六首記其事。道光 18 年（1838，戊戌），45 歲，成《農諺》一卷，馬國翰自序云：

> 歲戊戌，乞假家居，親督僕傭種蒔桑麻，得與鄰父縱言，備聞田間耕作之務。因輯《漢志》農家諸佚篇，自《神農》、《野老》以逮《范子計然》凡十餘種。〔註46〕

是年，其子篤坊病卒，有詩云：

〔註40〕同前註，〈寄李戟門書〉，卷 2，頁 4。

〔註41〕據余正東主修、黎錦熙總纂：《洛川縣志・吏治志》（台北：成文書局據民國三十三年鉛印本影印，1976 年），卷 11，頁 12。

〔註42〕同註29，〈乙未分校陝甘秋闈偶成〉，卷 5，頁 4。

〔註43〕馬國翰：《玉函山房文集・寄李戟門書》，卷 2，頁 4。

〔註44〕馬國翰云：「敷城篆卸端陽日，恰到中秋莅任新。八月寒殊五月暑，南山地換北山人。……同註29，〈中秋日接石泉篆〉，卷 5，頁 13。

〔註45〕據〔清〕劉懋官纂、〔清〕周斯億修：《涇陽縣志（一）・官師志》（台北：成文出版社據清宣統三年鉛本影印，1968 年 3 月），卷 10，頁 18。

〔註46〕據〔清〕毛承霖纂修：《續歷城縣志・藝文志》，卷 22，頁 22。

> 我有書盈架，不得牖爾愚。我有衣滿篋，不得被爾膚。覩爾遺筆硯，感泣長嗟吁。視爾遺佩玩，淚落將乾枯。……爾伯乏子息，兩叔一掌珠。爾竟捨我去，我待誰持扶。……〔註47〕

一字一淚訴說著愧爲人父的悔憾以及喪子的至痛。馬家人丁本已單薄，如今又遭逢白髮人送黑髮人之劇變，馬國翰哀毀逾恒的心情可想而知，而爲延續香火，十月八日即納妾。此時亦爲鴉片大量販運至中國之高峰，致使不少中國人「終日霧中潛，世事都拋棄。屍居冀引恬，豈知迷莫悟」，〔註48〕馬國翰感慨既深，因作〈詠鴉片鬼〉寄其針砭之意。此際，雖逢家變、國憂，馬國翰搜訪群書之活動並不停歇，所收藏書達萬餘卷之多，而其輯錄佚文的工作，亦持續進行當中。〔註49〕道光19年（1839，己亥），46歲，是年，五月十八日由府行知吏奏准以刺史升用，七月二十日自涇發程，八月十三日抵家，九月初二日赴京。後請假返家養疴，其〈謝病〉云：

> 我年猶未老，衰病苦纏縈。風慣欺牙齶，霜偏上髮莖。
>
> 敢言同遠引，聊且息逢迎。故友應相諒，休譏不世情。〔註50〕

七年來案牘勞形，板滯、疲憊的日子，亦暫有喘息的機會。道光20年（1840，庚子），47歲，續在家休養，過著「娛閒擬續《潛夫論》，多病頻翻《本草經》」〔註51〕、「居然麋鹿共長林，無復人間得失心」〔註52〕的靜謐生活。而〈觀稼與鄰父閒話〉中與鄰翁暢談園圃耕稼之道，隱約透露出踏實、單純的田園生活才是馬國翰仕宦之外心靈的企慕之所。道光21年（1841，辛丑），48歲，有〈閒居課兒經句漫然有詠〉敘其「手鈔不放奇編過，心悟常將舊稿芟」及「詁經不憚引徵煩，架上圖書取次繙」〔註53〕的讀書、著述生活。且曾將研讀《論語義疏》之心得，寫成〈讀皇侃論語義疏〉詩以記之。道光22年（1842，壬寅），49歲，將所輯《漢志》農家佚篇十餘種之蒐羅動機、過程、成果，一一詳載於〈輯農家佚書成詩紀其事〉一詩中：

〔註47〕 馬國翰：《玉函山房詩集・哭子篤坊》，卷6，頁1。
〔註48〕 同前註，〈詠鴉片鬼〉，卷6，頁2。
〔註49〕 馬國翰云：「邇來聚書萬卷餘，擬向嫏環訪福地。排纂訓故搜遺亡，經子蒼雅各區類。」同前註，〈古硯歌〉，卷6，頁7。
〔註50〕 同前註，〈謝病〉，卷6，頁17。
〔註51〕 同前註，〈夏日村居漫興〉之一，卷6，頁19。
〔註52〕 同前註，〈夏日村居漫興〉之二，卷6，頁19。
〔註53〕 同前註，〈閒居課兒經句漫然有詠〉，卷7，頁2。

我家非農夫，我性喜農事。自從關輔歸，田園遂初志。晴雨占天星，
弱強識土勢。課奴耘以籽，耨耕務深易。閒憩柳陰間，老更話端細。
因念古昔賢，著述良法備。舊帙惜散亡，什不存一二。暇日極蒐羅，
拾遺整廢墜。首列《神農書》，《野老》、《計然》次。《都尉》及《蔡
癸》，《氾勝》各從類。《種魚》仰朱公，《養羊》纂卜式。就中職本
原，古今究同異。大旨貴乘時，人功勗勤勵。區種術尤良，豈徒恃
地利。陳言雖糟粕，要師古人意。〔註54〕

二月十五日花朝日，偕周二南、王秋橋、謝問山、朱退斿、李秋屏、彭蕉山
泛舟於大明湖，共組「鷗社」，取「忘機如鷗」之意。〔註55〕四月十九日與諸
好友循鷗社故事，集北極殿酹祭並吟詩倡和。道光 23 年（1843，癸卯），50
歲，奉檄至京師，後旋赴涇陽復職。〔註56〕道光 24 年（1844，甲辰），51 歲，
復任涇陽知縣期月後，即擢陞隴州知州，十一月二十日抵隴州就任。〔註 57〕
道光 25 年（1845，乙巳），52 歲，關心民疾，作〈雨雹行〉、〈孤兒行〉反映
當地人民生活的困境，頗有白香山補察時政，洩導人情之意。公暇輯成《史
籀篇》、《蒼頡篇》等書，作〈輯錄史籀蒼頡諸篇成偶賦〉以記之：

遊宦意何如，依然林下居。政閒時校古，俸入足刊書。

有志窮星海，無緣到石渠。斷殘搜欲遍，自笑比蟫魚。〔註58〕

道光 26 年（1846，丙午），53 歲，七月卸隴州知州，八月即回任。是年，撰
刊《治家格言詩》一卷，〔註 59〕而其平日費心搜采輯佚的經部佚書，亦發雕

〔註54〕 同前註，〈輯農家佚書成詩紀其事〉，卷7，頁 12、13。

〔註55〕 〔清〕李緯《秋橋詩續選・跋》亦載：「壬寅歲，……花朝日，簡招王秋橋、
周二南、謝問山、朱退斿、何岱麓及余七人，讌飲歷下亭，詞溪首唱七律四
章，皆屬和焉。……互相磨礪，忘機如鷗，遂名鷗社。」。見〔清〕孫葆田等
撰：《山東通志・藝文志第十》，卷 146 上，頁 4253。

〔註56〕 馬國翰於道光二十四年復任涇陽縣知縣。同註45。

〔註57〕 「馬國翰，山東歷城縣人，進士。道光二十四年十一月任」，見楊虎城等修、
宋伯魯等纂：《續陝西通志稿・職官八》（北京：北京圖書館出版社，2001 年
6 月，《地方志人物傳記資料叢刊》本（西北卷）），卷 17，頁 25；又道光二十
四年有〈仲冬二十日抵隴州任〉詩，見《玉函山房詩集》，卷 8，頁 23。

〔註58〕 同註47，〈輯錄史籀蒼頡諸篇成偶賦〉，卷9，頁9。

〔註59〕 〔清〕周樂云：「癸卯春，詞溪將赴關西，余於餞別時屬之曰……。閱三年，
詞溪札寄新梓詩一篋來，啟視，即余屬詠之家訓也。」，且周樂此序言作於「道
光丙午冬」，故可知《治家格言詩》梓於道光二十六年。見《治家格言詩・弁
言》，收在《馬氏全書》第 3 冊，頁 1。

刊刻。馬國翰《竹窗閒吟・序》云：

> 周小霞德配張孺人和蘭女史，丙午閏夏，忽無疾而終。小霞出其遺
> 詩四卷，遺詞二卷，欲壽其名，以傳來世。適暑中正刻群經補遺，
> 就付剞劂氏。〔註60〕

道光 27 年（1847，丁未），54 歲，孟夏，撰《文選擬題詩・小引》於隴署之
來青書屋。道光 29 年（1849，己酉），56 歲，輯佚書中的經、子兩部刊刻完
成。馬國翰《耕道獵德齋詠史小樂府・序》云：

> 己酉初春，赴郡過汴，丁席儒少尉以其師陽湖周亦山先生《耕道獵
> 德齋詠史小樂府》二卷見畀，適余刻經、子輯佚書方竣，工猶未去，
> 遂付剞劂氏。〔註61〕

咸豐元年（1851，辛亥），58 歲，七月，卸隴州知州；閏八月，回任。咸豐 2
年（1852，壬子），59 歲，五月，馬國翰以病乞還、歸老歷城。咸豐 5 年（1855，
乙卯），62 歲，爲張永和《脈象辨眞》一書撰寫序文。咸豐 6 年（1856，丙辰），
63 歲，丁內艱。咸豐 7 年（1857，丁巳），64 歲，卒於故里，享壽六十有四。

第二節　著　述

　　馬國翰一生刻苦治學，著述宏富，經、史、子、集，無不涉及。其外孫
李元璵即嘗言：「先外王父竹吾府君，生平無他嗜，惟披吟忘倦。弱冠勤力
經史及詩文古詞。」〔註 62〕惜因馬國翰於當時位居薄宦、文名不彰，以致
著作流傳不多，甚有未及刊刻者，故其作品多已散佚，難以目見。然李元璵
所輯之《馬氏全書》即收有馬國翰作品達 20 部之多，〔註63〕又西元 2000
年 5 月，山東省章邱市埠村鎮西鵝莊村民李應順（即馬國翰的第五世外孫）
捐贈給章邱市博物館的一批清代古籍木刻雕版中，爲馬國翰著作者，除《玉
函山房輯佚書》外，更有 21 部之多，〔註64〕可知馬國翰雖著述等身，然其

〔註60〕馬國翰：《玉函山房文集・續集》，卷 4。轉引自王重民：〈清代兩個大輯佚書
　　　　家評傳〉，收入《中國目錄學史論叢》，頁 298。

〔註61〕同前註，頁 299。

〔註62〕〔清〕李元璵：《馬氏全書・後序》，頁 1。

〔註63〕〔清〕李元璵云：「益以古文、詩、詞、雜著二十種爲《馬氏全書》」。同前註，
　　　　頁 2。

〔註64〕參王善榮、李芳、孟慶紅等撰：〈清代學者馬國翰的雕版〉（20004 年 3 月 19
　　　　日發表於《中國文物信息網》，網址：www.ccrnews.com.cn）

作品卻尚有大半是被世人所忽略的。筆者擬就所目見之馬國翰著作以及從公私目錄、諸地方志等相關材料中進行彙整，期能對馬國翰一生之治學、著述有更具體之掌握。以下先就筆者所見之馬國翰著作，略敘其梗概。

一、《玉函山房詩集》

《玉函山房詩集》九卷，乃馬國翰積久力成之作。筆者今所據者爲上海圖書館館藏之〔清〕光緒十年甲申繡江李氏補刊本。馬國翰淹博工詩，緒密而思清，其詩分年編次，自丁卯（嘉慶 12 年，1807），至丙午（道光 26 年，1846），古近諸體兼有，所作古體有韓昌黎、白香山之風。〔註65〕〔清〕吳鳴捷在《玉函山房詩集‧序》中讚道：

> 於〈春柳〉、〈秋籬〉諸作，見體物之工焉。於〈劭農〉、〈催織〉各吟，見經世之志焉。於〈詠史〉、〈懷古〉，見其寄託之遠而醞釀之深焉。〈廷試〉、〈憶昔〉諸什，則忠孝之性、師友之情，藹乎可挹也。〈讀毛詩四十五章〉則根據注疏，穿穴傳序，以韻解經也。其他即景抒懷，纖穠簡古，各擅勝場。〔註66〕

又袁行雲於所撰之《清人詩集敘錄》中對於此集亦有切當之評論：

> 觀此集五古〈讀毛詩四十五章〉、〈輯農家佚書成詩紀其事〉、〈讀皇侃論語義疏〉等詩，可見平生鈎輯古書之勤，蓋非竊人書者。至〈春秋五君詠〉、〈題北史雜詠三十二首〉、〈論明紀事本末大禮議〉，亦見篤學。詩未足名家。〈肩輿歎〉、〈驪駒嘴謠〉、〈詠何首烏童子〉、〈茯苓童子歌〉、〈刈麥行〉、〈雨雹行〉、〈周壺歌〉、〈打灰囤謠〉、〈詠物二十四首〉均較樸質，意必己出。〈贈林少穆〉、〈贈王箓友〉、〈游東龍洞〉、〈白雪樓歌〉、〈題李雲生太守憶長安傳奇四首〉，較隨題敷衍者，亦當有別矣。〔註67〕

是書內容多樣，有感傷、有閒適、有諷諭、有議論，是馬國翰自己一生緝學著述、求仕爲官、冶遊酬贈的寫實紀錄，誠爲研究馬國翰生平和作品的重要資料之一。台灣所見之版本僅有一種，爲中央研究院歷史語言研究所傅斯年圖書館館藏〔清〕光緒十年甲申（1884）繡江李氏補刊本，收在《馬氏全書》第一、

〔註65〕參〔清〕孫葆田等撰：《山東通志‧藝文志第十》，卷 146 ，頁 4266。
〔註66〕見〔清〕吳鳴捷：《玉函山房詩集‧序》，頁 1。
〔註67〕袁行雲：《清人詩集敘錄》（北京：文化藝術出版社，1994 年 8 月），卷 65，頁 2259、2260。

二冊，惜為殘本，僅六卷，闕卷第三、四、七、八、九。前有道光十三年（1833）吳鳴捷序、道光八年（1828）李廷棨序，及李璋煜、周樂、李鄴等人之題辭。

二、《玉函山房文集》

《玉函山房文集》五卷，甚為罕見，台灣各大圖書館皆未收藏，筆者今所據者為上海圖書館館藏之〔清〕光緒十年甲申繡江李氏補刊本。此書有賦、頌、表、對問、書、傳、記、論、贊、辨、說、序、跋、箴、銘、碑、墓表、墓誌、誄、考、解、引、祝、約、諭等各種文體，以序、跋、考、解居多。卷中〈倫理百箴〉藉以自警，亦足以治人；〈舜詩考〉、〈禹歌考〉、〈樂歌考〉、〈伯益考〉、〈孔子弟子考〉、〈孟子弟子考〉諸篇，鑑別考證，可資參考；〈用九用六解〉、〈克明俊德以親九族解〉、〈西伯戡黎解〉、〈騶虞解〉諸篇，辨正前人之失，力求突破舊說；〈勸洛民種桑諭〉、〈息訟安民諭〉則見其教化百姓、啟迪民智之用心。張舜徽曾云：

> 國翰學殖浮淺，文尤庸劣。……是集《玉函山房文集》文字，可取者少，偶有論列，亦病在識不高，心不細，多似是而非之說。〔註68〕

張氏所評，標準甚高。

三、《紅藕花軒泉品》

《紅藕花軒泉品》一書，今所見者，除上海復旦大學藏有清稿本不分卷，山東大學圖書館、山東省立圖書館、山東省立博物館等藏有清刻本九卷外，台北中研院傅斯年圖書館、王欣夫所藏則為清刻殘本八卷。其中傅斯年圖書館藏之版本，書前有傅斯年之批註，傅氏云：「此書僅存二卷至九卷，此外原稿已佚，見《馬氏手稿存目》。」〔註69〕上海古籍出版社於西元 1992 年 8 月曾據復旦大學之「清稿本」及王欣夫所藏之「殘本」八卷，輯入《中國錢幣文獻叢書》第十三輯，影印刊行以廣流傳。「清稿本」繪有錢圖，收春秋戰國、秦、漢、……遼、金、元、明、新（王莽）及三代錢；而「殘本」八卷，存卷二至卷九，所收自周正品、周附品、周列國刀品、周列國布品至五代後漢正品、五代後周正品、五代附品及宋正品上、宋正品下止。

是書為研究古代錢幣之專著，文圖並茂、描繪逼真，對於歷代錢幣之搜

〔註68〕張舜徽：《清人文集別錄》（台北：明文書局，1982 年 2 月），頁 423。

〔註69〕此說乃據中央研究院傅斯年圖書館館藏目錄之著錄。然筆者實際調閱傅斯年圖書館藏清光緒十年甲申孟秋繡江李氏補刊本《紅藕花軒泉品》一書，並未得見傅斯年之批註，不知何故。

集包羅萬有，考釋亦極為詳明，廣徵博引，舉凡歷代史志、筆記以及錢幣著述，如：〔宋〕洪遵《泉志》、〔宋〕陶岳《貨泉錄》、〔清〕張崇懿《錢志新編》、〔清〕梁詩正等奉敕編纂《欽定錢錄》等書，皆多所引述，清楚地指出了中國古代貨幣中的精華。而於每條後間有馬國翰自己的按語，以為品評、論說之記錄，茲舉一例以明之。如〈長慶重寶錢〉條：

> 翰案：長慶錢傳世甚少。洪氏未見，故不載於《泉志》；張氏《新編》其錢為通寶，今得此品為重寶。蓋當時鼓鑄亦承舊制，通寶者，準開元，重寶者，準乾元。〔註70〕

所論頗為切當。馬國翰若非有高度之興趣、豐富之藏書以及廣泛之閱讀，實難以為之。且據王獻唐〈羅泉樓記〉一文所載，馬國翰生平所收泉布尚未全數著錄於《紅藕花軒泉品》書中，王獻唐云：

> 去歲春初，李氏後裔始以六百一十板歸省立圖書館，越五月，又於市上得三十板，今秋復購二板，繼得八十二板，共七百二十四板，取與《泉品》對勘，文字繁簡互異，《泉品》著錄六百八十三品，此為一千二百二十九品，溢出五百四十六品，最後所收泉布多缺，其不缺者，或與肉好不合，為他人後配，真品難求，間廁贗制，然泉板文字，固先生原撰原刻，徵文考實，無妨體用。〔註71〕

知馬國翰「玉函山房」藏泉至少有一千二百二十九品保藏於山東省立圖書館，較《紅藕花軒泉品》所錄之六百八十三品溢出甚多，可見其收藏之豐，實為古代錢幣之研究提供了難得的實物材料。

四、《百八唱和集》

　　《百八唱和集》一卷。為馬國翰與李廷棨二人用全韻作長律的倡和之作，「其一時撚髭之苦，得句之樂，有非箇中人不能知者。」〔註72〕馬國翰於《百八唱和集·序》將此書命名之由以及書之內容作了如下之說明：

> 詩凡十三首，有起句入韻者四首，共得韻一百八字，因以百八唱和顏之。復以前〈夜酌〉、〈藤帶〉二詩及戟門舊作〈咸字全韻〉一首，

〔註70〕馬國翰：《紅藕花軒泉品》（上海：上海古籍出版社，1992年8月，《中國錢幣文獻叢書》本第13輯），卷7，頁10、11。

〔註71〕轉引自王重民：〈清代兩個大輯佚書家評傳〉，收入《中國目錄學史論叢》，頁313。

〔註72〕馬國翰：《百八唱和集·序》，收在《馬氏全書》第3冊，頁1

余舊作〈江字〉、〈咸字全韻〉二首并附於後,合爲一帙存之。〔註73〕
雖有用韻誇奇之嫌,然《山東通志》對此書卻有不錯的評價:

> 〈藤帶〉詩運用書卷,觸緒紛綸,其氣概雖未之於韓、孟何如,然
> 以之頡頏朱竹垞、查悔餘聯句之作,實無愧色。……又馬國翰〈咸
> 字韻〉詩乃遊東龍洞柏梁體七古,句奇語重而意思安閒,不爲險韻
> 所縛,善於橅韓者也。〔註74〕

台灣所見之版本僅有一種,爲中研院傅斯年圖書館館藏〔清〕光緒十五年己
丑（1889）仲春重校刊繡江李氏藏板,收在《馬氏全書》第三冊。

五、《月令七十二候詩》自注

目前台灣所見之版本爲中研院傅斯年圖書館館藏〔清〕光緒十五年己丑
（1889）仲春重校刊繡江李氏藏板,收在《馬氏全書》第六、七冊。西元1997
年北京出版社發行之《四庫未收書輯刊》所收馬國翰《月令七十二候詩》與
此版本相同。

六、《夏小正詩》自注

《夏小正詩》自注及和章十二卷,爲馬國翰館於鮑山黃石時之著作。《夏小
正》爲《大戴禮記》中的一篇,乃按照一年中月份之順序,記敘各個月份的物
候、氣象、天文和農事活動。而《夏小正詩》則爲李廷棨「戊子夏日,取《夏
小正》次第命題,日作一律,意在考訂經疑,借以消暑,且以詩法授生徒也。」,
〔註75〕而馬國翰「愛其援據詳明,徵引宏富,再四吟玩,慨然以箋注爲任。」,
〔註76〕後又「爰仿蓴村故事,自正月啓蟄至三月鳴鳩,爲詩四十九首,條注句
下,並前和作」。〔註77〕馬國翰撰著此書,舉凡經、史、子、集各部書籍如:《詩
經》、《周禮》、《禮記》、《春秋左傳》、《孟子》、《說文解字》、《坤雅》、《史記》、
《舊唐書》、《漢書》、《莊子》、《呂氏春秋》、《淮南子》、《五雜組》、《初學記》、
《杜陽雜編》、《荊楚歲時記》等皆善加徵引。如:〈燕降知何處〉句,(下注:
杜牧〈村舍燕詩〉:「何處營巢夏將半,芳檐煙裡語雙雙。」);〈剛逢社日來〉句,
(下注:彭大翼《山堂肆考・語蟲》第二十三:「燕春社來,秋社去,故謂社燕。」;

〔註73〕 同前註。
〔註74〕 〔清〕孫葆田等撰:《山東通志・藝文志第十》,卷146,頁4388。
〔註75〕 馬國翰:《夏小正詩・序》,收在《馬氏全書》第8冊,頁1。
〔註76〕 同前註。
〔註77〕 同前註。

梅堯臣〈燕詩〉:「前村春社畢,今日燕飛來。」),〔註78〕皆可謂徵引廣博,疏解詳明,若不是有豐富的藏書以及苦心鑽研的精神,實難以爲之。

從《月令七十二候詩》的撰寫到《夏小正詩》的箋注,不難發現,二者內容同樣都是以農事活動之相關知識爲範疇,這或許是馬國翰對此類主題深感興趣的一種展現。《夏小正詩》台灣所見之版本爲中研院傅斯年圖書館館藏〔清〕光緒十五年己丑(1889 年)仲春重校刊繡江李氏藏板,收在《馬氏全書》之第八、九、十冊。

七、《治家格言詩》

《治家格言詩》一卷。將膾炙人口、家喻戶曉的朱柏廬《治家格言》,如《夏小正詩》之例,分句賦詩。周樂爲其作序云:

> 其用意,實字觀義理,虛字審精神,直以制義之法行之。其敷詞,委折明麗,婉而多風,如匡鼎說詩,令人解頤,如生公說法,石可點頭。此眞兼晉人清談、宋人名理而有之者。爲父兄者,家置一編,示以科第之學,即進以修齊之道,保身家而奮功名,其有裨於燕謀者,豈淺鮮哉?〔註79〕

又李廷棨亦讚此編云:

> 詞溪從政餘暇,以清新俊逸之筆,發布帛菽粟之理,相題行文,斂才就範,摛藻必切,而說理不膚,試帖之法已備於此。〔註80〕

此處且舉一例以明之,如:〈子孫雖愚,經書不可不讀〉句,馬國翰所賦之詩爲:

> 矻矻勤攻讀,經書可牖愚。家傳詩禮教,世業子孫儒。循彼中才養,游之訓典區。鈍材偏氣質,困學倍工夫。漸次磨昏鏡,靈通得智珠。群觀能卓犖,一事不糊塗。式穀眞良策,貽謀此要圖。金贏奚足貴,莫使誤歧趨。〔註81〕

雖有試帖之息,然不可否認馬國翰對儒家教言的詮釋的確頗有心得,這和他長年積累的人生經驗應是緊密相關的,想必也是他一生力行不疑的立身處世原則。台灣所見之版本爲中研院傅斯年圖書館館藏〔清〕光緒十五年己丑(1889)仲春重校刊繡江李氏藏板,收在《馬氏全書》之第三冊。

〔註78〕所舉二例,皆見《夏小正詩》,同前註,卷 2,頁 17。
〔註79〕〔清〕周樂:《治家格言詩・弁言》,同前註,第 3 冊,頁 1、2。
〔註80〕〔清〕李廷棨:《治家格言詩・跋》,同前註,頁 2。
〔註81〕馬國翰:《治家格言詩》,同前註,頁 3。

八、《目耕帖》

《目耕帖》三十一卷。是書考訂經義，博採眾說，凡《易》六卷、《書》六卷、《詩》十卷、《周禮》九卷。馬國翰自撰《目耕帖·引》云：

> 不佞性嗜古籍。見未見之書，不惜重值購之；友人家藏秘本，必以一瓻借得，手自抄錄。凡積書七千餘卷。暇日觀覽，頗堪自娛。遇有奇古可玩，及異同足資攷訂者，摘取條記，間附臆解，歷久成編。〔註82〕

可知《目耕帖》的成書，是構築在馬國翰豐富之藏書基礎上的，雖然當時僅有七千餘卷之收藏，但經過費心地爬梳、整理，卻也使得這些藏書有了更高的附加學術價值。《目耕帖·引》又云：

> 因用王韶之語，名之曰：《目耕帖》。夫學海汪洋，豈目力所能盡而就見。在書田中筆為我耒，墨為我稼，落實取材，三冬足用，未敢謂貧糧之饋也。業荒於嬉，庶其免矣。〔註83〕

上文除紹述書名之涵意外，字句間亦盡是對己之期許。《目耕帖》一書考訂詳明、資料豐贍，余嘉錫於《四庫提要辨證》中即曾加以徵引，以補己說之未備，《四庫提要辨證·周易集解》載：

> 案馬國翰《目耕帖》卷六云：「《李氏集解》引盧氏，《隋志》亦有《周易盧氏注》十卷，不詳名字及時代爵里。案魏盧景裕傳，景裕字仲孺，小字白頭也。……然則盧氏者，盧景裕也。」胡秉虔《卦本圖考》，與馬氏說同。〔註84〕

光緒 15 年（1889），其外孫〔清〕李元璂又補輯校刻《大學》、《中庸》各一卷，收在《玉函山房輯佚書目耕帖續補》中。〔註85〕

九、《玉函山房輯佚書》

為馬國翰窮盡一生博稽廣考、搜羅殘佚之作品，凡輯錄經、史、子書籍，六百餘種，煌煌鉅冊，誠謂大觀。關於是書之成書、版本、卷數、體例等相

〔註82〕馬國翰：《玉函山房文集·目耕帖·引》，卷5，頁29。

〔註83〕同前註。

〔註84〕余嘉錫：《四庫提要辨證》，收在〔清〕永瑢、紀昀等撰《四庫全書總目》第7冊，（台北縣：藝文印書館，1997年9月初版7刷），卷一，經部一，頁16。

〔註85〕據〔清〕李元璂輯：《玉函山房輯佚書目耕帖續補》（台北：中央研究院歷史語言研究所傅斯年圖書館館藏清光緒己丑（15，1889年）己丑夏五章邱李氏校刊本）。

關問題之分析，詳見本論文第五章。

十、《玉函山房藏書簿錄》

　　《玉函山房藏書簿錄》二十五卷。爲馬國翰據其「玉函山房」藏書所編撰之私家藏書目錄。是書之成書背景、傳本、藏書內容、著錄特色、解題、分類等問題，將於本論文各章節中分別敘述、討論之。

十一、《玉函山房試帖》

　　《玉函山房試帖》一卷，《玉函山房試帖‧續》一卷。收在《馬氏全書》第四、五冊，爲中研院傅斯年圖書館館藏〔清〕光緒十五年己丑（1889）仲春重校刊繡江李氏藏板。雖屬應制之作，以形式、技巧爲重，但其中有不少作品亦傳達出馬國翰的眞情實感，如〈有奇書讀勝看花〉云：

> 也解看花好，深情係讀書。試將奇比並，乃識勝非虛。
>
> 爛熳韶芳麗，鮮妍繡彩舒。豈知時豔賞，那敵古香儲。
>
> 富有包千品，英華載五車。〔註86〕

又如〈多文爲富〉云：

> 多見更多聞，鴻儒富在文。所儲皆酉秘，其殖亦辛勤。
>
> 卷帙蒐圖史，篇章具典墳。眞能垂日月，豈止過煙雲。〔註87〕

以上二詩，何嘗不是一位嗜書、好學者的肺腑之言。

十二、《文選擬題詩》

　　《文選擬題詩》一卷。中研院傅斯年圖書館館藏之版本爲〔清〕光緒十五年己丑（1889）仲春重校刊繡江李氏藏板，收在《馬氏全書》第十二冊。馬國翰於《文選擬題詩‧小引》中對此編之撰寫動機、經過皆有詳細的交代：

> ……場屋取士多摘句命題，少嘗從事斯業，間爲擬詠，隨手散失，不復記憶，稿存十餘首而已。客冬學使王嘯舲先生下車觀風，以百題行各學，題出《文選》者十之六、七。州人士每以所作見質，心輒技癢，按題擬之，復取從前擬作追改續成其半，合得百三十九首，依次編錄。〔註88〕

其中所收如〈賦者古詩之流〉（得詩字）、〈星羅雲布〉（得羅字）、〈金聲玉潤〉

〔註86〕馬國翰：《玉函山房試帖》，收在《馬氏全書》第 4、5 冊，頁 19。

〔註87〕同前註，頁 25。

〔註88〕馬國翰：《文選擬題詩‧小引》，同前註，第 12 冊，頁 1。

（得都字）、〈芝蓋九葩〉（得京字）、〈開高軒以臨山〉（得山字）、〈園日涉以成趣〉（得成字）等，共一百三十九首。

十三、《玉函山房制義》

《玉函山房制義》二卷，爲應科舉之作。中研院傅斯年圖書館館藏〔清〕光緒十五年己丑（1889）仲春重校刊繡江李氏藏板，收在《馬氏全書》第十三、十四冊。取《詩》、《書》、《易》、《春秋》、《禮記》五經及《四子書》爲題，如〈壹是皆以修身爲本〉、〈道善則得之〉、〈人之有技其口出〉、〈君使臣以禮〉、〈不如鄉人之善者好之，其不善者惡之〉等近 40 篇，每篇之末間有署爲程東邨夫子、賈青圃先生、彭元音、時香雪夫子諸人之評語。

就上述馬國翰《玉函山房試帖》、《文選擬題詩》、《玉函山房制義》三部作品內容觀之，詩、文抒情言志之特質被嚴重忽略，作者本身之眞性情亦難以展現，但不可諱言，八股文、試帖詩卻是當時仕子的晉升之途，爲求科舉考試的成功，馬國翰亦不得不孜孜於此類文體的撰寫，而其在古祝、鮑山開館課徒時，亦須以此來指導當地學子，爾後擔任陝西鄉試考官時，更須以此來鑑別人才，是類作品在如此的背景與需求下產生，是可以被理解的。「有清科目取士，承明制用八股文。取《四子書》及《易》、《書》、《詩》、《春秋》、《禮記》五經命題」，〔註89〕且「試帖義在於題」〔註90〕，故有心此道者，無論是對經、史、子、集語或前人詩句都必須十分精熟，而馬國翰藏書之富與讀書之勤，正足以使其致力爲之。

至於筆者無法目見之馬國翰作品，亦臚列如下，略作紹述：

一、《農諺》

《農諺》一卷。此書爲馬國翰官涇陽時輯佚之作，所輯計有《神農》、《野老》以逮《范子計然》等十餘種，書成於道光十八年（1838），時馬國翰四十五歲。自序云：

> 歲戊戌，乞假家居，親督僕傭種蒔桑麻，得與鄰父縱言，備聞田間耕作之務。因輯《漢志》農家諸佚篇，自《神農》、《野老》以逮《范子計然》凡十餘種。〔註91〕

〔註89〕趙爾巽等撰：《清史稿·志八十三·選舉三》（台北：鼎文書局，1981 年 9 月），卷 108，頁 3147。

〔註90〕商衍鎏：《清代科舉考試述略》（台北：文海出版社，1975 年），頁 249。

〔註91〕據〔清〕毛承霖纂修：《續歷城縣志·藝文》，卷 22，頁 22。

二、《竹如意》

　　《竹如意》二卷。馬國翰記其平日所聞之巷談瑣事、鄉野傳奇，凡百餘事。其書名取「《齊書・明僧紹傳》語以顏之曰《竹如意》。竹如意者，談柄也。」〔註92〕《山東通志》評此書云：

> 書中多傳聞之說，不盡可稽。然如〈黑虎神〉一條、〈孟姜女〉一條，駁俗說之謬，皆有引據。其〈趙羊〉一條，記歷城趙廷召善畫羊。〈張虎〉一條，記高唐張際泰善作墨虎，頗有關於山左文獻。又〈凌波仙珮〉一條，敘述有唐人風第。〈茅苟芍〉一條，記一時諧謔之詞，亦堪資？噱也。〔註93〕

此書的內容對於地方掌故、名人軼事等材料之保存應有一定之意義，而這類書籍的編寫無疑透露著馬國翰趨奇好異的個性以及鮮為人知、趣味的另一面，這或許也是馬國翰在其嚴肅、苦悶的學術生活中所尋得的一個平衡點。

三、《海棠百詠》

　　《海棠百詠》一卷，見《馬竹吾先生全集》總目著錄。

四、《紅藕花軒賦草》

　　《紅藕花軒賦草》一卷，見《馬竹吾先生全集》總目著錄。

五、《得修緶編》

　　收在《手稿存目》革字函之第三、四、五、六冊中，〔清〕蔣式理詳加記載云：

> （第三冊）端題「得修緶編」。首天號，次搜神，次原始，當是雜采諸書，惜未注明出典。體例大類《格致鏡源》。〔註94〕
>
> （第四冊）端題「得修緶齋二十四編」。（下注：疑此書卷帙甚多），〈集古編〉專輯上古文辭，自上古至采薇歌，〈序〉謂：「迄於祖龍」，以下迨散佚矣。〔註95〕
>
> （第五冊）端題「得修緶編經傳逸文」。（下注逸詩。《史記》、《戰國策》、《周書》、《周易》、《子夏易傳》、《尚書》、《詩》、《春秋續經》、

〔註92〕馬國翰：《竹如意・序》，見《玉函山房文集》，卷3，頁20。
〔註93〕〔清〕孫葆田等撰：《山東通志・藝文志第十》，卷140，頁3932。
〔註94〕〔清〕蔣式理校錄：《手稿存目》，頁13。
〔註95〕同前註，頁14。

《周禮》、《儀禮》、《禮記》、《論語》、《孝經》各逸文。以下則上古
雜箴、銘文辭也）。〔註96〕

（第六冊）端題「秦前韻語」，自伏羲至商，下冊殆已佚矣。〔註97〕

除此之外，《續歷城縣志》於卷二十三、卷三十亦分別有是編之著錄：

《得修緶編》二冊：《手稿存目》革字函之三冊、五冊也。《手稿存
目》云：（三冊）端題「得修緶編」，……又革字函（第四冊）云：
端題「得修緶齋二十四編」。（原注：疑此書卷帙甚多）。〔註98〕

《得修緶齋集古編》一冊：專輯上古文辭，自上古至采薇歌，〈序〉
謂：「迄於祖龍」，以下迨散佚矣」。〔註99〕

王重民研判《得修緶齋二十四編》應是總名，簡稱為《得修緶編》，共分二十
四編，每編立一子目，如革字號第五冊之「經傳逸文」、第六冊之「秦前韻語」
等，即為《得修緶齋二十四編》子目之名，且認為《續歷城縣志》將《得修
緶編》與《得修緶齋集古編》分別著錄，疑為錯誤。〔註100〕

六、《四家詩鈔》

《四家詩鈔》一冊，馬國翰將《豐山詩鈔》、《范墅詩鈔》、《苹埜詩鈔》、
《鄧生詩鈔》等四家詩合輯成冊。馬國翰於此書自序中，將輯理此書之原委
作了完整的交代：

會稽司馬翼甫先生出殘稿四帙見示。一為《豐山詩鈔》，錢塘陸君鐘
撰，先生外祖也；一為《范墅詩鈔》，同邑周君溢贇撰，先生岳翁也；
一為《苹埜詩鈔》；一為《鄧生詩鈔》，安福王君正雅及孫榮祖撰。
苹埜先生太親翁，鄧生其佳婿也。撫卷慨然謂余曰：「四君皆逝，已
為地下陳人，詠歌篇章，率多散落，斷珪零璧，篋笥僅存，恐或湮
沒，冀垂永久，幸聯同志，盍甲乙而剞劂之。」，余受而披讀。詩筆
雖異，要皆卓然，足自成家。因就詮次，仿漁洋山人《十種唐詩選》
例，人為一卷，而《四家詩鈔》顏諸編首。〔註101〕

〔註96〕同前註。
〔註97〕同前註。
〔註98〕見〔清〕毛承霖纂修：《續歷城縣志·藝文·得修緶編》，卷23，頁23。
〔註99〕同前註，〈得修緶齋集古編〉，卷30，頁16。
〔註100〕參見王重民：〈清代兩個大輯佚書家評傳〉，收入《中國目錄學史論叢》，頁
314。
〔註101〕《續歷城縣志·藝文·四家詩鈔》，卷30，頁16。

馬國翰保存文獻之功，於此亦可得見。

七、《買春詩話》

《買春詩話》一卷。光緒 15 年（己丑，1889）年刊行。馬國翰「說詩頗以性靈爲宗」，〔註102〕故此書所錄之詩亦多爲「清新刻露之作」。〔註103〕《山東通志》且評此書云：

> 其解王士禎〈秋柳〉四律及溫庭筠〈商山早發〉詩，皆不爲穿鑿坿會之談。惟記其師穆彰阿〈登岱〉句：「飛泉遠挂重巖瀑，大野晴開萬樹煙」。謂：「其以本原之學推爲大澤之施」云云。未免貢諛之習。
>
> 又長山王孝廉霖以才名著海右一條，霖上蓋誤脫衍字。〔註104〕

《買春詩話》雖非詩話一類書之佳作，但書中的隻言片語，詩人的一章一句，應該也有其參考或保存的價值。

八、《神萃》

《神萃》一卷。馬國翰述其編撰之動機云：

> 造化難名，聖人不語，顧盛德未嘗遺物，斯至誠足以感神，情狀可知，顯微無間。是故《易》取睽孤之象，載或盈車，《詩》箋屋漏之誠，相爲在室，明禋著典，……有心之士，矯激爲談，《搜神》疑干寶之誣，無鬼助阮瞻之論，豈知出王游衍旦明，隨百體以降臨；……神無不在，目貴常存。〔註105〕

是故，馬國翰肆力搜羅，薈集百家之載籍，以明所錄仙鬼神異諸事皆有來歷，信而可徵，而非憑空杜撰。

九、《分韻編典稿》

《分韻編典稿》一冊。《手稿存目》金字函第五冊中〔清〕蔣式瑆對是書之成書原委略有紹述：

> 馬君殆嘗仿《御定分類字錦》之體，而變分類爲分韻，輯成一書，此其創稿也。後凡言雜錄典故者並同。〔註106〕

星字函第四、五裏尚有題爲《分韻編典稿》者，而《手稿存目》中題爲「雜

〔註102〕同註93，卷146，頁4360。
〔註103〕同前註。
〔註104〕同前註。
〔註105〕馬國翰：《玉函山房文集・神萃・序》，卷3，頁20。
〔註106〕〔清〕蔣式瑆校錄：《手稿存目》，頁1。

錄典故」者，亦有竹字函的第二、三、四、九等四冊、土字函第十一冊、革字函第十三冊、木字函第四冊等，數量頗多。〔註107〕足見馬國翰讀書有法，在資料的整理、歸納方面的確是下了不少的功夫。

十、《宮闈豔史》

《宮闈豔史》一冊。載見《手稿存目》革字函第二冊。〔清〕蔣式瑆對書中內容稍有說明：

> 首皇古，次夏商，次周，凡后妃各為小傳，間有野史氏論斷塗抹，增改頗多，未竟稿也。（下注：面書西園未定草，西園殆馬君號耳）。
> 〔註108〕

此外，《手稿存目》革字函第七冊亦著錄有《宮闈豔史》中西漢部分之殘稿。〔註109〕

十一、《買春軒國風說》

《買春軒國風說》，載見《手稿存目》木字函第九冊。〔清〕蔣式瑆記：

> 端題《買春軒國風說》，自〈關雎〉至〈二子乘舟〉，每篇略有論斷。
> 〔註110〕

此書亦馬氏讀經之心得。

十二、《論語攟說》

《手稿存目》中之星字函有是書之相關著錄，茲條舉如下：

第三冊著錄云：

> 紅格草書「論語兩注攟說」，自〈學而〉至〈君子務本〉。

第四冊著錄云：

> 紅格草書「論語攟說」，〈學而〉、〈其為人也〉兩章。

第五冊著錄云：

> 紅格草書「論語攟說」，〈學而〉一章。

第六冊著錄云：

> 紅格草書「論語攟說」，自〈父在觀其志〉至〈貧而無諂〉。

〔註107〕同前註，頁6～18。
〔註108〕同前註，頁13。
〔註109〕同前註。
〔註110〕同前註，頁16。

第七冊著錄云：

　　紅格正書「論語攟說」，自〈學而〉至〈君子不重〉章，按攟說之體，
　　條列古人成說，間用一、二語斷制，以合漢宋兩家之言，《目耕帖》
　　則或獨抒己見也。

第一裏著錄云：

　　紅格正書「論語攟說」，〈學而〉、〈爲政〉二篇。

第二裏著錄云：

　　紅格草書「論語攟說」，〈愼終〉章。

第八裏著錄云：

　　紅格草書「論語攟說」，〈學而〉章。

此外，第六、七裏亦有「論語攟說」之著錄。〔註111〕雖爲零篇碎簡，但亦可
見其廣搜、博採經注、經解的用心。

十三、《訂屑編買春軒儷字》

　　《續歷城縣志》載：

　　　據《鮑西樓詩草・冬夜夢師》一百韻詩注。卷未詳。〔註112〕

十四、《紅藕花軒試帖》

　　《紅藕花軒試帖》一卷，見載《馬竹吾先生全集》總目。

十五、《五峰山館詩課》

　　《馬竹吾先生全集》總目及《山東文獻書目》皆著錄爲《五峰山館詩課》
二卷。惟《山東通志・藝文志》著錄爲《五峰山館試探》，疑誤。

十六、《紅藕花軒課草》

　　《紅藕花軒課草》四卷，載見《馬竹吾先生全集》總目。

十七、《玉函山房藏書簿錄續編》

　　《玉函山房藏書簿錄續編》一冊。《手稿存目》石字函第一冊著錄云：

　　　紅格，中殘，有「紅藕花軒」四字，草書「玉函山房藏書簿錄續編」，
　　　只經、史二類，然已三千餘卷。〔註113〕

〔註111〕有關「論語攟說」之著錄，皆參見〔清〕蔣式理校錄：《手稿存目》，頁18、19。
〔註112〕見〔清〕毛承霖纂修：《續歷城縣志・藝文・訂屑編買春軒儷字》，卷23，頁
　　　　23。
〔註113〕同註111，頁8。

可知，《玉函山房藏書簿錄》成書後馬國翰藏書續有增益，其數量甚且超過三千多卷。而《手稿存目》匏字函第二冊亦為《玉函山房藏書簿錄續編》，著錄云：

> 《簿錄續編》。隨見隨錄，漫無體例。〔註114〕

又第三冊云：

> 雜鈔書目。間有考證，備編藏書簿錄也。〔註115〕

《續編》著錄之體例蓋因隨見隨錄故並未臻於完善，但也由此可見馬國翰對於家中藏書的編目是盡心盡力，不曾間斷的，可惜此一續編今日亦難以得見，無法一探究竟。不過，可以確定的是，馬國翰玉函山房的藏書總量是遠遠鈔過《玉函山房藏書簿錄》二十五卷所著錄的五萬八千八百八十一卷。

十八、《孟子擴說》

收在《手稿存目》月字函。著錄如下：

> 《孟子擴說》七冊，總十四卷。〔註116〕

十九、《紅藕花軒賦草》

《紅藕花軒賦草》一卷，載見《馬竹吾先生全集》總目。

二十、《玉函山房續集》

《玉函山房續集》五卷，見《馬竹吾先生全集》總目著錄。又據《續歷城縣志・藝文志》所著錄之馬國翰著作中，除《玉函山房文集》五卷外，亦尚有《續集》五卷。王重民嘗言：「《續集》收先生卒前一年所作之二篇」，〔註117〕然王重民於所作之馬國翰年表中即徵引其中之《農諺・小序》、〈隴關蓍記〉、《竹窗閒吟・序》、《耕道獵德齋詠史小樂府・序》、《紉香草堂遺稿・序》、《可問軒詩稿初集・序》、〈重修沙河莊水母宮碑記〉、〈三官廟碑記〉等八篇，故二篇之說，有待商榷。惜筆者所能目見之清光緒十年甲申孟秋繡江李氏補刊本並未有《續集》五卷，故無從得知所謂的《續集》五卷其真正篇卷、內容為何。

〔註114〕同前註，頁10。
〔註115〕同前註。
〔註116〕同前註，頁17。
〔註117〕參見王重民：〈清代兩個大輯佚書家評傳〉，收入《中國目錄學史論叢》，頁315。

第三節　交　遊

馬國翰交游之中多非名流顯宦、聲名赫赫者。據《玉函山房詩集》所載，馬國翰曾師事金寶川、呂心源、邵自璘、時銘、賈璇等人，其中受賈璇影響最大。朋友之中，根據記載有名可考者，有郝答、李廷棨、周樂、王德容、謝焜、何鄰泉、陳超、李鄴、李僴等人，其中周樂、王德容、謝焜、何鄰泉與馬國翰同為鷗社之成員，相交較深。至於門生部分，馬國翰雖曾開館授徒，弟子人數不少，如劉鉞、陳永修、王文源、趙培桂、張宗泗等人皆是，然多無事蹟可稱述。今僅擇其關係較深者，業師賈璇、時銘二人、其友李廷棨、周樂、王德容、謝焜、何鄰泉、李鄴等六人，門生陳永修一人，加以介紹。

一、與賈璇、時銘之師生情誼

（一）賈　璇

賈璇，字聯樞，號訥叔，一號芉農，嘉慶己巳（1809）歲貢，以理學鳴，山東歷城人。著有《四書筆記》、《易筆記》、《春秋宗孟》諸書。《玉函山房藏書簿錄》收有《四書筆記》六卷及《春秋宗孟》十二卷，其中《四書筆記》為玉函山房所校刊。《簿錄・四書筆記》解題云：

> 道光甲辰，翰從先生喆嗣鍾嶧處得此編刊之。其書與李譪溪先生《四書證疑》相似。李詳於典制名物，先生長於義理訓詁，要皆以經通、經理求其是，與西河百詩後先輝映矣。（卷 6，頁 29）

又〈哭賈訥叔夫子〉一詩亦云：

> 學能探理窟，文更富曹倉。駿譽成均著，名山大作藏。六經皆是注，四子握其綱，麟史精研索，龜圖細究詳。博通歸貫串，剖析極毫芒。孤詣深黄卷，微言翼紫陽。……所傳多格訓，豈僅在詞章。〔註 118〕

從字裡行間可看出馬國翰對賈璇業師學問之醇推崇備至。十年的師生情誼，馬國翰之學的確受到賈璇思想、觀念上不小的影響，所撰《目耕帖》一書即「屢引其師賈訥叔說」，〔註 119〕茲舉一例以明之：

> 賈聯樞《尊經堂四書筆記》云：「至善，禮也。《論語》：『動之不以

〔註 118〕馬國翰：《玉函山房詩集・哭賈訥叔夫子》，卷 2，頁 13。

〔註 119〕〔清〕蔣式瑆：《手稿存目・後記》，收在《馬氏全書》第 15 冊，頁 1、2。

禮，未善也。』，是至善為禮之切證。」〔註120〕

（二）時　銘

時銘，字子佩，號香雪，江蘇嘉定人，官齊東知縣。馬國翰於《玉函山房藏書簿錄・掃落葉齋詩彙》述其為官風節、詩作特色云：

> （時銘）官齊東有治績，不名一錢，至今邑人尸祝之。李兆洛為作傳，稱其詩寬裕肉好，無焦殺音，處困頓不改其度，尤樂道節義事，沉摯悱惻，仁容義概，宛轉呈露云云。（卷23，頁39）

馬國翰於嘉慶23年（1818）房薦受知於時銘，〔註121〕〈香雪先生遺詩・序〉記此事云：

> 戊寅秋闈翰謬叨房薦，時以得卷晚，未獲中選，先生以為惜，闈後東召詢以文藝，自是受業焉。〔註122〕

馬國翰於當時雖未能一舉中第，但自此和時銘建立起深厚之師生情誼。之後，馬國翰又於道光元年（1821，辛巳）再受時銘房薦，惜亦未獲青睞。然馬國翰終身感念師恩，於先生卒後，搜采時銘之作〈秋花詩〉數章及於謝問山處所得《掃落葉齋詩彙》鈔本，合訂一編，雕版刊印於洛川。〔註123〕

二、與詩人文友之相知相惜

（一）李廷棨

李廷棨，字戟門，號萼村，一號星垣，山東章丘人。道光五年（1825）選拔戊子舉人第二名。道光9年（1829）進士，歷任新城、玉田、宛平知縣、雷州府知府、湖北荊宜施道、順天府尹等官職。道光29年（1849）死於任所。所撰有《紉香草堂文集》二卷、《紉香草堂詩集》十卷、《紉香草堂文鈔》一卷、《紉香草堂詩餘》一卷、《續修新城縣志》四卷等。章丘博物館所藏馬國翰書版中亦包括李廷棨著作若干部。馬國翰與李廷棨交情甚篤，同聲相應，同氣相求，三十年來詩文酬唱，魚雁頻傳，《百八唱和集》、《夏小正詩》

〔註120〕〔清〕李元璇輯：《玉函山房輯佚書目耕帖續補・大學》，卷1，頁1。
〔註121〕馬國翰〈憶昔〉八首自注亦云：「戊寅（1818）房薦時公銘賞余文，理正法醇，志和音雅。……，（主司）一批清貴，卷僅堂備而已。豈非命哉？」同註118，〈憶昔〉八首，卷2，頁10。
〔註122〕馬國翰：《玉函山房文集》，卷3，頁13～14。
〔註123〕馬國翰：《玉函山房藏書簿錄》，卷23，頁39。

即爲二人合作完成的作品。在《玉函山房文集》中，除收有〈報李戟門書〉、〈寄李戟門書〉等往來書信外，亦有〈紉香草堂集序〉、〈李戟門西京碑銘跋〉等篇什，皆是馬國翰爲李廷棨著作所撰寫之序跋。在《玉函山房詩集》中，有近二十首詩對兩人之往來作了具體動人的紀錄，如：〈賀戟門秋捷〉、〈送戟門之保陽〉、〈寄懷戟門〉、〈秋晚得戟門書覆札因寄〉、〈聞戟門抵深州任賦寄〉、〈送戟門之任雷郡〉、〈將屆中秋寄戟門賀函因成二律附寄〉諸篇。雙方之相知情懷不因時空的移易與境遇的窮達而有所改變，反而莫逆於心、更加惺惺相惜，這份共通的體悟在馬國翰筆下經常自然地流露出來，〈和戟門贈句〉云：

> 使君能倡黃花詩，故人許續青蓮辭。科名縱屬偶然事，翳吾兩人眞心知。心知相視莫逆笑，芝蘭臭味結同調。往來古今何悠悠，天地山川恣吟嘯。吟嘯乾坤與俗違，萬卷難療八口饑。亡羊共說歧途惕，除卻使君知我希。知希未敢云吾貴，要存兩間眞意氣。我不能言代我言，過來人識箇中味。〔註124〕

這一對金蘭之交的眞摯友誼，後更進一步結爲兒女親家。

（二）周　樂

　　周樂，字二南，先世江甯人，自其祖游幕山東，遂家歷城。編撰有《二南詩鈔》、《二南詩續鈔》、《二南外集》、《正氣吟》等書，《玉函山房藏書簿錄》多有著錄。馬國翰頗爲推崇周樂之詩文作品，其爲《歷下三君集·周二南先生詩鈔》所作序文中，讚許周樂詩「如引人入桃花源中，別有天地」，〔註125〕於《二南外集·序》則云：「以倫紀爲本原，以性情爲作用，凡屬闡表微潛箴規朋執之篇，莫不與人心世道息息相關。即一二游戲小品，鼓吹悠閒，亦不失勸懲之微意。」〔註126〕《續歷城縣志》載周樂生平云：

> 素豪飲，喜賓客，偶得賣文錢即市酒，召客歡飲。有召飲者，亦無不往。初與同里周奕鱉、翟凝、李肇慶諸人相友善。後肇慶宰咸甯，以書招之，遂攜眷往居關中十年，與其賢士大夫相切磨，學大進。既又辭去，漫遊燕趙，年已近七十矣。歸，主講濟南景賢書院。……暇復與數老友結鷗社於湖上，樽酒盤桓，吟嘯自適。辛後士人立木

〔註124〕同註118，〈和戟門贈句〉，卷4，頁3。
〔註125〕同前註，卷3，頁10。
〔註126〕〔清〕孫葆光等撰：《山東通志·藝文志第十·集部》，卷146，頁4254。

主於景賢院中祀之。〔註127〕

讀是篇，則知周樂一生喜交遊，與馬國翰同為鷗社社友，此外，亦好詩書，
課徒講學成績卓著。馬國翰與周樂之交往情形，《玉函山房詩集》中頗有記載，
〈周二南以乃郎華生兒九歲痘殤詩八首見寄因賦二律奉唁〉之一云：

> 以詩代哭慟西河，讀罷新章感淚多。
>
> 同病相憐難盡喻，有才無命可如何。
>
> 左牽尚記犬名譟，隅坐時從鷗社過。
>
> 誰料天花亡療術，醫家空設小兒科。〔註128〕

而周樂有〈題馬竹吾竹園課子圖小像〉云：

> 日嘯竹林裡，忘形並忘言。高風偕鳳侶，清陰及龍孫。
>
> 書屋不知暑，秋聲先到門。此君容我訪，問字擬攜罇。〔註129〕

綜上所錄，二人之交情可見一斑。

（三）何鄰泉

何鄰泉，字岱麓，號莘野。山東歷城人。撰有《無我相齋詩選》。其生平
事蹟、心性修為見《續歷城縣志》載：

> 少通經史，小試不利，棄去，肆力詩、古文辭。工唐隸，與曲阜桂
>
> 馥齊名。同邑范坰、周樂、馬國翰諸人先後結詩社於湖上，鄰泉均
>
> 與其會。周樂稱其詩清超秀逸，往往有遠韻。家劇貧而性介，雖素
>
> 交亦不以一刺干之。〔註130〕

而馬國翰與何鄰泉既同為鷗社社友，自亦時相唱和，馬國翰有〈何岱麓以無
我齋詩見寄詩代謝柬〉之二云：

> 披卷如聞霜夜鐘，超超著引到元宗。
>
> 是真法藏琉璃眼，現出如來卍字胸。
>
> 深悔折腰緣五斗，遠輸摩頂對孤松。
>
> 何時得遂歸山志，長嘯同登大佛峰。〔註131〕

何鄰泉撰有〈馬詞溪竹林課子圖〉云：

〔註127〕〔清〕毛承霖纂修：《續歷城縣志》，卷41，列傳三，頁22。

〔註128〕同註118，〈周二南以乃郎華生兒九歲痘殤詩八首見寄因賦二律奉唁〉，卷9，
頁14。

〔註129〕同註127，卷53，頁20。

〔註130〕同前註，頁21。

〔註131〕同註118，〈何岱麓以無我齋詩見寄詩代謝柬〉，卷9，頁15。

循聲治績著長安，故國山莊竹萬竿。

壯歲歸來閒課子，舉家歡喜勝遷官。

能知止足持身易。不讀書詩繼世難。

林下自尋眞樂事，任他人當渭川看。〔註132〕

兩人心性相尙，日相過從，交情匪淺。

（四）王德容

　　王德容，字體涵，號秋橋。山東歷城人。嘉慶間諸生。撰有《秋橋詩選》、《秋橋詩續選》。《續歷城縣志》載其爲人風範云：

　　事所後以孝聞，然不忘本生。雖間關千里，踰歲輒一往省。結廬鵲
　　華橋東，教授生徒，不事進取。遊其門者，後皆爲知名士。性耽山
　　水，工吟詠，周樂極稱之。晚受知於學使劉瞻巖，濟南人皆重之，
　　以爲質而有文，介不絕俗，有陶靖節風。〔註133〕

馬國翰亦頗傾慕王德容之人品，從其爲王德容所撰《思竹齋存稿‧序》即可窺知，馬氏云：

　　先生方謙沖退讓，不以詩自鳴，故同人亦罕知其有詩也。……余聞
　　先生以孝行著，事大母得其歡心，嘗倩謝鎭甫作謀奉圖以見志。未
　　幾，而白雲望逖，腸斷重慈，窀穸之事，哀禮交盡。〔註134〕

馬國翰對王氏之著作亦是讚賞有嘉，馬氏《思竹齋存稿‧序》云：

　　多本色本分語，不事雕繪，而清辭麗句往往從眞性情中流溢而出，
　　淵然以古，瀏然以清，非世之模山範水所可同日語者。〔註135〕

又曾於《簿錄‧秋橋詩選》解題中，讚其所作詩云：

　　詩有眞趣。〈生日戲吟〉云：「任家無長物，冀老有閒時」；〈秋興〉
　　云：「牆根扁豆嫩，籬底韭花鮮」；〈偶成〉云：「貧先知米價，病久
　　解醫方」，皆佳句也。（卷23，頁41）

馬國翰《玉函山房詩集》中，爲王德容所撰述之詩作亦有多首，如：〈題王體涵茂才思竹齋存稿後〉、〈題王秋橋謀奉圖小照〉、〈壽王秋橋二十四韻〉、〈冬

〔註132〕同註127，頁23。

〔註133〕同註127，頁19。

〔註134〕馬國翰：《思竹齋存稿‧序》，收入王德容《秋橋詩選》（濟南：山東省立圖書
　　　　館藏道光壬寅刊本），頁2。

〔註135〕同前註。

日得王秋橋寄詩依韻和之〉、〈答王秋橋〉等，字裡行間，不時可見記二人之
情誼者。而王德容亦時有詩作以倡和，如收在《秋橋詩續選》中的〈花朝馬
詞溪刺史招同社友集歷下亭〉、〈送馬詞溪入觀〉、〈送馬詞溪復任涇陽〉、〈寄
吟侶〉、〈馬詞溪自陝簡寄步韻答之〉等諸詩，皆足以反映出馬、王二人不可
等閒視之之交情。

（五）謝 焜

謝焜，字問山，諸生，自浙江山陰占籍歷城。著有《綠雲堂稿》，編有《海
岱英華集》、《心雲集》、《停雲集》。《續歷城縣志》載其小傳曰：

> 家貧，詩酒自娛，廣交遊，喜接納，投稿贈紵率知名士。詩宗少陵，
> 揭少陵戴笠小像於座，舉觴以祝，每四月十九日仿浣花故事，集同
> 邑周樂、范垌、何鄰泉諸師友爲少陵壽時，相酬和聯，湖干鷗社。
> 租居近水，引泉繞屋，疊石雜花木，作隱趣，名鶴園，賦以志之。
> 乙卯不第，坐獨輪車，敝衣竹笠，遊齊魯間，玩佳山水。……目損
> 於酒，年七十不見物，猶日吟哦。〔註136〕

謝焜家境貧困、宦途多舛，和馬國翰相知相惜。二人同爲鷗社社友，彼此詩
文唱和甚勤，來往密切，馬國翰曾作〈題謝問山茂才秋牎著書圖〉、〈再題問
山解鞍鼓枻圖〉、〈題謝問山小像〉、〈壽謝問山〉諸詩以贈之。

（六）李 鄴

李鄴，字杜亭，後更名滄瀛，字東溟，別號頓邱子。章邱人。長於七律，
人比於〔唐〕高適。《玉函山房文集》有〈頓邱子小傳〉一文云：

> （李鄴）爲人恬澹沉默、樸質醇誠，有古人風。少習制藝，一試不
> 售，即棄去。好吟詩，千里同聲，必訪識其人，以是取資益廣。又
> 嘗涉湖湘、遊巴蜀，極山川風物之勝，歸而爲詩益工。家素窶，擔
> 石無儲，晏如也。嘗製布囊、橐各一，時懸置腰帶間，詩之已就者
> 貯於囊，其未就者貯於橐。遇故人一揖外，即欣然出新詩相質，一
> 字必推敲再四，安始已。其癖嗜於詩類如此。〔註137〕

李鄴嗜詩如癖的眞性情，於斯可見。《玉函山房藏書簿錄》著錄李鄴作品有《柿
園詩稿》、《春雨樓詩稿》、《海樵詩鈔》、《菊嵒詩鈔》等，除《海樵詩鈔》一

〔註136〕同註127，頁20。
〔註137〕馬國翰：《玉函山房文集·頓邱子小傳》，卷2，頁7。

書外，馬國翰皆爲其撰有序跋，而《玉函山房詩集》書前則收有李鄴之題辭，足見兩人平時之詩文酬唱亦是極爲頻繁。

三、對門生陳永修之獎掖提攜

（一）陳永修

陳永修，字子愼，號西樓，邑諸生，著有《鮑西樓詩草》、《鮑西樓文鈔》、《平陵齊音》、《花月令詩草》等書。少師馬國翰，陳永修嘗言：

> 道光丙戌、己丑之際，余師馬詞溪夫子設帳鮑山黃石古寺，余從學焉。〔註138〕

作品中《鮑西樓詩草》一書爲陳永修從馬國翰學詩時所作，馬國翰爲此書撰寫序文說道：

> 前輩論詩有三得焉：觸景言懷，揮毫立就，謂之來得；細意熨貼，無懈可擊，謂之去得；……子愼陳生從余學數年，每有新題，輒喜擬作，而脫稿亦速，可謂來得矣。久而多有佳句，穩切之中，復饒新警，可謂去得矣。及余奉檄入關，離索幾四載，不知其詩詣之所造如何？方懸懸以爲念，甲午冬，因仲弟憲甫寄其所著《鮑西樓詩草》一帙質余點定，披閱一過，實多可存之作，蓋視昔爲大進矣。
>
> 〔註139〕

由此可看出馬國翰對受業陳永修是頗爲關心、賞識的，即便己身仕宦在外，亦時時爲念。

〔註138〕同註35。
〔註139〕同註137，〈鮑西樓詩草序〉，卷3，頁14。

第三章 《玉函山房藏書簿錄》析論（上）

第一節 《玉函山房藏書簿錄》之成書背景

　　馬國翰《玉函山房藏書簿錄》的成書，除憑藉個人對墳籍之酷愛與孜孜矻矻、從一而終的精神外，其所處有清一代藏書之空前發展以及山東源遠流長之藏書流風薰陶，都是馬國翰藏書事業形成的有利外在條件。

　　清代之私人藏書事業，伴隨著整個學術發展的轉向，清朝政府文化政策的提倡，再加上當時社會經濟的繁榮，文化的發達，雕版印刷的興盛等條件的推波助瀾下，出現了前所未有的蓬勃景象，藏書之風興盛，私人藏書家數量大增，藏書事業蔚為大觀。楊守敬在其所撰《藏書絕句·序》中，總結有清一代私人藏書盛況云：

> 藝圃騰煇，斷推昭代。若絳雲樓之未火，述古堂之繼興，文字垂光，爛若球貝，猶未已也。聿觀常熟之毛、泰興之季、昆山之徐、天一閣范氏、澹生堂祁氏、道古樓馬氏、得樹樓查氏、小讀書堆之顧抱沖氏、五硯樓之袁壽皆氏、兹蘭堂之朱文游氏、百宋一廛之黃蕘圃氏、長塘鮑氏、棟亭曹氏、香嚴書屋周氏、藝芸書舍汪氏、開有益齋朱氏、愛日之廬、碧鳳之坊、楹書之錄、行素之堂、孫氏之祠堂、影山之草堂、瓶花之齋、稽瑞之樓、拜經之樓、賜書之樓、鐵琴銅劍之樓、觀海之樓，為世寶稱，後先繼出。〔註1〕

　　清代私家藏書的全面繁榮，其所形成的藏書特色亦極為鮮明，傅璇琮、

〔註1〕 〔清〕楊守敬：《藏書絕句·序》（台北：成文出版社，1978年，《書目類編》本），頁2。

謝灼華於《中國藏書通史》一書中，嘗試歸納出六大特點爲：

一、長期積累、日增月益。

二、搜珍求異、百宋千元。

三、互相傳抄、通假有無。

四、勤於校讎、講求版刻。

五、題跋編目、有條有理。

六、建造書樓、管理庫房。〔註2〕

在此時代風尚的影響下，馬國翰的藏書成績粲然可觀，自不是偶然現象，而坐擁萬卷藏書的馬國翰當然同時也成了這一風尚的締造者之一，在私人藏書的歷史進程中發揮了不小的作用。

馬國翰故里—山東，素有「齊魯之邦」、「孔孟之鄉」的美稱，是中華民族古代文化發達的地區之一。春秋末年，自曲阜孔丘整理六經，以六藝敷教，開私家藏書之先河以來，山東這塊土地上即藏書名家輩出，代不乏人。據王紹曾所統計，先秦至清代的山東藏書家即有 551 人，其中先秦、兩漢 10 人；魏晉南北朝 18 人；隋唐五代 12 人；兩宋 21 人；金、元 17 人；明 84 人；清 349 人。〔註3〕王紹曾且指出「山東藏書家人數之多，超過人們意料之外。從先秦至隋唐五代，山東藏書家尤居全國之冠。宋、元、明、清，亦不亞於江浙」，〔註4〕可見，山東藏書家在中國藏書史上實占有著重要且獨出的地位。以下茲將山東歷代私家藏書分成一、成長期（先秦～東漢末年）二、發展期（魏晉南北朝～元）三、鼎盛期（明、清）等三個階段，歸納分述如下。

一、山東私家藏書的成長期（先秦～東漢末年）

春秋戰國時期，孔子首開私人講學及著述之風，帶動了知識階層的興起，百家爭鳴，各派別之間爭相著書立說，產生了六藝、諸子、史學、兵家、醫學、天文等大批典籍，爲藏書家的出現提供了適宜的條件。當時山東地區的書籍傳播狀況已相當廣泛，家有藏書者，除孔子外，至少還有墨子、孔鮒、孔騰等人。

〔註2〕傅璇琮、謝灼華：《中國藏書通史》（寧波：寧波出版社，2001 年 2 月），頁 901～955。

〔註3〕王紹曾、沙嘉孫：《山東藏書家史略》（濟南：山東大學出版社，1992 年 12 月），頁 10。

〔註4〕同前註，頁 98。

　　兩漢時期社會環境較爲穩定，齊魯諸儒生廣搜秦火之後散落於民間的經書，藏於家中，私家藏書風氣普遍形成，且漸有自己之特色。到了東漢，造紙技術的改進，爲書籍的載體提供了廣闊的途徑，對於中國圖書事業有畫時代的意義。此一階段的藏書者有伏生、孔安國、曹曾、田何、轅固生等人。

二、山東私家藏書的發展期（魏晉南北朝～元）

　　魏晉南北朝政局動盪不安，戰火頻仍，山東地區也遭遇到戰亂巨大的破壞，對於藏書事業的確造成相當不利的影響。不過，此一階段的山東藏書家雖家無餘資，但篤志好學、嗜愛典籍，所以藏書家人數仍較兩漢時期爲多，藏書數量亦無減少的現象，足以彌補國家藏書之缺乏。王粲、華恆、王泰、劉善明、王儉、崔慰祖、任昉、劉峻、王僧孺、劉杳、顏之推等人皆有藏書之名，其中王儉、任昉還對藏書作了編目的工作。

　　隋、唐兩代出現較長期的安定局面，經濟、文化由復甦走向繁榮，文化教育更普及民間，山東的私家藏書活動可說是在此良好的條件中持續穩定發展，這一時期的私家藏書已不再是達官貴人的專利。到了唐末五代雕版印刷的廣泛採用，印書、藏書之風，更是流行。知名藏書家如：顏師古、杜暹、段成式、何魯、王師範、梁文矩、和凝、朱遵度等，皆有可觀的藏書。

　　兩宋時期社會文化氣息濃厚，再加上雕版印刷技術日趨成熟、完善，刻書地區遍及全國，加快了書籍的傳播，藏書事業迅速發展。此一階段，私人藏書家遍及山東，有田敏、張平、周起、張循、趙明誠、李清照、晁說之、董逌、朱軒、晁公武、辛棄疾、李德茂、周密等名家。

　　元代的私人藏書家數量，雖不及前代之規模，但由於統治者的崇儒興學以及刻書業與出版業的日益發達，在不到百年的時間內，仍出現不少頗具份量的藏書家，如趙受益、皇甫琰、趙文昌、王士點、申屠致遠、孔文升、李時中等。

三、山東私家藏書的鼎盛期（明、清）

　　明、清時期政府的提倡，以及政治的鞏固、城市的繁榮，交通的發達，圖書出版事業十分興盛，山東詩文名家輩出，私人藏書事業達到空前興盛的巔峰，藏書家人數多達四百餘人，甚至較江、浙二省爲眾。〔註5〕其藏書特色頗爲鮮

〔註 5〕同前註，頁 10。

明，有注重戲曲的收藏者，如于慎行、李開先、孔廣林等；有注重金石的收藏者，如李文藻、牛運震、李鯤、馬邦玉、朱續經、崔鴻圖、馬國翰等；有注重璽印的收藏者，如吳式芬、高慶齡、高申堂、高鴻裁等，又有好收醫籍、道書、釋家經典、地方志等各類書籍者，〔註6〕每每能形成特藏。至於書籍的保存與管理方面，明、清時期的藏書家亦相當重視，多能建樓以儲書，明代有孔彥縉的存化書堂、殷雲霄的蓄艾堂、張珝的甘泉書塾、邊貢的萬卷樓、李廷相的雙檜堂、于慎行的谷城山館、畢自嚴的石隱園等；清代則有李緒明的嘯園、吳興姬的自源堂、孫承澤的萬卷樓、張爾岐的蒿庵、王日高的槐軒、王士禎的池北書庫、趙執信的因園、李文藻的大雲山房、孔繼涵的微波榭、周永年的借書園、李廷棨的紉香草堂、楊以增的海源閣以及馬國翰的玉函山房等，難以備舉。且山東藏書家每多能祖孫相承，如王士禎、閻愉、田雯、李開先、楊以增等家族，克紹箕裘，書香不絕。明、清出現的著名藏書大家，除了上述所列舉者外，尚有明代的劉元亮、馮惟敏、馮琦、李用敬、李若訥、焦竑、鐘羽正、張元英、傅國、崔朝等人；清代的王大椿、吳脉邕、李溉之、于漣、高珩、張貞、孔尚任、高曰恭、閻循觀、桂馥、郝懿行、王筠、孫葆田、王懿榮等人，他們在中國私家藏書史上都占有極為重要的地位。

由於悠久的歷史傳統累積以及文士風尚特質之傳承，山東藏書事業不曾間斷且能發展蓬勃，並且擁有明顯的藏書風格。王紹曾綜觀歷代山東藏書家之特點，舉出犖犖大者，凡有數端：

一、篤愛墳籍，藏書成風。

二、輾轉借讀，抄書成癖。

三、丹黃滿紙，親自讎校。

四、書城坐擁，勤於述作。

五、化私為公，便利來學。

六、深嫻流略，目錄成家。

七、任己所好，各有專藏。

八、善本流傳，功垂百世。

九、刊刻群書，嘉惠來學。〔註7〕

馬國翰受所處地域環境的感染，其藏書風格與上述所列九大特點幾乎完

〔註6〕同前註，頁62。

〔註7〕同前註，頁12〜98。

全相合，可謂繼承傳統且又發揚光大。

　　山東雖有其不可抹煞的悠久藏書歷史與藏書之風，然而不可否認，山東之藏書事業發展至清代，其藏書規模、藏書家人數相較於天然環境極佳、城市經濟富裕、圖書出版事業發達的江、浙一帶實略顯遜色，大體來看，山東藏書家的處境明顯艱難許多，尤其對於家聲不振、文名不顯的馬國翰而言，一生能坐擁將近六萬卷藏書實在已是難能可貴，而其個人努力不懈、辛勤耕耘的毅力自是不容忽視。

第二節　《玉函山房藏書簿錄》之傳本

　　據杜澤遜師所言，現今《玉函山房藏書簿錄》刊本之庋藏地有三處：〔註8〕山東大學圖書館藏有一部；山東省立博物館藏有殘帙兩部；台灣大學圖書館亦藏有一部，且有馬國翰之手批字樣，頗爲珍貴，故另以「手批本」視之。此節《玉函山房藏書簿錄》傳本之討論，即以「刊本」與「手批本」二者，分述如下：

一、刊　本

　　山東大學圖書館藏有《玉函山房藏書簿錄》一部，乃山東膠南縣人張鏡夫於西元 1941 年以重金收購，爲其「千目廬」珍藏之一，後於西元 1955 年爲山東大學圖書館秘書張長華所購得。此本《玉函山房藏書簿錄》計二十五卷，爲道光二十九年刻本，每半葉九行，行二十字，花口，四周雙欄，單黑魚尾，版心上題書名，下記卷數，葉數。無牌記。書前有道光二十九年三月馬國翰所作序。此序對其藏書之經過、成書之原委、解題之撰寫等，都有詳細之交代，爲了解馬國翰藏書一難得且重要之資料，茲將此序迻錄於下：

> 余性嗜書，聞友人家有奇編秘籍，每以一瓶乞假，手自抄錄，遇諸市肆，不惜重直購之。爲諸生日，硯田所獲，半供書價。或有時典質衣裘，室人以書癡誚余，弗顧也！比筮仕西秦，前後十四年，中間家居者五年，廣搜博訪，細大不捐，乃積書五萬七千五百餘卷。
> 夫古人之著作，不一其體，秉經立訓者，淵懿卓爍，懸日月以不刊。

〔註8〕杜澤遜師：《玉函山房藏書簿錄・影印玉函山房藏書簿錄序》（北京：北京圖書館出版社，2001 年 6 月），頁 2。

粹儒之言，布帛菽粟，淡而彌永。其他百家撰述，未能盡醇，而持
之有故，言之成理，亦自獨有千古。至於胠說小品，羅羅清疏，各
饒風致。李邯鄲謂書有三味，取喻良切矣！余每得一書，必深求一
書之用意，暇日排比，依晁公武《郡齋讀書志》、陳振孫《直齋書錄
解題》之式，分部列居、撮記要旨，爲《藏書簿錄》二十六卷。就
架上現有之書編次，其有所遺漏及後更新得者，再爲續編以補之焉。
道光二十九年三月歷城馬國翰竹吾甫。（《簿錄·序》，頁1）

西元 2001 年 6 月北京圖書館出版社據山東大學圖書館藏本影印發行，自此馬
國翰《玉函山房藏書簿錄》始廣爲流傳。而山東省立博物館則藏有殘帙兩部，
杜澤遜師所撰《影印玉函山房藏書簿錄·序》提及：

其一：

存卷四、卷五、卷十、卷十一、卷十二、卷十三、卷十六、卷十七，
共八卷，四冊。紙幅較小，紙墨較舊，有霉爛殘損，經余核對，與
山東大學本同版。〔註9〕

其二：

僅存卷一、卷二。壹冊。紙幅較大，紙墨較新，原裝無殘損，封面
葉前半葉刻「玉函山房」四篆字，後半葉刻「光緒十五年己丑仲春
重校刊，繡江李氏藏板」牌記三行。與山東大學本相校，亦係同版，
唯闕馬國翰自序。〔註10〕

綜上所引，可知現今可考得之《玉函山房藏書簿錄》刊本，應皆爲同版。

二、手批本

　　所謂手批本，乃現藏於台灣大學圖書館之「原刊本」〔註11〕《玉函山房
藏書簿錄》二十五卷，與北京圖書館出版社據山東大學圖書館藏本影印發行
之《玉函山房藏書簿錄》二十五卷相參照，亦係同版，唯闕馬國翰自序，且
此本有手批文字多處。梁子涵曾云：

《簿錄》批改甚多，經翼鵬先生鑒定，多出馬手，偶貼之浮簽，或

〔註 9〕 同前註。
〔註10〕 同前註。
〔註11〕 國立台灣大學等編輯：《國立台灣大學、台灣省立台北圖書館、國防研究院、
　　　　國立台灣師範大學、私立東海大學善本書目》（台北：國立台灣大學，1968
　　　　年），頁17。

用紅格短箋，與余藏馬氏手校《漢志》考證之籤條相似。（此書爲藏園師賜贈，師曾撰題記，載於《中和月刊》某期），曩於北平脩綆堂書店曾見《紅藕花軒金石錄》稿本，其稿紙亦每行二十三格，中線有「紅藕花軒」四字。蔣式珵《馬氏手稿存目‧後記》云：「前後共得手稿之僅存者，短冊細字，猶有百二十餘本。（中略）手稿石字函第一策，紅格，中線有紅藕花軒四字。」除此物證之外，再徵以行文辭義，及其手札，更可無疑。〔註12〕

據梁子涵所考，此本批校者應該就是《玉函山房藏書簿錄》作者馬國翰本人。馬國翰之手批或述篇卷之訛誤，或補版本之脫漏，或考撰人之字號、仕履等等，諸如此類，不一而足，見於台灣大學圖書館藏本者，凡32條，於是書頗有裨益，茲列述如下：

1. 〔周〕卜夏撰《子夏易傳殘本》二卷：（《簿錄》，卷2，頁3）
   ※原文：「晉《中經簿》四卷，梁《七錄》六卷，《隋書‧經籍志》、《唐書‧藝文志》并二卷殘闕，陸德明《經典釋文‧序錄》三卷。」
   書眉上有眉批，批文爲：「案諸家所論，此書之僞託係十一卷本，至此二卷殘本，並無可疑之處，何得張冠李戴，殊失詳考。」

2. 〔國朝〕孫奇逢撰《讀易大旨》五卷：（《簿錄》，卷2，頁33）
   ※原文：「末卷附兼山堂問答及與李蔚論《易》之語，蔚亦孫氏弟子也。」
   書眉上有眉批，批文爲：「李蔚係夏峯先生所從學《易》，非孫氏門人。」

3. 〔國朝〕江藩撰《周易述補》四卷：（《簿錄》，卷2，頁41）
   ※原文：「國朝諸生■■江藩■■撰。補惠氏《周易述》之缺。」
   墨丁旁有眉批，批文爲「甘泉」與「鄭堂」四字。成爲：「國朝諸生■（甘）■（泉）江藩■■（鄭堂）撰。補惠氏《周易述》之缺。」

4. 〔國朝〕胡培翬撰《燕寢考》三卷：（《簿錄》，卷4，頁38）
   ※原文：「國朝戶部主事孝感胡培翬■■撰。萃諸儒說燕寢者，據經考定，賈孔疏無此明晰也。」
   墨丁旁有眉批，批文爲：「竹村」二字，成爲：「國朝戶部主事孝感胡培翬■■（竹村）。撰萃諸儒說燕寢者，據經考定，賈孔疏無此明晰也。」

〔註12〕梁子涵：〈玉函山房藏書簿錄及輯佚書問題〉，《大陸雜誌》第4卷第5期（1952年3月），頁151。

5. 〔國朝〕陳壽祺撰《五經異義疏證》三卷：（《簿錄》，卷6，頁1）

※原文：「國朝翰林院編修■■陳壽祺■■撰。就許鄭書殘遺之本，條加疏證，引援詳博。」

墨丁旁有眉批，批文爲：「侯官」與「恭甫」四字。成爲：「國朝翰林院編修侯官陳壽祺恭甫撰。就許鄭書殘遺之本，條加疏證，引援詳博。」

6. 〔國朝〕許宗彥撰《鑑止水齋集》二卷：（《簿錄》，卷6，頁12）

※原文：「國朝兵部主事■■許宗彥■■撰。」

墨丁旁有眉批，批文爲：「國朝兵部主事■■（德清）許宗彥■■（周生）撰。」

7. 〔國朝〕劉履徇撰《秋槎雜記》一卷：（《簿錄》，卷6，頁13）

※原文：「國朝國子監典簿劉履徇撰」。（參見北京圖書館據山東大學圖書館影印本）

直接於「徇」字上修正爲：「國朝國子監典簿劉履恂撰。」

8. 郭忠恕撰《佩觿》三卷：（《簿錄》，卷7，頁14）

※原文：「《佩觿》，三卷，■■■■。」

版本項之墨丁下有眉批，批文爲：「《續知不足齋叢書》本」。

9. 〔明〕趙古則撰《六書本義》十二卷：（《簿錄》，卷7，頁15）

※ 原文：「明國子監典簿餘姚趙古則撝謙撰。」（參見北京圖書館據山東大學圖書館影印本）

貼蓋「國子監典簿餘姚」諸字，改爲：「明瓊山縣教諭趙古則撝謙撰」。

10. 〔宋〕吳材撰《宜齋野乘》一卷：（《簿錄》，卷13，頁18）

※原文：「《宜齋野乘》，一卷，明長洲顧氏本。」（參見北京圖書館據山東大學圖書館影印本）

版本項貼蓋「明長洲顧氏本」諸字，改爲「明長洲顧氏本又《續知不足齋叢書》本。」

※原文：「宋江陰吳材撰，自號芙蓉城人。多述舊事，本十餘卷。燬於火。」（參見北京圖書館據山東大學圖書館影印本）

貼蓋「宋江陰吳材撰，自號芙蓉城人。」二句，改爲「吳枋方木撰，自號芙蓉城人，原書本十。」

11. 〔宋〕孫奕撰《示兒編》二十三卷：（《簿錄》，卷13，頁18）

※原文：「《示兒編》，二十三卷，■■■■。」

　版本項之墨丁上有眉批，批文爲：「知不足齋本」。

※原文：「■■孫奕■■撰」（參見北京圖書館據山東大學圖書館影印本）

貼蓋「■■孫奕■■撰」，改爲「宋廬陵孫奕季昭撰」。

12. 〔宋〕戴埴撰《鼠璞》二卷：（《簿錄》，卷 13，頁 22）

※原文：「宋戴埴撰。大旨主於考訂訓詁、辨證名物。」

增補「桃原」與「仲培」諸字，刪去「大旨主於」四字，改爲：「宋桃原戴埴仲培撰。考訂訓詁、辨正名物。」

13. 〔國朝〕袁枚撰《新齊諧》十卷：（《簿錄》，卷 14，頁 51）

※原文：「國朝袁枚撰。有隨史論已著錄。」

直接於原句旁增補文字爲：「國朝袁枚撰。枚有《隨園史論》已著錄。」

14. 〔國朝〕李元春撰《熙朝新語》二卷：（《簿錄》，卷 14，頁 51）

※原文：「國朝李元春時齋撰。雜輯諸家說爲之。」

書眉上有眉批，批文爲：「此書徐錫所著，非李元春也。今本作余金者，蓋避文字之禍，不欲以眞姓名標題也。」

於「李元春」旁有眉批，批文爲：「大錯了。」

15. 〔隋〕蕭吉撰《五行大義》五卷：（《簿錄》，卷 16，頁 2）

※原文：「《五行大義》，五卷，鈔本。」（參見北京圖書館據山東大學圖
　書館影印本）

版本項貼蓋「鈔本」二字，改爲《五行大義》，五卷，知不足齋本又鈔本。」

16. 〔國朝〕吳偉業撰《梅村集》四十卷：（《簿錄》，卷 22，頁 2）

※原文：「國朝太子詹事崑山吳偉業駿公撰。」

於「崑山」二字旁，畫一墨線，書眉上則有眉批，批文爲：「太倉」。

17. 〔國朝〕周亮工撰《賴古堂集》二十四卷：（《簿錄》，卷 22，頁 2）

※原文：「國朝戶部尙書祥符周亮工櫟園撰。」

於「戶部尙書」四字旁，畫一墨線，書眉上則有眉批，批文爲：「亮工官侍郎非尙書也。」

18. 〔國朝〕梁清標撰《蕉山詩集》十七卷：（《簿錄》，卷 22，頁 7）

※原文：「《蕉山詩集》，十七卷，王光祿家藏本。國朝戶部尙書眞定梁清

標玉立撰。魏文毅序稱其詩高華矜貴而不佻，淵宏靜毓而有本云。」
於版本項「王光祿家藏本」諸字下，有批文云：「崇禎？年進士，入本朝
授……官翰林院庶吉士。福王……，降附闖賊李自成，列入從賊……。」
貼蓋版心處，有批文為：「河北、山西、河南……河南巡撫入……。崇禎？
年進士，由三原知縣……翰林院編修。逆闖陷京師，……從賊，逆闖敗……
福王授原官……。」字跡多模糊不清，難以卒讀。

19. 〔國朝〕李來泰撰《蓮龕集》六卷：(《簿錄》，卷22，頁8)
    ※原文：「烏巾白祫為前事，草履芒繿是後身。無端踏破蓮花瓣，輸卻東
      瀛九斛塵。」(參見北京圖書館據山東大學圖書館影印本)
    貼蓋「蓮花瓣，輸卻東瀛九」諸字，然手批字跡漶漫不明，無法辨識。

20. 《山薑詩選》十八卷：(《簿錄》，卷22，頁13)
    ※原文：「田雯撰。自壬子託庚午薧，按年編次，從古歡堂中選出。」
    「自壬子託庚午薧」之「託」字旁有眉批，批文為「迄」字。

21. 〔國朝〕李光地撰《榕村集》四十卷：(《簿錄》，卷22，頁14)
    ※原文：「國朝大學士安溪李光地厚菴撰。門人臨川李黼校。」
    「臨川李黼」之「黼」字旁有眉批，批文為：「紱」字。

22. 〔國朝〕朱彝尊撰《曝書亭集》二十三卷：(《簿錄》，卷22，頁21)
    ※原文：「《曝書亭集》，二十三卷，三有堂本。國朝翰林院檢討秀水朱彝尊
      錫鬯撰。號竹垞。生平好古，自經、史、子、集及金石碑版，下至竹、
      木、蟲、魚諸類，皆有考索、纂述。顧林亭（顧亭林）以博雅推稱之。
      此本為虞山書院山長嘉善孫銀槎竹尹輯注。臨海黃河清潤川校勘。」
    書眉上有眉批，批文為：「曝書亭全集共八十卷。此乃孫竹尹所注竹垞翁
    詩集也，何得遽作全集登錄。」

23. 〔國朝〕蔡世遠撰《二希堂文集》十二卷：(《簿錄》，卷22，頁36)
    ※原文：「國朝大學士漳浦蔡世遠■■撰。」
    墨丁旁增補：「聞之」二字，成：「國朝大學士漳浦蔡世遠■■（聞之）
    撰。」

24. 〔國朝〕袁枚撰《小倉山房文集》二十五卷：(《簿錄》，卷23，頁1)
    ※原文：「《小倉山房文集》，二十五卷。《續餘文集》十卷。《詩集》三十
      七卷。」

刪「餘文」二字，為：「《小倉山房文集》，二十五卷。《續集》十卷。《詩集》三十七卷。」

25. 〔國朝〕袁杼撰《樓居小草》一卷：（《簿錄》，卷23，頁2）

　　※原文：「國朝錢塘袁杼撰。子才族弟。」

　　「族弟」二字旁畫一直線，書眉上則有眉批，批文為：「妹」字。

26. 〔國朝〕胡德琳撰《碧腴齋詩存》八卷：（《簿錄》，卷23，頁2）

　　※原文：「國朝歷城知縣桂林胡德琳書巢撰。子才姊壻。」

　　「姊壻」二字旁畫一墨線，書眉上則有眉批，批文為：「妹」字。

27. 〔國朝〕汪啓淑撰《訒菴詩存》六卷：（《簿錄》，卷23，頁7）

　　※原文：「一綿潭漁唱，二飛鴻堂初稿，三蘭溪櫂歌，四歐江遊草，五邗溝集，六客燕偶存。」（參見北京圖書館據山東大學圖書館影印本）

　　改：「四歐江遊草」之「歐」字為「甌」字。

28. 〔國朝〕錢大昕撰《潛研堂文集》五十卷：（《簿錄》，卷23，頁13）

　　※原文：「國朝太子少詹事嘉定錢大昕曉徵撰。」（參見北京圖書館據山東大學圖書館影印本）

　　刪：「太子」與「事」字，補「詹事府」三字，改為「國朝詹事府少詹嘉定錢大昕曉徵撰」。

29. 〔國朝〕王文治撰《夢樓選集》四卷及《甌北選集》五卷：（《簿錄》，卷23，頁13）

　　※《簿錄·夢樓選集》原文：「綿州李調元選。」

　　※《簿錄·甌北選集》原文：「綿州李調元選訂。」

　　二書之書眉上有眉批，批文為：「四家《選集》係雨村之婿張玉溪所編，現存《函海》，何得謂雨村所選，謬甚。」

30. 〔國朝〕吳錫麟撰《有正味齋詩集》十六卷：（《簿錄》，卷23，頁17）

　　※原文：「國朝國子監祭酒錢塘吳錫麟夢徵撰。」（參見北京圖書館據山東大學圖書館影印本）

　　改：「夢徵」之「夢」為「聖」。

31. 〔國朝〕謝焜撰《綠雪堂集》二卷：（《簿錄》，卷23，頁36）

　　※原文：「酒為知己長排悶，花當美人亦解愁。」（參見北京圖書館據山東大學圖書館影印本）

改「花當美人亦解愁」之「美」字爲「佳」字。

32. 〔國朝〕路德撰《檉花館詩》十二卷：(《簿錄》，卷23，頁37)

　　※原文：「國朝吏部主事盩厔路德潤生撰。」(參見北京圖書館據山東大學圖書館影印本)

　　改：「路德潤生」之「潤」字爲「閏」字。

　　從馬國翰於《玉函山房藏書簿錄》刊成之後仍作多處之批改，可以推知，馬國翰編此解題目錄之初，可能只是爲其家藏書籍作一整理之工作，以便日後自己之檢閱與利用。是故刊印之後，馬國翰不甚滿意，批改多處，以待重刊時有所修正，但顯然並未如願。而梁子涵則認爲：「因其批改，見於《簿錄》之編，頗有不滿，知《簿錄》並非全出馬手。」〔註13〕所言亦足資參考。

第三節　《玉函山房藏書簿錄》所收書之聚散

一、藏書之徵集

　　搜採殘篇佚書必須捃拾、參稽大量文獻資料，所以馬國翰在從事輯佚工作之前實有將其所藏書籍作一全面整理的必要，以利輯佚工作的進行。《玉函山房輯佚書》經、子二編刊刻完成於道光29年(1849)5月，且依據馬國翰於《玉函山房藏書簿錄·自序》後所署時間爲道光29年(1849)3月，推而可知，《玉函山房藏書簿錄》編成時間至遲爲道光29年(1849)。而馬國翰嗜書、讀書、藏書的癡迷情形，可謂從年少到老年，始終如一，其於《玉函山房藏書簿錄》與《玉函山房詩集》多有述及，如《簿錄·自序》云：

> 余性嗜書，聞友人家有奇編秘籍，每以一瓻乞假，手自抄錄。遇諸市肆，不惜重直購之。諸生日硯田所獲，半供書價，或有時典質衣裳，室人以書癡譙余，弗顧也。比筮仕西秦，前後十四年，中間家居者五年，廣搜博訪，細大不捐。(《簿錄·自序》，頁1)

道光18年(1838)，45歲，所撰〈古硯歌〉云：

> 束髮即知嗜古劬，沉酣典籍心常醉。坐臥舟車觀靣覾，須臾未忍暫拋棄。邇來聚書萬卷餘，擬向嫏嬛訪福地。〔註14〕

〔註13〕梁子涵：〈玉函山房藏書簿錄及輯佚書問題〉，頁151。

〔註14〕馬國翰：《玉函山房詩集·古硯歌》，卷6，頁7。

又道光 19 年（1839），46 歲，所撰〈留別涇邑諸生四律〉云：

> 珍藏古籍充三昧，未見奇編借一瓻。〔註15〕

〈自京歸傚居熨斗隅〉亦云：

> 權爲養疴計，居依熨斗泉。舊書盈架插，新茗對爐煎。〔註16〕

道光 20 年（1840），47 歲，所撰〈秋夜觀書〉云：

> 竹影弄蕭疎，南牕月上初。呼燈安小几，倚枕覽群書。古義探源遠，
> 新機引悟徐。宵分不知倦，妮我是蟲魚。〔註17〕

又〈和楊允升先生見寄元韻〉云：

> 席地觴飛開酒陣，欵門瓻借訪書田。〔註18〕

道光 21 年（184），48 歲，所撰〈讀皇侃論語義疏〉云：

> 諸儒詁訓多沉淪，何幸開編見古人。倘使廬陵早觀此，還囑故物搜
> 先秦。〔註19〕

又〈新晴〉云：

> 一春陰鬱鬱，朝起見紅霞。趁日曬書帙，督僮修耨耙。〔註20〕

又〈閒居課兒經句漫然有詠〉亦有云：

> 詁經不憚引微煩，架上圖書取次繙。〔註21〕

觀上所引，知馬國翰素耽古籍，好淘書、藏書，也好讀書，至道光 18 年（1838），45 歲時，其藏書總量已達萬卷之多。馬國翰在《玉函山房文集·愛吾廬詩集·序》中云：「僕十年汾曲，嬉戲、髫齡；數載桑乾，消磨客路。嘆修名而未立，期免俗以何能？惟是嗜古常劬，耽吟成癖。」〔註22〕洵爲有感之言。而李廷棨《玉函山房詩集·序》中稱馬氏：「讀書好淫，嗜古成癖」〔註23〕亦可謂知之甚篤。

　　而馬氏家本素貧，並無家傳藏書，故其「玉函山房」藏書，可說是馬國翰節衣縮食，窮盡畢生之力的經營網羅。馬國翰對於其藏書徵集之方法，著

〔註15〕同前註，〈留別涇邑諸生四律〉，頁 11。
〔註16〕同前註，〈自京歸傚居熨斗隅〉，頁 17。
〔註17〕同前註，〈秋夜觀書〉，頁 23。
〔註18〕同前註，〈和楊允升先生見寄元韻〉，卷 6，頁 23。
〔註19〕同前註，〈讀皇侃論語義疏〉，卷 7，頁 1。
〔註20〕同前註，〈新晴〉，卷 7，頁 1～2。
〔註21〕同前註，〈閒居課兒經句漫然有詠〉，頁 2。
〔註22〕馬國翰：《玉函山房文集·愛吾廬詩集·序》，卷 3，頁 2。
〔註23〕〔清〕李廷棨：《玉函山房詩集·序》，頁 2。

墨不多，筆者僅能根據《玉函山房藏書簿錄‧自序》、《玉函山房藏書簿錄》
之解題及其著作《玉函山房詩集》、《玉函山房文集》所言，得知馬氏求書之
法主要四：（一）手自鈔錄；（二）得自藏書家；（三）友朋餽贈；（四）命工
梓刊。茲分述如後。

（一）手自鈔錄

《玉函山房藏書簿錄‧自序》云：

> 余性嗜書，聞友人家有奇編秘籍，每以一瓶乞假，手自抄錄。（《簿
> 錄‧自序》，頁1）

〈閒吟〉云：

> 好句吟常若，奇書手自抄。〔註24〕

〈閒居課兒經句漫然有詠〉云：

> 手鈔不放奇編過，心悟常將舊稿芟。〔註25〕

〈夏小正詩序〉有云：

> 假得友人漢、晉《易注》，日夜鈔錄。〔註26〕

馬國翰雖無一般藏書家挾經濟上的優勢，得以遍歷通衢委巷，搜購珍本，
但馬氏憑其癖愛藏書的精神，即使生活困頓、三餐不繼亦勉力於圖籍的搜訪，
樂此不疲。只不過財力不足無法購置或購之不得時，馬氏甘於鈔書也樂於鈔
書，靠其手鈔之勤多終能致之。其於《玉函山房藏書簿錄》解題中亦每每透
露其手鈔傳錄之求書方式，如：

《簿錄‧易筮通變》解題中載：

> 此編與《易圖通變》互相發明，通志堂刻彼而遺此。同里李氏家有
> 道藏殘帙數十種，中有此書，借鈔之。（卷2，頁25）

又《簿錄‧石泉縣志》解題云：

> 今版毀無存，余知石泉時鈔存此本。（卷10，頁48）

《玉函山房藏書簿錄》版本項著錄爲「紅藕花軒鈔本」〔註27〕者，如：〔宋〕
蘇軾撰《調謔編》、〔宋〕李畋撰《該聞錄》、〔宋〕章望之撰《延漏錄》及〔宋〕

〔註24〕馬國翰：《玉函山房詩集‧閒吟》，卷1，頁16。
〔註25〕同前註，〈閒居課兒經句漫然有詠〉，卷7，頁2。
〔註26〕同註22，〈夏小正詩序〉，卷3，頁9。
〔註27〕按：「紅藕花軒」爲馬國翰的室名之一。據《手稿存目》石字函著錄：「一冊，
紅格（下注：中線有紅藕花軒四字」（頁3），可見，「紅藕花軒紅格紙」爲馬
國翰之手鈔專用紙。

洪邁撰《對雨編》等，總計即達 74 種之多。而蔣式瑆所校錄的《手稿存目》中亦著錄有馬國翰之手鈔草稿，如石字函著錄：「雜鈔宋、元、明人書，或一頁或二、三頁，有其書已佚者，有尚存者。」，〔註28〕可知馬國翰一生鈔錄之書數量甚夥，其爲藏書的確是付出了相當艱辛的代價，癡心不改。

（二）得自藏書家

馬國翰於《玉函山房藏書簿錄》版本項中，多能著錄藏書之來源，其中有出自著名藏書樓者，如〔明〕黃虞稷之「千頃堂」、〔清〕吳銓之「瓏川書屋」、〔清〕周永年之「林汲山房」、〔清〕王士禎之「池北書庫」、〔清〕魏兆鳳之「易堂」、〔清〕趙執信之「因園」、〔清〕張玉樹之「恒訓閣」等。此外，亦有源自其他 50 餘家之藏本，如：「王光祿家藏本」、「石渠家藏本」、「行雲氏藏明刊本」、「茨村胡氏藏本」、「桐城張氏家藏本」、「宛平王氏家藏本」、「長洲顧氏家藏本」、「章邱張氏家藏本」、「慈谿馮氏家藏鈔本」、「葉衙藏本」、「衛永叔藏本」等。

其中以出自〔清〕周永年所藏者數量居冠，版本項載爲「林汲山房藏本」即有 20 種之多，如〔清〕張英撰《書經衷論》四卷、〔宋〕高似孫撰《緯略》十卷、〔明〕王世貞撰《讀書後》八卷等。源出〔清〕王士禎家藏者居次，《簿錄》中著錄爲「池北書庫藏本」或「新城王氏家藏板本」，計 16 種，如〔清〕黎士宏撰《仁恕堂筆記》一卷、〔清〕王士禎撰《池北偶談》二十六卷、〔清〕姜宸英撰《湛園未定稿》等。而〔明〕王廷相家藏之「王氏家藏本」則有 6 種，如《禮論》一卷及《律呂論》一卷等，皆爲王廷相之著作。又〔清〕魏兆鳳家之「易堂藏板本」亦有 6 種，如：〔清〕魏禧撰《魏叔子文集》二十二卷及〔清〕魏禮撰《魏季子文集》十六卷等。再其次，爲〔明〕王崇簡家藏之「宛平王氏家藏本」5 種，如：〔明〕劉鳳撰《吳釋傳》一卷、〔明〕祝允明撰《祝氏集略》三十卷等。而〔清〕張玉樹之「恒訓閣藏本」亦有 4 種，如：〔明〕毛霦撰《平叛記》二卷、〔清〕李憲喬撰《過嶺集》二卷等。

除此之外，如〔宋〕王庭珪撰《盧溪集》五十卷（下注：溫陵黃氏千頃堂藏東岡劉氏梅溪書屋本），出自〔明〕黃虞稷；而〔清〕趙執信撰《飴山集》三十二卷（下注：因園藏板本），則是該書作者趙執信所流傳下來的。這些都是馬國翰苦心搜求的可貴成果。《簿錄》中著錄多位名家之藏本，對於研究該名藏書者之藏書以及爲探尋馬國翰藏書之源流都提供了重要的參考資料。至

〔註28〕〔清〕蔣式瑆校錄：《手稿存目》，頁 5。

於馬國翰如何獲得這些藏書家藏本，文獻不足，已難確考。馬國翰性情淡泊、不尚榮利，且其功名仕宦皆不足道，與同期藏書家之間的聯繫亦應薄弱，故此類藏書購自書賈之可能性仍然較大。

（三）得自友朋餽贈

「玉函山房」藏書中，有部分是馬國翰朋友的作品，這些書籍多源自於友朋之相贈。如：馬國翰〈贈王箓友〉云：

> 箓友淹貫精漢詁，復加研覃窮其至。昔與雪堂訂《蒙求》，淵源區別意司契。能抉侯岡創造心，千秋一線持未墜。我得贈本等璠璵，每思家家案頭置。〔註29〕

〈贈陳雪堂比部同年‧自注〉亦載此事云：

> 己亥曾以所著《字學蒙求》見贈。〔註30〕

又〈題張樸侯敦默山房詩稿〉云：

> 瑯嬛收異書，洴澼蓄良藥。贈我敦默編，譬諸芳洲若。〔註31〕

又〈周二南先生詩鈔‧序〉云：

> 翰入關過謁喬雲，得侍先生坐。杯酒歡洽，留連竟日。先生欣然出梓相贈。〔註32〕

可知，「玉函山房」藏書至少有部分是來自馬國翰友朋之餽贈。

（四）命工刊梓

馬國翰不僅鈔書、購書亦刻書，對於未能雕版印行之師友大作，則命工刊刻，以廣流傳。

〈香雪先生遺稿‧序〉云：

> 抵陝年餘始知之，修札促取。甲午秋，始從清平郵遞，合訂一編，校付梓人。〔註33〕

《簿錄‧掃落葉齋詩稿》解題，亦載此事云：

> 余辛巳房薦受知於先生，常從謝問山處得其杪（抄）本，刊於洛川。

〔註29〕同註24，〈贈王箓友〉，卷8，頁5。

〔註30〕馬國翰：《玉函山房詩集‧贈陳雪堂比部同年‧自注》，卷8，頁5。按：〔國朝〕陳山嵋（雪堂）撰《字學蒙求》四卷，著錄於《簿錄》卷7，頁18。

〔註31〕同前註，〈題張樸侯敦默山房詩稿〉，卷8，頁14。

〔註32〕按：〔國朝〕周樂撰《二南詩鈔》二卷，著錄於《簿錄》卷23，頁41。

〔註33〕馬國翰：《玉函山房文集》，卷3，頁16。

（卷 23，頁 39）

又《簿錄・元圃詩鈔》解題云：

> 謝問山哀其遺詩，予在涇陽任時梓之。（卷 23，頁 47）

馬國翰嗜書甚深，傾貲倒廩，訪求遺書，可謂窮終其身，《簿錄・九畹易說》解題云：「余在陝購之未得也，當續訪之。」（卷 2，頁 41），又《簿錄・歷城縣舊志》解題云：「求之十數年始得此本，當珍惜之。」（卷 10，頁 25），馬國翰愛書的熱情、聚書的韌性，於焉可見。而《簿錄・橫渠詩說》解題云：「或別有撰著也。訪求不得。姑以此著錄。」（卷 3，頁 35）在訪書過程中，對於失之交臂的載籍，其悵然之情，亦流於筆端。

二、藏書流散概況

古往今來，不論是天災、火災、水災、蟲鼠之患，抑或獨夫之專制、兵匪之侵擾、人謀之不臧等各種自然、人為的禍害，都曾對文化典籍形成大小程度不一的破壞。〔隋〕牛弘、〔唐〕封演、〔宋〕洪邁、〔宋〕周密、〔明〕邱濬、〔明〕謝肇淛、〔明〕胡應麟、〔近代〕陳登原、杜定友、張舜徽等學者皆曾為文痛陳歷代重大的圖書災厄。〔明〕葉盛云：

> 夫天地間物，以余觀之，難聚而易散者，莫書若也。〔註34〕

〔清〕黃宗羲亦云：

> 嘗歎讀書難，藏書尤難，藏之久而不散，則難之難矣！〔註35〕

足見書籍保護與傳承實非易事。而對於財力不甚豐厚的馬國翰而言，其玉函山房藏書更是難以逃脫一場場的厄運。關於馬國翰藏書散佚、毀失的情況，李元璉於《馬氏全書・後序》中有以下的記載：

> （馬國翰）身後遺書為司笵鑰者巧偷賤售，損失甚多，又頻年戎馬馳驟，扶攜奔避，外王母丁太宜人乃載各書版來誃先君，與家中書同置複壁中，後賊焚鄰村，而此書版幸不及難。〔註36〕

又蔣式瑆云：

> （馬國翰）卒後無子，以族子為嗣，藏書為人竊取，散佚殆盡。

〔註34〕　〔明〕葉盛：《菉竹堂書目・序》（台南：莊嚴文化事業公司，1996 年 8 月，《四庫全書存目叢書》本，第 277 冊），史部，頁 33。

〔註35〕　〔清〕黃宗羲：《南雷文約・卷四・天一閣藏書記》，（台南：莊嚴文化事業公司，1997 年 6 月，《四庫全書存目叢書》本，第 205 冊），集部，頁 490。

〔註36〕　〔清〕李元璉：《馬氏全書・後序》，頁 1。

〔註37〕

由是可知，兵燹戰亂以及司理不善是玉函山房藏書散佚的二大主因，而這些
災厄給玉函山房藏書帶來的損失，實難以估量。

　　至於玉函山房藏書在馬國翰去世後究竟流散何方？目前所知爲李廷棨後裔
以及龔易圖「烏石山房文庫」所得較多，而台北國家圖書館、傅斯年圖書館、
山東省立圖書館亦能得見鈐有「竹吾」、「玉函山房藏書」印之馬氏遺書。除此
之外，〔清〕葉德輝之《郋園讀書記》、〔清〕傅增湘《藏園群書經眼錄》、《雙鑑
樓藏書續記》亦有著錄。今就筆者所知見者，茲分：（一）見藏於台灣大學圖書
館烏石山房文庫者；（二）見藏於台北國家圖書館者；（三）見藏於台北中央研
究院歷史語言研究所傅斯年圖書館者；（四）見藏於山東省立圖書館者；（五）
見載於〈鵝莊訪書記〉者；（六）見載於葉德輝《郋園讀書記》者；（七）見載
於傅增湘《藏園群書經眼錄》、《雙鑑樓藏書續記》者等七項，紹述如下：

（一）見藏於台灣大學圖書館「烏石山房文庫」者

　　目前台灣大學圖書館特藏之「烏石山房文庫」，乃是台北帝國大學成立第
二年（1929）以約 1 萬 6 千 8 百美元自福州購買運台的，計有藏書 2099 部，
34803 冊。原藏者爲清朝末福州烏石山房主人龔氏易圖。龔易圖（1830～
1888），字藹人、藹仁、少文，號含晶。咸豐 9 年（1859）進士，歷任山東濟
南府知府、廣東按察使、廣東布政使、湖南布政使等職。工詩文、擅繪山水。
一生積書甚富，琳瑯滿架，經、史、子、集四部皆有，逾 5 萬卷。〔註38〕龔
易圖撰有〈雙驂園烏石山房藏書楹條欵并引〉一文，自敘其藏書歷程以及訂
定藏書整理、使用規條 15 則，期子孫能世守勿替。其書齋名曰「烏石山房」、
「大通樓」。藏書印有「烏石山房」、「易圖」、「龔易圖藹人鑒藏印記」、「閩縣
龔易圖收藏書畫金石文字」、「龔藹人收藏書畫印」等。有關龔易圖之藏書事
蹟，神田喜一郎嘗作詩讚曰：

> 詩書奕世傲封侯，自是閩中第一流。
> 千載青箱傳得在，古香吹滿大通樓。〔註39〕

〔註37〕見〔清〕蔣式理：《書後》三篇，頁 1。

〔註38〕〔清〕龔易圖：「復以歷年所積（書），共計五萬卷有奇。（按：此只照當時收
　　　　藏卷數言之，迄今合大通樓藏書計之，已倍及此數矣。孫緒謹註）」，見〔清〕
　　　　龔易圖：《烏石山房簡明書目・雙驂園烏石山房藏書楹條欵并引》（台北：台
　　　　灣大學圖書館藏鋼板寫刻油印本），頁 1、2。

〔註39〕〔日〕神田喜一郎：〈佞古書屋漫筆〉（《愛書》，第 3 輯，昭和 9 年（1934 年）

神田喜一郎即爲當時台北帝國大學購入福州龔氏藏書之主要參與成員之一。「烏石山房」藏書爲台北帝國大學搜購入館後，「採分藏方式，文學部文學、史學、哲學科各講座教師自該文庫中挑選與自身講座相關之書籍存放於各講座研究室，此外可共通性使用之書籍則存放於一般研究室，餘者 11480 冊留存於總圖成爲特藏文庫之一。……民國 60 年文學院集中系圖書館、研究室之圖書成立文學院聯合圖書室（簡稱文聯），這批分散於文學院中各室之烏石山房文庫遂因此集中文聯（今名爲文學院圖書分館，簡稱文圖）；民國 57 年總圖的烏石山房文庫藏書移存研究圖書館（簡稱研圖，後更名圖書館特藏組），近年來文圖的烏石山房文庫藏書亦陸續移存特藏組，至民國 82 年該文庫藏書已全部移轉」。〔註40〕直至今日「烏石山房文庫」仍是台灣大學圖書館極爲重要之特藏資源，其參考價值與獨特地位頗爲使用者所認同。

今據台灣大學圖書館所藏之《烏石山房藏書簡明書目》〔註41〕詳加檢視，書目中著錄爲馬國翰藏書者，計有 27 部之多。龔易圖曾言：

> 在山左時始稍置書，癸酉（同治 12 年，1873 年）在煙台忽有海甯
> 陳氏持其遺書來售，計三千餘種。〔註42〕

可知，馬國翰藏書極可能是龔易圖於同治年間官山東時所搜求而得的，茲將《烏石山房藏書簡明書目》中所著錄馬氏遺書之資料逐錄於下，以資稽考。

1. 《木鐘集》十一卷，〔宋〕陳埴撰。明弘治辛酉年鄧氏重刻。玉函山房舊藏。（《烏石山房藏書簡明書目》，子部，儒家類，卷 3，頁 51）

2. 《冰壑全書》一卷，〔清〕鄔成撰。康熙乙卯年段璿原刻。玉函山房藏本。（《烏石山房藏書簡明書目》，子部，雜家類雜考，卷 3，頁 66）

3. 《藝文類聚》一百卷，〔唐〕歐陽詢撰。明王元貞刻。玉函山房舊藏本。（《烏石山房藏書簡明書目》，子部，類書類，卷 3，頁 70）

---

12 月），頁 28。

〔註40〕潘美月、夏麗月：〈國立台灣大學圖書館所藏古籍的整理〉，《國家圖書館館刊》，第 85 卷第 2 期（1996 年 12 月），頁 5。

〔註41〕潘美月、夏麗月〈國立台灣大學圖書館所藏古籍的整理〉：「本目《烏石山房藏書簡明書目》與烏石山房文庫藏書同時入藏本館（台北帝國大學圖書館），爲光緒 5 年（1880）12 月雙驂園主人龔易圖氏所編。該目遵照《四庫全書提要》分經、史、子、集四部，各從其類，分立門目，首列書名及卷數，次列撰者爵里姓名，再次列版本。」同前註，頁 13。

〔註42〕同註 38，頁 1。

4. 《漸悟集》二卷，〔宋〕馬鈺撰。玉函山房舊存寫本。（《烏石山房藏書簡
   明書目》，子部，道家類，卷 3，頁 80）

5. 《大道論》一卷，〔元〕周固樸撰。玉函山房舊存寫本。（《烏石山房藏書
   簡明書目》，子部，道家類，卷 3，頁 80）

6. 《南軒集》四十四卷，〔宋〕張栻撰。清道光乙巳年陳鐘祥重刻本。玉函
   山房舊藏。（《烏石山房藏書簡明書目》，集部，別集類，卷 4，頁 89）

7. 《梁園寓稿》九卷，〔明〕王翰撰。明高天錫原刻本。清玉函山房舊藏。
   （《烏石山房藏書簡明書目》，集部，別集類，卷 4，頁 92）

8. 《涇野別集》十二卷，〔明〕呂柟撰。清道光庚子年李錫齡惜陰軒刻本。
   玉函山房舊藏。（《烏石山房藏書簡明書目》，集部，別集類，卷 4，頁
   93）

9. 《來軒公集》十二卷，〔明〕黃潛撰。嘉靖乙卯年黃希白原刻本。玉函山
   房舊藏。（《烏石山房藏書簡明書目》，集部，別集類，卷 4，頁 96）

10. 《甲秀園集》四十七卷，〔明〕費元祿撰。明原刻本。玉函山房舊藏。（《烏
    石山房藏書簡明書目》，集部，別集類，卷 4，頁 99）

11. 《鴻寶應本》十七卷，〔明〕倪元璐撰。明刻本。玉函山房舊藏。（《烏石
    山房藏書簡明書目》，集部，別集類，卷 4，頁 99）

12. 《雙溪全集》五十三卷，〔清〕張英撰。版本未詳。玉函山房舊藏本。（《烏
    石山房藏書簡明書目》，集部，別集類，卷 4，頁 103）

13. 《尊水集略》十二卷，〔清〕盧世㴶撰。張鴻儒、劉經邦刻本。玉函山房舊
    藏。（《烏石山房藏書簡明書目》，集部，別集類，卷 4，頁 108）

14. 《游笈集》七卷，〔清〕江蘭撰。原刻本。玉函山房舊藏。（《烏石山房藏
    書簡明書目》，集部，別集類，卷 4，頁 109）

15. 《經稼堂詩》六卷，〔清〕徐長發撰。原刻本。玉函山房舊藏。（《烏石山
    房藏書簡明書目》，集部，別集類，卷 4，頁 109）

16. 《白荅集》草一卷，〔清〕戴翼子撰。義竹山房原刻本。玉函山房藏板。（《烏
    石山房藏書簡明書目》，集部，別集類，卷 4，頁 109）

17. 《離六堂集》十二卷，〔清〕釋大汕撰。懷古樓原刻本。玉函山房舊藏。
    （《烏石山房藏書簡明書目》，集部，別集類，卷 4，頁 111）

18. 《陸密菴集》三十四卷，〔清〕陸求可撰。王霖校梓本。玉函山房舊藏。（《烏石山房藏書簡明書目》，集部，別集類，卷4，頁115）

19. 《退軒詩錄》十五卷，〔清〕鍾廷瑛撰。嘉慶丁丑年讀易堂刻本。玉函山房舊藏。（《烏石山房藏書簡明書目》，集部，別集類，卷4，頁115）

20. 《春草軒詩稿》一卷，〔清〕謝仟撰。方昂選刻本。玉函山房舊藏。（《烏石山房藏書簡明書目》，集部，別集類，卷4，頁115）

21. 《養素堂詩集》二十六卷，〔清〕張澍撰。道光壬寅年棗花書屋原刻本。玉函山房舊藏。（《烏石山房藏書簡明書目》，集部，別集類，卷4，頁115）

22. 《春雨草堂賸稿》四卷，〔清〕高塏撰。道光辛巳元年高鑰原刻本。玉函山房舊藏。（《烏石山房藏書簡明書目》，集部，別集類，卷4，頁116）

23. 《樵山堂集》一卷，〔清〕張恂撰。版本未詳。玉函山房舊藏。（《烏石山房藏書簡明書目》，集部，別集類，卷4，頁116）

24. 《鹿皋詩集》八卷，〔清〕王道撰。學詩堂原刻本。玉函山房舊藏。（《烏石山房藏書簡明書目》，集部，別集類，卷4，頁119）

25. 《午夢堂集》八種，〔清〕葉恆春編。乾隆戊寅年葉衙重刻原本。玉函山房舊藏。（《烏石山房藏書簡明書目》，集部，別集類，卷4，頁137）

26. 《董氏詩萃》二十卷，〔清〕董熜編。乾隆中原刻本。玉函山房舊藏。（《烏石山房藏書簡明書目》，集部，別集類，卷4，頁138）

27. 《綺園選勝》一卷，〔清〕張灘編。嘉慶五年竹香嶼原刻本。玉函山房舊藏。（《烏石山房藏書簡明書目》，集部，別集類，卷4，頁139）

　　除《烏石山房藏書簡明書目》所載之 27 部外，「烏石山房文庫」實際上尚有馬氏遺書若干，筆者所考見者有以下 4 部：

1. 《涇野子內編》二十七卷

　　〔明〕呂柟撰，清乾隆己未高陵知縣喬履信重刊本，半葉 10 行，行 24 字，四周雙欄，版心花口，單黑魚尾，版心上題書名、下記卷第、細目、葉數。書內鈐有「玉函山房藏書」朱文方印、「龔藹人收藏書畫印」朱文方印。

2. 《憶雪樓詩集》二卷

　　〔清〕王煐撰，清康熙丙子貞久堂原刊本，半葉 10 行，行 19 字，四周

單欄，版心粗黑口，單黑魚尾，版心中記書名，下記葉數。書內鈐有「玉函山房藏書」朱文方印。

3.《蕭亭詩選》六卷

〔清〕張實居著、〔清〕王士禎批點，清康熙間刊本，每半葉 10 行，行 20 字，左右雙欄，版心粗黑口，單黑魚尾，版心中題書名、卷第，下記葉數。書內鈐有「玉函山房藏書」朱文方印、「龔藹人收藏書畫印」朱文方印。

4.《睫巢後集》一卷

〔清〕李鍇著，清乾隆乙丑刊本，半葉 10 行，行 21 字，四周雙欄，版心白口，單黑魚尾。版心中題書名、下記卷數、葉數。書內鈐有「玉函山房藏書」朱文方印、「龔藹人收藏書畫印」朱文方印、「隴西」朱文方印。

綜上所引，台灣大學「烏石山房文庫」所收之馬國翰藏書至少有 31 部。數量雖然不多，但其中實不乏珍本秘笈，潘美月、夏麗月於所合撰〈國立台灣大學圖書館所藏古籍的整理〉一文中，對於「玉函山房」之珍藏多所論述，如云：

> 明萬曆間刊本〔明〕費元祿撰《甲秀園集》，不見有其他刊本或鈔本傳世，亦不見台灣其他圖書館收藏。〔註43〕

又云：

> 玉函山房舊藏傳鈔道藏本〔元〕周固樸撰《大道論》，不見有其他刊本傳世，對於研究道藏的學者，這無疑是一珍貴的資料。〔註44〕

可知台灣大學「烏石山房文庫」所存之「玉函山房」藏書，對於古代珍貴文獻之考察與研究亦有一定之助益。

（二）見藏於台北國家圖書館者

據台北國家圖書館「中文古籍書目資料庫」所載國家圖書館庋藏之古籍中，書內鈐有馬國翰「玉函山房藏書」印者，共有 6 部，分述如下：

1.《疊英集》四卷

〔明〕釋疊英撰，明末閬風居刊本，半葉 8 行，行 17 字，四周單欄，版心白口，單白魚尾，版心上方記書名。書內鈐有「國立中央圖書館收藏」朱文長方印、「鞠霜樓許氏懋齋所藏經籍記」朱文長方印、「玉函山房藏書」朱文方印、「許□霜樓所藏」朱文方印、「□齋」朱文長方印、「鞠霜樓」朱文方

〔註43〕潘美月、夏麗月：〈國立台灣大學圖書館所藏古籍的整理〉，頁 20。
〔註44〕同前註，頁 22。

印、「懋齋祕笈」朱文橢圓印。

2.《東岡小稿》五卷

〔明〕李昆撰，明嘉靖初年刊本，半葉 10 行，行 18 字，左右雙欄，版心白口。書內鈐有「玉函山房藏書」朱文方印、「國立中央圖書館收藏」朱文方印。

3.《陶學士先生文集》二十卷

〔明〕陶安撰，明弘治十三年太平郡齋刊本，半葉 10 行，行 18 字，四周雙欄，版心大黑口，雙黑魚尾。書內鈐有「玉函山房藏書」朱文方印、「閩中蔣氏三遙藏書」朱文長方印、「國立中央圖書館收藏」朱文方印、「管理中央庚款董事會保存文獻之章」朱文長方印。

4.《順成集稿》四卷

〔明〕王士琛撰，明天順五年永年教授徐節刊本，半葉 12 行，行 20 字，四周雙欄，版心黑口，雙黑魚尾。跋文後記刻工名「沈誠」、「沈詮」。書內鈐有「玉函山房藏書」朱文方印、「國立中央圖書館收藏」朱文長方印、「結社溪山」朱文方印、「文瑞樓」白文方印、「金星軺藏書記」朱文長方印、「文印徵明」白文方印、「葉德輝鑒藏善本書籍」朱文方印、「郋園過目」朱文方印、「翰林學士」白文方印、「介圃收藏」朱文長方印、「能忍自安知足常樂」朱文長方印、「我思古人實獲我心」白文方印。

5.《詩緝》三十六卷

〔宋〕嚴粲撰，清刊本。書內鈐有「玉函山房藏書」朱文方印、「俞氏藏書」朱文方印。

6.《藍侍御集》十卷

〔明〕藍田撰，明萬曆丁亥即墨藍氏姑蘇刊本，半葉 9 行，行 20 字，左右雙欄，版心花口，單黑魚尾，版心上方記書名。書內鈐有「國立中央圖書館收藏」朱文長方印、「介圃收藏」朱文長方印、「陽湖陶氏涉園所有書籍之記」朱文長方印、「玉函山房藏書」朱文方印。

（三）見藏於台北中央研究院歷史語言研究所傅斯年圖書館者

據台北中研院傅斯年圖書館「珍藏善本圖籍書目資料庫」查詢所得，傅斯年圖書館所藏書內鈐有馬國翰「玉函山房藏書」印者，僅 3 部，分別是：

1.《文清公遺集》十七卷、《文清公應制集》三卷

〔清〕劉墉撰，清道光六年東武劉氏味經書屋刊本，半葉 11 行，行 20

字，左右雙欄，版心小黑口，單黑魚尾，版心中題書名，下記卷第、葉數。書內鈐有「周氏珍藏」、「子元一字滋園」、「臣印錫璋」、「光風霽月人家」、「玉函山房藏書」等印記。

2.《江防考》〔註45〕六卷

〔明〕吳來時著，明萬曆五年刊本，半葉9行，行19字，左右雙欄，版心花口，單黑魚尾，版心上題書名，下記卷第、葉數。書內鈐有「玉函山房藏書」朱文方印。

3.《崇禎忠節錄》一卷

〔清〕高承埏撰、〔清〕高佑𥙿訂補，清刊本，半葉10行，行21字，四周單欄，版心花口，版心上題書名，中記卷第、下記葉數。書內鈐有「玉函山房藏書」、「公相」等印記。

（四）見藏於山東省立圖書館者

山東省立圖書館，創建於宣統元年（1909），至今已有近百年的歷史。館藏文獻達400萬冊，其中古籍善本6萬餘冊，海源閣專藏33600餘冊，易盧專藏3734冊，普通古籍60萬餘冊，爲中國十大圖書館之一。〔註46〕山東省立圖書館座落於濟南大明湖畔，與馬國翰故里有其密切的地緣關係。駱偉曾云：

> 自王獻唐掌館後，銳意訪購，用力之勤，採摭之博，前所未有。他親自或派員到章邱、淄川、青州濰坊、諸城、安邱等地訪書，得益都李氏大雲山房、曲阜孔氏微波榭、歷城馬氏玉函山房、……等山東著名藏書家藏書甚多。〔註47〕

觀此，知山東省立圖書館理應藏有爲數不少的馬氏遺書。然筆者從山東省立圖書館所建置之收藏家藏書印記檢索系統搜尋後，可判定爲馬國翰藏書者卻僅有3部，分別是：

1. 《字書屋琴譜》

抄本，書內鈐有「馬國翰」印。

2. 《楊升庵先生批點文心雕龍音注》

〔明〕楊升庵撰。抄本。書內鈐有「馬國翰印」、「竹吾」諸印。

〔註45〕此書書名《玉函山房藏書簿錄》著錄爲《河防考》，應是馬國翰誤記。

〔註46〕駱偉：〈山東省圖書館〉，收入潘美月、沈津編：《中國大陸古籍存藏概況》（台北：國立編譯館，2002年12月），頁168～178。

〔註47〕同前註，頁172。

3. 《故唐律疏議》

〔唐〕長孫無忌等撰。抄本。書內鈐有「玉函山房藏書」印。

不過，以上三書皆未見載於《玉函山房藏書簿錄》中。而推究該館現今所收馬氏藏書僅是寥寥數本之因，可能與抗日戰爭時山東省立圖書館珍貴典籍文物曾播遷四川有關。因為抗日戰爭勝利後，此批運川之古籍文物並未全數歸還山東省立圖書館，其中古籍大部分更由山東省立博物館所接手，故原藏於山東省立圖書館之馬氏遺書極可能已轉至山東省立博物館存藏。然博物館與圖書館屬性不盡相同，一般人實難以窺其藏品之全貌，且山東省立博物館未能為其庋藏之古籍編製書目，故筆者無從考證該館是否實有源自山東省立圖書館所收之馬氏藏書。

（五）見載於〈鵝莊訪書記〉者

邢藍田曾於民國 20 年間六至鵝莊訪書，並撰有〈鵝莊訪書記〉一文。文中對於鵝莊之地理位置及六訪鵝莊之原由及訪書成果，皆有詳明之交代：

> 鵝莊屬章邱，距濟南百二十里，居明水之南，蓋勝所也。莊分東西，地相鄰接。東鵝莊為明李太常開先故居。太常號中麓，字伯華，嘉靖進士。詩歌豪放，尤工詞曲，嘗有詞山曲海之輯，為武功康海對山所稱賞。著有《閒居集》者也。西鵝莊為清李京尹廷棨故居。京尹號萼村，字戟門，道光進士，與道州何紹基子貞昆仲交莫逆，故所藏何氏墨蹟獨夥。又與歷城馬國翰竹吾為兒女姻親，竹吾卒後，所有玉函山房金石圖籍多歸其家。京尹後亦式微，中經捻匪之亂，今已散佚殆盡。乙亥秋暮，于役阜村艹廠，因過鵝莊京尹之閭慕其收藏之富，而惜其散佚也，於是先後凡六訪其遺書焉。〔註48〕

而從上文亦可得知，邢藍田於鵝莊搜訪求得之遺書，除有馬氏故物，應該也有李廷棨之遺澤，故筆者將〈鵝莊訪書記〉所訪得之書目與《玉函山房藏書簿錄》加以比對，發現可能為馬國翰藏書者，計有 20 部，茲依〈鵝莊訪書記〉文中著錄之順序迻錄條列如下：〔註49〕

1. 《字學蒙求》，〔清〕王筠。後更名《文字蒙求》。此為陳山嵋寫刻原本，

〔註48〕邢藍田：〈鵝莊訪書記〉，《山東省立圖書館季刊》第 2 期，奎虛書藏落成紀念專集第 1 集（1936 年 12 月），頁 65。

〔註49〕同前註，頁 67～70。

流傳甚少。
按：《簿錄》著錄於卷 7，頁 18

2. 《齊民要術》十卷，〔後魏〕賈思勰。明胡震亨原刊本。
按：《簿錄》著錄於卷 13，頁 42

3. 《閒居集》，〔明〕李開先。舊鈔本。
按：《簿錄》著錄於卷 21，頁 19

4. 《高厚蒙求》，〔清〕徐朝俊。
按：《簿錄》著錄於卷 15，頁 33

5. 《李太白集》三十六卷，〔唐〕李白。〔清〕王琦注。聚錦堂刊本。
按：《簿錄》著錄於卷 19，頁 16

6. 《高唐齊音》二卷，〔清〕吳連周。
按：《簿錄》著錄於卷 23，頁 42

7. 《西澗草堂文集》，〔清〕閻循觀。
按：《簿錄》著錄於卷 23，頁 23

8. 《石室秘錄》六卷，〔清〕陳士鐸。
按：《簿錄》著錄於卷 16，頁 38

9. 《楚辭》十七卷，〔漢〕王逸注。
按：《簿錄》著錄於卷 18，頁 1

10. 《困學紀聞》二十卷，〔宋〕王應麟。清桐華書塾刊本。
按：《簿錄》著錄於卷 13，頁 23

11. 《水經注》四十卷，清槐蔭堂刊本。
按：《簿錄》著錄於卷 10，頁 8

12. 《山海經》十八卷，清槐蔭堂刊本。
按：《簿錄》著錄於卷 16，頁 12

13. 《奇器圖說》三卷，〔明〕鄧玉函。明刊本。
按：《簿錄》著錄於卷 17，頁 34

14. 《諸器圖說》一卷，〔明〕鄧玉函。明刊本。
按：《簿錄》著錄於卷 17，頁 34

15. 《兩理略》四卷，〔明〕鄧玉函。明刊本。

按：《簿錄》著錄於卷 9，頁 6

16. 《困勉齋私記》四卷，〔清〕閻循觀。

按：《簿錄》著錄於卷 11，頁 45

17. 《易學啓蒙》十五卷，〔清〕來堂注。

按：《簿錄》著錄於卷 2，頁 17

18. 《章邱縣志》，贈彭輯五。

按：《簿錄》著錄於卷 10，頁 46

19. 《玉海》一冊，贈彭輯五。

按：《簿錄》著錄於卷 16，頁 47

20. 《周易折中》二十二卷，〔清〕內府刊本。

按：《簿錄》著錄於卷 1，頁 1

然邢藍田六訪鵝莊所得諸書現今流散何處？實已難以考查。

（六）見載於〔清〕葉德輝《郎園讀書記》

葉德輝（1864～1927），字煥彬、奐份，號直山、直心，別號郎園，〔清〕湖南湘潭人。光緒 18 年（1892）進士，和張元濟、李希聖等同年，朝考二等以主事用，觀政史部。葉氏一生雅好藏書，勤力搜訪典籍，觀古堂、麗廔爲其藏書之所，藏書量超過三十萬卷。葉德輝之作品有《觀古堂藏書目》四卷，著錄其藏書 5148 種、6803 部、111501 卷；《郎園讀書志》十六卷，爲其生平所撰寫之藏書題跋匯編，對於一書之版式行款、版刻特點、版本源流、收藏印章等皆一一詳加記載；其他如《書林清話》、《書林餘話》、《藏書十約》等書皆是影響深遠的版本目錄、文獻整理著作。藏書印有：「葉德輝」、「麗廔」、「郎園」、「南陽」、「觀古堂藏」、「郎園過目」、「郎園手校」、「觀古堂鑒藏善本」、「葉德輝煥彬甫藏閱書」等。

葉德輝於《觀古堂藏書目》中曾自述生平四次重要採購古籍之過程，其中之一即載其搜得馬國翰藏書一事：

> 壬辰（1892）通籍乞假田居十餘年間，得善化張姓書數櫥。張曾久宦山東，中有王文簡池北書庫、諸城劉文清、歷城馬國翰玉函山房故物，……。〔註 50〕

〔註 50〕〔清〕葉德輝：《觀古堂藏書目》（台北：中央研究院歷史語言研究所傅斯年圖書館藏長沙葉氏觀古堂 1915 年排印本），頁 2。又王紹曾云：「國翰無子，

由此可知，「玉函山房」藏書散佚後，部分爲葉德輝所得。筆者根據葉德輝《觀古堂藏書目》及《郋園讀書志》所著錄之資料，發現《郋園讀書志》〔註51〕中有 7 部原爲馬國翰「玉函山房」所藏書，茲分別將相關題跋節錄如下：

1. 《鹽鐵論》十卷

　　明弘治十四年涂禎仿宋刻本。……首有「玉函山房藏書」六字朱文印記。曾經曆城馬竹吾國翰收藏。善化有張姓于山東購歸，展轉爲余所有，狂喜不寐。故詳記之。光緒癸卯長至鐙下。（《郋園讀書志》，頁 473～475）

2. 《緯略》十二卷

　　影寫明沈士龍刻本。……癸卯購張姓書一單中有此影鈔沈本。卷首有「玉函山房藏書」朱文印記，蓋曆城馬國翰家中物。張姓先人曾宦山東，載歸長沙者也……。（《郋園讀書志》，頁 559～560）

3. 《唐歐陽先生集》八卷

　　影寫明萬曆丙午曹學佺序徐𤊹刻本。……舊爲曆城馬國翰玉函山房所藏，附葉中有「玉函山房」四字朱文篆書方印，重裝時誤爲匠人撤去，久而始知，不可覓矣……。（《郋園讀書志》，頁 817～819）

4. 《皇甫少玄集》二十六卷

　　明嘉靖辛亥刻本。……序前有「玉函山房藏書」六字朱文篆書方印、「寶訓堂圖書」五字白文篆書長方印。上匡闌外有「經筵講官」四字朱文篆書方印。目錄下有「王士禎印」四字白文篆書方印、「蘭臺總憲」四字朱文篆書方印。卷一有「安石」二字朱文篆書方印。蓋經山左馬竹吾國翰、王文簡二家藏書，其「經筵講官」、「蘭臺總憲」二印皆文簡當時官也……。（《郋園讀書志》，頁 1019～1021）

5. 《張居來集》三十五卷

　　明萬曆丁亥刻本。……序前有「玉函山房藏書」六字朱文篆書方印，蓋曆城馬竹吾國翰家藏書。善化有張姓宦于山東，歸裝散出，而轉爲余購得者也……。（《郋園讀書志》，頁 1045～1047）

　　以族子嗣，歿後，其書爲管鑰者巧偷賤售，流散海內南北。善化張某宦山東，所得甚多，載歸長沙，後爲汪郋亭所得。」，所言應爲同一事。據王紹曾、沙嘉孫：《山東藏書家史略》（濟南：山東大學出版社，1992 年 12 月），頁 250。

〔註51〕據〔清〕葉德輝：《郋園讀書志》（台北：明文書局，1990 年 12 月）。

6. 《湛園未定稿》六卷

> 初刻印本。……爲王漁洋池北書庫舊藏，……後藏曆城馬竹吾大令
> 國翰家。首葉序闌匡上有「玉函山房藏書」六字朱文篆書方印，大
> 令輯有《玉函山房輯佚書》、《目耕帖》等書，風行一時，道光中，
> 山東學者也……。（《郋園讀書志》，頁 1105～1106）

7. 《刻燭集》一卷、炙硯集一卷

> 乾隆己亥家刻本。……此冊前有「玉函山房藏書」六字篆書方印，
> 蓋曆城馬竹吾大令國翰舊藏，葉已破口，因襯褾重加裝訂，以其書
> 難遇也。（《郋園讀書志》，頁 1146～1148）

惜葉德輝卒後，藏書散佚殆盡，周越然「言言齋」、莫伯驥「五十萬卷樓」及
葉啓勳「拾經樓」皆有所得，〔註 52〕其中亦有一部分於抗日戰爭期間，由其
子售予日本人山本，現藏日本，〔註 53〕至於葉德輝家鄉的湖南省圖書館則僅
有其藏書三十多部。

（七）見載於〔清〕傅增湘《藏園群書經眼錄》、《雙鑑樓藏書續記》者

傅增湘（1872～1949），字叔和，後改字沅叔，號潤沅，別署雙鑑樓主人、
藏園居士、藏園老人、書潛、西峰老農、清泉逸叟等。〔清〕四川江安人。光
緒 14 年（1888）應順天鄉試爲舉人，光緒 24 年（1898）中戊戌科二甲第 6
名進士，選入翰林院爲庶吉士。曾任教育總長、北京財政委員會委員長、故
宮博物院圖書館館長等職。一生嗜書成癖，搜羅宏富，並且撰寫了不少的藏
書題跋。藏書印有「傅印增湘」、「沅叔」、「藏園」、「藏園居士」、「書潛」、「雙
鑑樓主人」、「洗心室」、「萊娛室」、「企驦軒」、「抱蜀廬」、「龍龕精舍」、「晉
生心賞」、「傅印忠謨」、「佩德齋藏」等。其著作有《雙鑑樓善本書目》、《雙
鑑樓藏書記》、《雙鑑樓藏書續記》、《雙鑑樓珍藏宋金元秘本目錄》《藏園群書
經眼錄》、《藏園群書題記》等。其中《藏園群書經眼錄》乃是傅增湘畢生南
北訪書、購書所作的筆記，對於所見書的作者、篇卷、版式、版刻源流、藏
書印記，乃至觀書之時間、地點、一書之價格等多有記載。所記除傅氏自藏
之善本外，還包括當時中國主要圖書館，如北京圖書館、江南圖書館、故宮

〔註 52〕蔡芳定：〈觀古堂藏書聚散考〉，《國立中央圖書館館刊》第 27 卷第 1 期（1994
　　　　年 6 月），頁 111。

〔註 53〕鄭偉章、李萬健：《中國著名藏書家傳略》（北京：書目文獻出版社，1986 年
　　　　9 月），頁 227。

圖書館等；著名藏書家，如瞿氏鐵琴銅劍樓、盧氏抱經樓、楊氏海源閣、楊守敬、繆荃孫等；北京、上海、杭州、揚州等地書肆；以及日本公、私書庫所藏古籍，皆擇優入錄。而據《藏園群書經眼錄》〔註54〕所著錄之資料來看，原為馬國翰所有的藏書，有：

1. 《春秋五禮例宗》十卷，著錄為

〔宋〕張大亨撰，缺卷四至六。舊寫本，十一行二十字。原缺卷四、五、六，計三卷。前有雪川張大亨序，題紹聖四年。鈐有「玉函山房藏書」朱文印，又葉奐彬藏印。（辛未〔1931 年〕二月自南京保文堂收得，廿四元）（《藏園群書經眼錄》，頁 80）

2. 《靜居集》六卷，著錄為

〔明〕張羽撰。附錄一卷。明弘治四年吳郡張習刊本，十一行二十一字，黑口，四周雙闌。前有弘治元年盱江左贊序。末有張習後志及童冀所撰墓銘。鈐有「鵝湖世家」、「顧炳之印」、「玉函山房藏書」、「南齊李子裔孫遂徵私印」各印。（《藏園群書經眼錄》，頁 1388）

3. 《順成文集》四卷，著錄為

〔明〕初饒州王琛字廷實撰。明天順刊本，十二行二十字，黑口，四周雙闌。前有天順甲申宗室寰中散人序，序後有「清源王府圖書」、「奉藩清暇」、「藩屏之章」三印，蓋王府刻本也。又有洪武己未王士琛序，後有天順五年鄱陽徐節貴中序，蓋受業于廷實之子子進，故取而刻之以傳。末有「匠人沈誠、沈詮刊」一行。鈐有「文瑞樓」、「金星軺藏書記」、「結社溪山」、「玉函山房藏書」諸印。（己巳〔1929年〕四月）。（《藏園群書經眼錄》，頁 1389）

按：以書中所鈐藏書印考校之，此本現藏於台北國家圖書館。

又《雙鑑樓藏書續記》中亦有傅增湘自藏馬氏遺書之記錄，如於《眉菴集》十二卷、《靜居集》六卷、《北郭集》十卷之藏書題跋中，即有「玉函山房」收藏印記的著錄。〔註55〕

傅氏藏書於傅增湘生前即因家中經濟日絀而多次割愛，今日於台灣、美國、日本等地圖書館皆可得見源自傅增湘所藏之典籍。至於其餘藏書，傅增

〔註54〕〔清〕傅增湘：《藏園群書經眼錄》（北京：中華書局，1983 年 9 月），頁 80、1388、1389。

〔註55〕〔清〕傅增湘：《雙鑑樓藏書續記》（台北：廣文書局，1969 年），卷下，頁 37。

湘於病重時，囑其子孫將通行之本捐與四川大學，而精刻、名鈔、名校等珍貴之本則捐入北京圖書館（現爲中國國家圖書館），以供眾覽。

綜而言之，馬國翰「玉函山房」遺書今日可知藏於台灣地區者有：台灣大學圖書館龔易圖「烏石山房文庫」31 部，數量最多，此外，國家圖書館藏有 6 部，中央研究院傅斯年圖書館也有 3 部；而藏於中國大陸者，僅知有山東省立圖書館 3 部。除此之外，散見於各家著錄者，則有邢藍田〈鵝莊訪書記〉一文及葉德輝《郋園讀書記》、傅增湘《藏園群書經眼錄》與《雙鑑樓藏書續記》諸書目，惜已難以確知這些藏書的流向。

第四節　《玉函山房藏書簿錄》所收書之數量與版本

一、《玉函山房藏書簿錄》所著錄書籍之數量分析

今據馬國翰《玉函山房藏書簿錄》所載之資料，統計其著錄之書籍種數及卷數凡 4366 種、57925 卷，〔註56〕見附表（一）。若將其中別裁著錄者 34 部〔註57〕、46 卷以及複本 199 部、932 卷統以計之，則實得 4366 種、4531 部、58811 卷。〔註58〕僅以此數觀之，馬國翰的藏書量足以抗衡同屬嘉道時期的藏

〔註56〕《玉函山房藏書簿錄》所著錄之 4366 種書籍中，《敬恕堂詩超》、《見聞錄》、《春聲堂集》三書卷數遭剟除，另一書《玉歷警世易知錄》則未註明卷數，故總卷數之統計非完全精準確切。而各部部數、卷數，經筆者核算（不計別裁與複本者），與馬國翰於《玉函山房藏書簿錄》每類目後所作之統計及杜澤遜師在《影印玉函山房藏書簿錄・序》所言數量有異，茲列表如下：

	馬國翰	杜澤遜師	筆　　者
種　　數	4371	4381	4366
卷　　數	57596	57579	57925

〔註57〕馬國翰將 39 部書從原書中裁篇別出單獨著錄，並注明原載某書之中，如經編易類《通易論》（下注：載《阮步兵集》）。不過，依照一般別裁法的著錄要求，原書也理應著錄於相關類目中，但其中有 5 部分別出於《宏藝錄》及《正學集》二書者，《簿錄》中卻不見《宏藝錄》、《正學集》之著錄，故此 5 部不予計算。

〔註58〕《簿錄》中有 2 種書之著錄方式有待商榷，一是〔明〕楊慎撰《全蜀藝文志》入史編地理類（下注：江陵朱雲迿校刊本），又入集編總集類（下注：成都刊本）；二是〔清〕陳芳生撰《訓蒙條例》入經編小學類（下注：檀几叢書本），又入子編儒家類（下注：檀几叢書本又涇陽張氏刊本）。馬國翰於此二書解題中均未有明確字樣標示是否採取互著法著錄，而二書於所分屬之類目中所著

書家周中孚而超越嚴可均、劉喜海等人多矣，而如此大規模的私人藏書，在當時的山東地區實屬難得。

　　從附表（一）之統計可知，四編中以子編書 1527 種，數種最多，約佔總數的 34.97%。其中又以譜錄類 306 種爲所有類目中數量最多者，約占子編書的五分之一，可見馬國翰於金石書畫、器物藝玩方面的藏書嗜好，當然也爲其撰寫《紅藕花軒泉品》一書提供了豐富的資源，王貴忱於《紅藕花軒泉品·題記》即言：

> 總觀本書著者長於錢幣著錄，尤精於錢幣譜錄之學，徵引文獻詳博，體例較嚴謹。〔註59〕

像《玉函山房藏書簿錄》譜錄類雜器物之屬中所收〔宋〕洪遵《泉志》、〔清〕初尚齡《吉金所見錄》等書即多次在《紅藕花軒泉品》書中被引證。其次爲小說家類 259 種，馬國翰對此類藏書的喜好，不僅爲其編撰《竹如意》、《得修綆編》等著作提供了豐富的資料，也與其之所以會輯錄不爲士人重視的小說佚書《青史子》、《笑林》、《齊諧記》等八種是不謀而合的，而小說家類所著錄之《酉陽雜俎》、《世說新語》、《意林》、《齊民要術》、《容齋隨筆》等書，更是在《玉函山房輯佚書》中被多次徵引。另外，醫方類書籍收有 122 種之多，爲此編中頗引人注意之特色，這應該和馬國翰「素愛方書，粗知藥性」〔註60〕的偏嗜是有關的。而子編中卷數最龐大者則爲類書類 4107 卷，馬國翰嘗言：

> 夫類書之體例不一，或考訂經義、折中異同；或詳辨名物、釐正譌失；或洽聞殫見、細大不捐；或擷新標異、纖之必錄，要皆取便於觀覽，足備文章之助。雖集腋成裘，而儲其材以待用，亦有貴乎其豫者也。〔註61〕

足見馬國翰所藏之《太平御覽》、《藝文類聚》、《初學記》、《北堂書鈔》等 39 種類書，應是其從事學術研究，特別是輯佚工作，非常重要的資料來源。

　　其次爲集編，1062 種，約占總數的 24.32%，其中別集類國朝上、下共收

錄的版本並不一致，故亦不似疏忽所致之重複著錄，不知何故。故計算《簿錄》總部數與總卷數時，仍將二書所著錄之諸家版本之部、卷數皆予以計算，不敢任意增刪。

〔註59〕 王貴忱：《紅藕花軒泉品·題記》，（上海：上海古籍出版社，1992 年 8 月，《中國錢幣文獻叢書》本，第 13 輯），頁 2。

〔註60〕 〔清〕毛承霖纂修：《續歷城縣志·藝文·脈象辨眞》馬國翰所作序，卷 23，頁 20。

〔註61〕 馬國翰：《玉函山房文集·錙銖囊序》，卷 3，頁 7。

388 種，超過集編總數的三分之一，可知馬國翰對於有清一代學者作品的注重，這與一般藏書家多不重當代著述的作法是大相逕庭的。而別集類明、清兩部分總合即有 541 種，亦足以反映出明、清刊刻別集風氣之興盛與流傳之普及。再次爲經編，1031 種，約占總數的 23.61%，當中以禮類書 168 種最多，小學類152 種、易類 148 種則分居二、三名，數量也頗爲可觀。《玉函山房輯佚書》中經編所輯書籍多達 400 餘種，其經編書籍收藏之豐應是主因之一，而其於著作《目耕帖》中詳加考訂經義，應該也多取資於這些書籍，馬國翰經學家〔註62〕之名並非虛得。至於史編的藏書量則是最少，凡 684 種，僅占總數的 15.67%，不過，地理類書籍竟多達 188 種，可見馬國翰對地方文獻之搜羅、訪求是特別用心的。此外，雜傳記類有 134 種，雜史類有 57 種，這兩類再加上地理類的188 種，其總合已超過史編藏書的一半了，這是頗爲特殊的現象。

　　從《玉函山房藏書簿錄》所著錄書籍於各編的分布數量看來，經、子、集三編藏書種數相當，史編書則明顯少了許多。而若以類目而論，數量多者如集編別集類有 828 種，子編譜錄類有 306 種，子編小說家類有 259 種，子編儒家類有 191 種，史編地理類也有 188 種，數量都相當可觀。然數量少者，如子編法家、名家、墨家、縱橫家、五行類以及經編經緯類卻都不超過 10 種。由此可知，馬國翰之藏書並非經過縝密的計畫與安排，而是和馬氏個人的興趣偏好、治學的實際需求以及當時圖書的出版狀況有關。

二、《玉函山房藏書簿錄》所著錄書籍之版本分析

　　就《玉函山房藏書簿錄》於每書下所著錄之版本項而言，馬國翰列其版本者，計 3837 條。其中若書同而版本異者，則各版皆予臚列，合爲一條。其中有 149 條著錄二種版本，如：

1. 《孟子音義》二卷，〔宋〕孫奭、王旭等撰
   通志堂刊李中麓宋本、微波榭本。（卷五）

2. 《離騷集傳》一卷，〔宋〕錢杲之撰
   知不足齋重雕宋本、龍威秘書本。（卷十八）

〔註62〕〔清〕張之洞將馬國翰列爲經學家。見 〔清〕張之洞撰、范希曾補正、高明路點校：《書目答問補正》附錄〈國朝著述諸家姓名略〉（北京：北京燕山出版社，1995 年 5 月），頁 267。

22 條著錄三種版本，如：

1. 《古今注》三卷，〔晉〕崔豹撰

 明李如瑜校本、汪士漢本、顧氏叢書本。（卷十三）

2. 《董膠西集》一卷，〔漢〕董仲舒撰

 張溥本、汪士賢本、世恩堂本。（卷十八）

2 條著錄四種版本，如：

1. 《白虎通德論》四卷，〔後漢〕班固撰

 漢魏叢書本、汲古閣本、明王道焜校本、抱經堂本。（卷六）

2. 《西京雜記》六卷，〔晉〕葛洪撰

 明武林邵泰鴻校本、汲古閣本、龍威秘書本、五峯閣本。（卷八）

　　今茲依其所著錄之版本項按版本、數量依經、史、子、集四編分列爲附表（二）、（三）、（四）、（五），而附表（六）則總合四編之量再加上首編之數合以計之，〔註63〕以見《玉函山房藏書簿錄》所著錄書籍版本之概況。宋刊本：4 部，〔註64〕爲經編易類 1 部、史編雜傳記類 1 部、集編總集類 2 部。元刊本：2 部，史編故事類、集編別集類─宋金元各有 1 部。明刊本：四編之明刊本總合爲 723 部，〔註65〕占總量之 15.84%，僅次於清刊本。在經、史、集各編中，明刊本之數量亦皆僅少於清刊本，名列第二，然在子編中卻少於清刊本與鈔本，列居第三，而各類中又以別集類（漢至隋）收有明刊本 109 部最多。清刊本：四編共 2734 部，約占總數之 59.89%，而在各編之中也都是爲數最多的版本類型。活字本：共 60 部，經、史、子、集四編所藏數量相差不大。鈔本：共 299 部，其中子編即有 225 部，尤以譜錄類 80 部、小說家類 65 部最多。藏本：僅言書籍來源而未詳載刊刻年代者，四編皆有，共 98 部。〔註66〕未註明版本項者：

〔註63〕總數爲 4565 部：乃經、史、子、集四編 4366 部，再加上複本 199 部，故得。至於別裁著錄部分，因有原書與裁篇別出二者版本著錄不同之情況（如：〔清〕尤侗《西堂雜俎》（下注：長洲刊本），而從此書裁篇別出之《擬明史樂府》（下注：鈔本），故於統計版本時仍以不同之版本個別計算之。

〔註64〕馬國翰於《玉函山房藏書簿錄·周秦行紀》之版本項中雖著錄此書爲「長洲顧氏家藏宋本」，然疑其僅是據「長洲顧氏家藏宋本校行」之「顧氏文房小說」本，故宋本凡 4 部之數，值得商榷。

〔註65〕明刊本之數量爲扣除校本計算之，下列之清刊本亦同，故欲知明、清刊本之確實數量須再加以合併計算。

〔註66〕藏本中若能得知所收爲何代之版本，即以時代分。如《才調集》（下注：垂雲

多達 529 部，其中首編書皆未列其版本，凡 62 部，其次爲子編書，有 195 部。至於無法確定刊刻時代者，有 44 部，子編書亦占多數。

綜合上文之初步統計以及細審馬國翰《玉函山房藏書簿錄》中於每書下所著錄的版本項，馬國翰藏書的版本具有以下幾項特點值得注意：

（一）就刊本而論

有清一代之藏書家多以能珍藏宋元舊槧爲貴，然馬國翰或有其不受流俗影響的藏書觀，〔註67〕或恐是因其家境微寒使然，《玉函山房藏書簿錄》版本項中著錄爲宋本者，僅有〔宋〕程頤《程子易傳》四卷（下注：宋董楷本）、〔唐〕牛僧孺《周秦行紀》一卷（下注：長洲顧氏家藏宋本）〔註68〕、不知編輯者名氏《六臣注文選》六十卷（下注：宋本）以及〔蜀〕韋縠《才調集》十卷（下注：垂雲堂珍藏宋本）。至於元本也只有 2 種，爲撰人缺《杜氏通典詳節》四十二卷（下注：元刊本）和〔元〕虞集《道園學古錄》五十卷（下注：元刊本）。如此的宋、元本藏書量，在普遍流行著以收藏宋元善本爲時尚的清代藏書家中，馬國翰實顯遜色，不過，也由此可看出馬國翰的藏書目的實以治學、實用爲出發點。

而再加以分析後可發現，占總藏量三分之二的明、清刊本中，若以刊刻的地區來看，《玉函山房藏書簿錄》中源自陝西一帶之版本甚多。〔註69〕然自古以來，陝西刻書事業並非十分興盛，而會出現此種現象應與馬國翰之仕途範圍有相當的關聯性。馬國翰曾任陝西洛川、石泉、涇陽知縣以及陝西隴州知府，前後達 20 年之久，趁其地利之便，再加上當時任官的俸祿較爲優渥，故其搜采書籍的活動也必定較以往更爲活躍。匡源曾說過：「（馬國翰）爲縣

堂珍藏宋本），則視此書之版本爲宋本。

〔註67〕馬國翰曾作詩云：「不薄今人愛古人，蒐羅蠹簡亦艱辛。著書各自存心血，叢雜無嫌把玩親。」，其中亦透露出其古今圖籍皆珍視之藏書觀念。見馬國翰：《玉函山房詩集·客有肆志雌黃者輒拈少陵不薄今人愛古人之句作十二絕以規之》，卷8，頁14。

〔註68〕《玉函山房藏書簿錄》所著錄之《周秦行紀》疑非宋本，見註64之說明。

〔註69〕據《玉函山房藏書簿錄》中所著錄書籍之版本項統計，與陝西地區相關之出版記載，至少有「來鹿堂本」31 種、「西安刊本」23 種；「陝西刊本」16 種；「西安府儒學石本」16 種；「慎存堂本」11 種；「西安唐氏刊本」8 種；「扶風慎存堂本」7 種；「鄠縣刊本」5 種；「朝邑謝氏刊本」5 種；「朝邑謝氏重刊本」3 種；「三原刊本」3 種；「朝邑刊本」2 種；「郿州刊本」1 種；「關中刊本」1 種；「關中書院本」1 種；「陝西試院刊本」1 種，計 134 種之多。

令，廉俸所入，悉以購書」，〔註70〕且馬國翰在《簿錄・洛川縣志》解題中，也曾提到自己在陝西得書百本的事情：

> 余筮仕關中，由洛川而石泉而涇陽而隴州，錄四志並及所隸之府州，記遊宦也。餘雖別儲數百本，不具錄。（卷10，頁48）

馬國翰的藏書中出現爲數頗多的陝西刊刻書籍，其仕宦關中的這段時間自是關鍵。

而若以刊本之出版方式來看，叢書本數量之多最爲可觀，包括〔明〕程榮編《漢魏叢書》、〔明〕顧元慶編《顧氏文房小說》、〔清〕孔繼涵編《微波榭叢書》、〔清〕孫星衍編《平津館叢書》、〔清〕張澍編《二酉堂叢書》、〔清〕李元春編《青照堂叢書》以及《道言內外秘訣全書》等20餘種，品類繁多、性質不一。而其中光是《學海堂經解》、《通志堂經解》、《知不足齋叢書》、《檀几叢書》、《函海》、《龍威秘書》、《昭代叢書》、《青照堂叢書》等八種叢書本之數量即有1000種以上，占總藏書量的四分之一。私家藏書中叢書種類、數量如此繁多的情形，正可說明有清一代果然是叢書發展的繁榮時期。而叢書中經、史、子、集無所不包的內容，以及罕見難得的珍本秘籍多藉以得觀的特性，這對馬國翰必須在書山文海中匯集叢殘的輯佚工作而言，無疑提供了許多的方便。然不可諱言，馬氏藏書中善本過少，以致從事輯佚時往往無法參合善本詳加考校，故所輯佚文亦不免出現失誤、舛亂之處。

（二）就鈔本、寫本而論

觀《玉函山房藏書簿錄》中所著錄之版本資料，馬國翰藏書中注明爲「鈔本」者計有299種，若加上「舊鈔本」9種，「寫本」5種以及「舊寫本」3種，共有316種之多。其中如〔明〕楊士聰《玉堂薈記》二卷（下注：古吳徐氏卓犖精廬珍藏舊鈔本）；撰人缺《靈飛經》一卷（下注：寫本）、〔宋〕朱槔《玉瀾集》一卷（下注：林汲山房藏汲古閣寫本）；〔宋〕邵雍《擊壤集》二十卷（舊寫本）皆爲精品。而馬國翰手自鈔錄，《玉函山房藏書簿錄》中所謂「紅藕花軒鈔本」即有74種，約占鈔本總數的24%，足見抄書爲馬氏聚書重要的方式之一。採此法以收藏典籍，其原因可能是書價昂貴，馬氏困於經濟、無力購置，也可能是和多數文士一樣，以抄書爲讀書之最佳方法。除此之外，也可能如同馬國翰於《簿錄・序》所言：

〔註70〕〔清〕匡源：《玉函山房輯佚書・序》（東京：中文出版社，1979年9月），頁2。

> 余性嗜書，聞友人家有奇編秘籍，每以一瓻乞假，手自抄錄。（《簿
> 錄·自序》，頁1）

，或《簿錄·易筮通變》解題中載：

> 此編與《易圖通變》互相發明，通志堂刻彼而遺此。同里李氏家有
> 道藏殘帙數十種，中有此書，借鈔之。（卷2，頁25）

，或《簿錄·石泉縣志》解題云：

> 今版毀無存，余知石泉時鈔存此本。（卷10，頁48）

欲獲得這些刻本罕見、流傳較少，甚至已「版毀無存」之典籍，借書抄錄自
然不失爲一權宜作法。「紅藕花軒鈔本」除了〔元〕徐明善《天南行紀》一卷
爲史編地理類外，其餘73種全屬子編書籍，尤其幾乎集中於難登大雅之堂的
小說類，亦足以說明借書傳抄的確是馬國翰收集罕傳、稀見圖籍常用的方法。
故鈔本可貴固受藏書家之重視，然手自抄錄實亦爲藏書家之聚書良法。

（三）就校本而論

　　馬國翰於《玉函山房藏書簿錄》版本項中著錄爲校本 [註71] 者，凡63種，
數量頗爲可觀。其中以明代校本藏量居冠，記載爲徐仁毓校本者即有8種，
如：〔後魏〕崔鴻《十六國春秋》十六卷（下注：明武林徐仁毓校本）、〔晉〕
嵇含《南方草木狀》三卷（下注：明徐仁毓校本）、〔漢〕桓寬《鹽鐵論》十
卷（下注：明徐仁毓校本）等；著錄爲黃嘉會 [註72]（惠）校本亦有5種，
如：〔後漢〕馬融《忠經》一卷（下注：明黃嘉會（惠）校本）、〔後漢〕王符
《潛夫論》十卷（下注：明武林黃嘉會（惠）校本）、〔晉〕常璩《華陽國志》

〔註71〕嚴佐之認爲：「批校本是指有收藏者、鑑賞者、校勘者、閱讀者批語校勘手跡
　　　　的版本。批校本又簡稱校本，校本與校刻本（或亦簡稱校本）概念不同。校
　　　　刻本指經過校勘後刻印的本子，所謂『校』是屬於刻本原有的校勘。而批校
　　　　本的批校則是在版本流傳藏弄過程中添加附記上去的。」，見嚴佐之：《古籍
　　　　版本學概論》（上海：華東師範大學出版社，1989年10月），頁99、100。若
　　　　依嚴佐之對「校本」之詮釋以及《玉函山房藏書簿錄》所著錄如：〔漢〕韓嬰
　　　　《韓詩外傳》（下注：楊宗震校本）、〔漢〕桓寬《鹽鐵論》（下注：明徐仁毓
　　　　校本）、〔漢〕王充《論衡》（下注：明錢震瀧校本）和〔晉〕常璩《華陽國志》
　　　　（下注：明武林黃嘉會（惠）校本）等書，皆疑爲（明末）武林何允中所刊
　　　　《廣漢魏叢書》本之情況而論，馬國翰於《玉函山房藏書簿錄》版本項中著
　　　　錄爲「某某人校本」者，實際上除「批校本」外，屬「校刻本」者之數量可
　　　　能更多。然爲求統計時採用名稱之一致，此處「校本」之總數，凡馬國翰著
　　　　錄爲「校本」者，皆予以核算。
〔註72〕《玉函山房藏書簿錄》版本項中所著錄之「黃嘉會」應爲「黃嘉惠」之誤。

十二卷（下注：明武林黃嘉會（惠）校本）；而翁立環、錢震瀧、嚴于鈇之校本亦各收有 2 種，其他還有張遂辰、鍾人傑、胡潛、潘之淇、黃之堯、章斐然、邵泰鴻、沈春濤、錢敬臣、金維垣、朱錫綸等人之校本。此外，馬國翰亦藏有明代名家王世貞校本，如：〔魏〕王粲《漢末英雄記》（下注：明王世貞校本），極爲可寶，價值頗高。而屬於清代之校本者亦有數部，如：〔漢〕孔鮒《孔叢子》三卷（下注：孔毓圻校本）、〔明〕韓邦奇《性理三解》八卷（下注：謝正原校本）以及〔清〕杜詔《讀史論略》一卷（下注：章邱朱南濱校本）等。雖然馬國翰於《玉函山房藏書簿錄》中所錄之「校本」者，並非全是一般藏家視若拱璧之名家校本，但其於版本項中對於書經何人校閱亦予以著錄的方式，適足以反映出馬國翰對圖籍文獻校勘的重視程度。在《玉函山房藏書簿錄》解題中亦處處可見馬國翰對所藏書籍之讎校原委、校勘良窳的留意，如在《簿錄·毛詩校勘記》解題中即詳列出阮元據以校勘的輔本：

> 經用唐石經本、南宋石經殘本、孟蜀石經殘本、宋小注本、相臺岳本；注疏用十行本、閩本、明監本、汲古閣本，並參釋文、考文諸書，以臚列同異。（卷 3，頁 49）

又在《簿錄·逸周書校正補遺》解題中也曾讚譽該書校勘之精審云：

> 國朝盧文弨合十九家本，校定最精。（卷 3，頁 4）

馬國翰對校讎工作之重視不僅在於好收校本，其對所輯佚文亦進行了大量且必要的校勘工作。在《玉函山房輯佚書》中校例之多亦不勝枚舉，如《輯佚書·周易施氏章句》「無妄」一條下夾注云：

> 案：費氏古文作无，蔡用三家經作無。（頁 41）

又如《輯佚書·周易梁丘氏章句》「嘉德足以合禮」一條下夾注云：

> 案：今易作嘉會，據碑三家本當是德字。（頁 76）

知馬國翰實身體力行於書籍之讎校，而這與其平日校本蒐採之豐又是相輔而行的。王叔岷曾云：「校勘古書的目的，就是要恢復古書的本來面目。」，〔註 73〕是故書經校勘對於提高文獻的可靠性是有幫助的，誠爲從事中國典籍研究的一個起點，身在清代樸學發達、講究考據的馬國翰，其對校本之用心搜羅，亦是不難理解的。

　　《玉函山房藏書簿錄》所著錄之書籍，就其數量多寡而言，四編之中以子編書種數最多，其次爲經編、集編，史編書數量最少，而類目中則以別集

〔註 73〕王叔岷：《校讎別錄》（台北：華正書局，1987 年 5 月），頁 24。

類、譜錄類、小說家類、儒家類、地理類書籍數量最爲可觀，從這些資料不
難看出馬國翰個人興趣所在及其學術研究之範圍。就其著錄書籍之版本而
論，馬氏藏書多明、清刻本，其中若依刊刻地域分，則陝西一帶圖籍數量之
多最受矚目，這與其仕途範圍有絕對之相關，藉此可明其聚書之淵源；若依
刊本出版方式分，則又以叢書本占多數，足可反映其以治學、實用爲主之藏
書目的。除此之外，爲數不少的鈔本、校本亦有助於後人收藏、流通以及閱
讀、參考之用。

附表（一）：《玉函山房藏書簿錄》著錄書籍數量統計表

經　編			史　編			子　編			集　編			
類目	種數	卷數	類目	種數	卷數	類目	種數	卷數	類	目	種數	卷數
易類	148	1128	正史類	27	3575	儒家類	191	1298	楚辭類		18	101
書類	75	632	編年類	25	1227	道家類	116	394	別集類一	漢至隋	113	157
詩類	66	608	別史類	13	788	釋家類	29	85	別集類二	唐至五代	75	684
禮類	168	2293	雜史類	57	222	勸善書類	42	79	別集類三	宋金元	99	2497
樂類	31	296	霸史類	15	95	法家類	5	74	別集類四	明	153	3430
春秋類	130	1545	故事類	31	1036	名家類	4	6	別集類五	國朝上	162	3076
孝經類	18	20	職官類	45	366	墨家類	2	16	別集類六	國朝下	226	2204
論語類	19	116	儀注類	18	43	縱橫家類	2	11	總集類		137	2932
孟子類	18	147	刑法類	11	211	雜家類	170	1589	詩文評類		79	459
爾雅類	27	269	奏議類	11	86	農家類	19	47				
經總類	72	1531	雜傳記類	134	400	小說家類	259	1475				
四書類	68	1332	譜系類	31	318	陰陽家類	105	366				
擬經類	29	107	地理類	188	3463	兵家類	26	115				
經緯類	10	88	目錄類	12	447	天文類	13	167				
小學類	152	1341	史評類	54	696	歷譜類	22	119				
			史鈔類	12	148	五行類	8	16				
						蓍龜類	11	51				
						雜占類	20	32				
						形法類	16	60				
						醫方類	122	1026				
						類書類	39	4075				
						譜錄類	306	760				
小計	1031	11453	小計	684	13121	小計	1527	11861	小計		1062	15540
總計：	共計 4366 種、57925 卷（此總合爲加上首編 62 種、5950 卷之數）											

附表（二）：《玉函山房藏書簿錄》經編版本統計表

經　編	宋刊本	元刊本	明刊本	清刊本	活字本	鈔本	寫本	校本	藏本	未註明	不確定	合計
易	1		10	123	2	3			10	8		157
書			7	51	1	3		1	2	14		79
詩			11	56	2			1	2	6		78
禮			21	124	1	4		1	6	17	1	175
樂			3	22		3		1	2	2		33
春秋			13	106	2	1	1	2		8	1	134
孝經			4	15								19
論語			1	15		3						19
孟子			1	15		2				2		20
爾雅			12	17				1		3		33
經總			3	67				1		4	1	76
四書			3	48					1	16		68
擬經			10	12				1	1	7		31
經緯				1	8	1						10
小學			12	125		5			2	11	1	156
合計			111	797	16	25	1	9	26	98	4	1088

附表（三）：《玉函山房藏書簿錄》史編版本統計表

經　編	宋刊本	元刊本	明刊本	清刊本	活字本	鈔本	寫本	校本	藏本	未註明	不確定	合計
正　史			21	4						2		27
編　年			4	7				3		12		26
別　史			1	11						1		13
雜　史			9	32	14			2		1		58
霸　史				15		2		2		2		21
故　事		1	3	24	1			2		4		35
職　官			5	30	1	2		1	1	6		46
儀　注			1	16						1		18
刑　法			1	9		1						11
奏　議			3	4						3	1	11

雜傳記	1		18	115		12	2	4	3	4		159
譜　系			2	14						16		32
地　理			31	127	4	11		4	2	20		199
目　錄				7	1	1				3		12
史　評			8	37		2		2		5		54
史　鈔			2	7						3		12
合　計	1	1	109	459	21	31	2	20	6	83	1	734

附表（四）:《玉函山房藏書簿錄》子編版本統計表

經　編	宋刊本	元刊本	明刊本	清刊本	活字本	鈔本	寫本	校本	藏本	未註明	不確定	合計
儒　家			22	111	4	8		16	13	22	3	199
道　家			47	31	1	10	1	1	2	15	10	118
釋　家			6	14		3				6		29
勸善書			1	38		1				3		43
法　家				1		1				3		5
名　家			4									4
墨　家			1	1								2
縱橫家			1	1								2
雜　家			28	98	6	21		7	9	14		183
農　家			3	12	1	4	1		1	1		23
小說家			35	136		65		3	1	36	1	277
陰陽家			8	84		6				5	3	106
兵　家			7	13		1				6		27
天　文			1	6		1		1		5		14
歷　譜			1	24	4	1				1		31
五　行				7		2						9
蓍　龜			9	1		2				1		13
雜　占				4		10				1	5	20
形　法			2	5		6				2	2	17
醫　方			5	86		3			2	21	6	123
類　書			17	19						5		41
譜　錄			24	155		80		3	2	48	1	313
合　計	0	0	222	844	16	225	2	31	30	195	34	1599

附表（五）：《玉函山房藏書簿錄》集編版本統計表

經　編	宋刊本	元刊本	明刊本	清刊本	活字本	鈔本	寫本	校本	藏本	未註明	不確定	合計
楚　辭			5	9		1				4		19
別集（漢～隋）			109	9								118
別集（唐～五代）			34	16		2			4	16	3	75
別集（宋金元）		1	29	49	6	1	3		2	8		99
別集〔明〕			65	70		1	1		7	9	1	154
別集（國朝上）				129		3			17	15		164
別集（國朝下）				202		2			2	20		226
總　集	2		23	99			1		2	9	1	137
詩文評			16	51	1	8		2	2	10		90
合　計	2	1	281	634	7	18	4	3	36	91	5	1082

附表（六）：《玉函山房藏書簿錄》著錄書籍版本總表

經　編	宋刊本	元刊本	明刊本	清刊本	活字本	鈔本	寫本	校本	藏本	未註明	不確定	合計
首　編										62		62
經　編	1	0	111	797	16	25	1	9	26	98	4	1088
史　編	1	1	109	459	21	31	2	20	6	83	1	734
子　編	0	0	222	844	16	225	2	31	30	195	34	1599
集　編	2	1	281	634	7	18	4	3	36	91	5	1082
合　計	4	2	723	2734	60	299	9	63	98	529	44	4565

第五節　《玉函山房藏書簿錄》所收書之內容特點

一、《四庫》未收書甚多

　　《玉函山房藏書簿錄》中所著錄的 4366 種圖書中，可補《四庫》遺闕者約 2400 種左右，超過總藏書量的一半，較之周中孚《鄭堂讀書記》的 1909 種〔註 74〕爲夥，「就其數量而言，清代私家撰述蓋無出其右者」。〔註 75〕這些

〔註74〕李衍翎：〈周中孚的目錄學貢獻〉，《山東圖書館季刊》1994 年第 2 期（1994

續補書籍中有清代以前的著作，在經編中，有〔宋〕傅寅《禹貢集解》二卷、〔元〕汪克寬《禮經補逸》九卷、〔晉〕杜預《春秋地名》一卷等；史編，有〔唐〕宋巨《明皇幸蜀記》一卷、〔宋〕王鍵《刑書釋名》一卷、〔唐〕盧鴻《終南草堂十志》一卷等；子編，有〔宋〕周敦頤《通書》一卷、〔唐〕白居易《三教論衡》一卷、〔元〕齊仲甫《女科百問》二卷等；集編，有〔唐〕張九齡《張曲江詩集》二卷、〔宋〕劉攽《公非集》一卷、〔明〕祝允明《祝氏集略》三十卷等。除此之外，也有清代御纂欽定之書，如：道光十二年戶部尚書王引之等奉敕撰的《欽修康熙字典》四十二卷以及雍正癸卯四月世宗憲皇帝御製序的《御選歷代禪師語錄》十九卷等；而清初名儒碩彥之撰述，馬國翰收藏亦多，如：康熙、雍正時期〔註76〕惠棟《尚書古文考》、全祖望《經史問答》、王鳴盛《尚書後案》、戴震《方言疏證》、程瑤田《釋宮小記》、姚鼐《春秋三傳補》、段玉裁《周禮漢讀考》等以及乾隆、嘉慶時期的汪中《大戴禮正誤》、王念孫《廣雅疏證》、張惠言《易義別錄》、焦循《孟子正義》、阮元《考工記車制圖解》、王引之《經義述聞》等書，在《玉函山房藏書簿錄》中都作了相當程度的增補，對於後人了解清初重要學者之著述狀況提供了不少重要的資料。除了傳統的四部書外，其他如〔唐〕陳鴻《長恨歌傳》、〔唐〕白行簡《李娃傳》、〔唐〕蔣防《霍小玉傳》等傳奇作品，〔清〕蒲松齡《聊齋志異》之通俗小說以及〔元〕鍾嗣成《錄鬼簿》之戲曲相關書籍，甚至《關聖帝君忠義經》、《文昌化書》、《玉歷鈔傳警世》等勸善書，雖為一般傳統藏書所忽略，但馬國翰卻收藏不少且都予以撰寫解題，頗有功於古代圖籍之保存。

二、輯本甚多

輯佚工作是搜集、整理、研究古籍文獻的重要方法，我國古代有許多學者即十分關注此一課題，這些學者身體力行，搜羅群書、掇拾補錄，對古籍的復原作出了極大的貢獻。在宋代有王應麟，明代則有祁承㸁、張溥等人，而在清代，輯佚蔚然成風，除了有大規模的政府輯佚活動，即從《永樂大典》輯得宋元前佚書外，民間更是湧現出大批的輯佚名家，如：任大椿、章宗源、馬國翰、

年），頁22。
〔註75〕杜澤遜師：《玉函山房藏書簿錄‧影印玉函山房藏書簿錄序》，頁4。
〔註76〕此處分期依作者之出生年代而分。

孫星衍、孫馮翼、張澍、汪頤煊等，皆赫然有名，難怪梁啓超於《清代學術概論》書中稱：「吾輩尤有一事當感謝清儒者，曰輯佚。」〔註77〕其中馬國翰《玉函山房輯佚書》之成就在有清一代更是無人可出其右，王重民嘗謂：

> 竹吾先生《玉函山房輯佚書》，較爲晚出，可是搜羅的完備，卷帙的繁富，是以前任何人所不及的！……，所以清代輯佚，我推先生爲第一家。〔註78〕

足見馬國翰的《玉函山房輯佚書》在整個輯佚史上的價值是備受肯定的。而《簿錄》所著錄之輯本達 140 餘種之多，即看出馬氏長期投入輯佚工作之準備與用心。在《玉函山房藏書簿錄》解題中馬國翰對殘文佚書之散失、編輯原委，多有詳載，如《簿錄・字林考逸》解題云：

> 隋、唐志並七卷，《舊唐書志》十卷，《宋志》五卷。原書散佚。乾隆中監察御史興化任大椿幼植輯群書所引，凡文千有五百，爲《考逸》八卷。蒐採博富，引據精詳，上證說文，下證玉篇。（卷7，頁10）

又《簿錄・尸子》解題云：

> 其九篇亡魏黃初中，《續唐志》亦二十卷，今佚。乾隆中震澤任兆麟得元大德中吳淞任仁發鈔藏來青樓本三卷，合惠棟附錄及兆麟補逸一卷校刊。（卷13，頁1）

皆可見其對輯佚工作鑽研之深、用力之勤。而輯佚同好之輯佚作品，無疑也是爲馬氏編輯這部《玉函山房輯佚書》巨著提供了重要的線索，如《簿錄・古史考》解題云：

> 宛平章宗源逢之輯佚爲一卷，孫氏星衍校刊，輯錄亦多疏漏。（卷8，頁22）

又《簿錄・物理論》解題亦云：

> 宛平章宗源逢之輯錄一卷，陽湖孫星衍校刊。其書引《傅子》爲多，二書可以參考。（卷11，頁9）

其他如臧鏞、王照圓、張惠言、張澍等諸家輯本，也都是馬氏輯佚的重要參考以及進行增益的基礎，如《輯佚書・周易子夏傳》序中言：

> 武威張太史澍輯此篇，刻入《張氏叢書》，今據校錄分爲二卷。（頁44）

〔註77〕 梁啓超：《清代學術概論》（上海：上海書店，1989 年 10 月），頁 98。
〔註78〕 王重民：〈清代兩個大輯佚書家評傳〉，收入《中國目錄學史論叢》，頁 299。

以及《輯佚書‧周易荀氏注》序中言：

> 張氏惠言輯《荀氏九家》，佚文具載而雜入九家中，今特別出爲三卷。
> （頁3）

這裡所提到的張澍《子夏易傳殘本》輯本以及張惠言《周易荀氏九家》輯本也都著錄於《簿錄》中，皆足以說明馬國翰所收輯本爲其輯書之備。王重民曾言：

> 按歷史的眼光說，總是後來者居上，輯佚書亦然。後人得因前人已成之業，罅漏補苴，易於爲功，所以竿頭進步，必是後一代的人。
> 〔註79〕

所言甚是。馬國翰平時留意輯本、佚文所積累出的成績，即是完成《玉函山房輯佚書》不可或缺的重要條件。

三、地方志甚多

> 方志，或稱地方志，是以行政區畫爲範圍，記載自然和社會各個方面的現狀與歷史的綜合資料性著述。舉凡一地的天文、地理、政治、經濟、軍事、文化、人物、風俗、靈異等等，皆包羅在內。〔註80〕

可知，地方志所蘊藏的文獻資料是上至天文、下至地理、中及人事，範圍廣泛，無所不有，實是豐富且珍貴的資料寶庫，其價值自是難以估量。馬國翰「玉函山房」所庋藏之地方志數量即十分可觀，尤其是明、清兩代的地方志，更是此類藏書的大宗，其原因除明、清是地方志發展的鼎盛時期外，更主要的因素還是馬國翰對這座方志寶庫的重視。馬國翰所收的方志中不乏珍本秘藏，如：〔明〕康海《武功縣舊志》二卷、〔明〕韓邦靖《朝邑縣舊志》二卷、〔明〕李開先《萊蕪縣舊志》十卷、〔明〕王九疇、張毓翰《華陰縣舊志》八卷、〔明〕雷恩霈《翼乘》十二卷、〔明〕尤應魯《泗水縣舊志》十二卷、〔明〕葉承宗《歷城縣舊志》十六卷等皆是難得之本。其中《歷城縣舊志》更是馬國翰廣搜不輟的珍貴成果，馬氏於《簿錄‧歷城縣舊志》解題中記此事云：

> 版存葉氏家，零落不具，求之十數年始得此本，當珍惜之。（卷11，頁25）

除明方志搜求不易外，清人所修方志亦有馬氏刻意鈔存者，《簿錄‧石泉縣志》

〔註79〕同前註，頁305。
〔註80〕王復興：《方志學基礎》（濟南：山東大學出版社，1987年8月），頁1。

解題云：

> 今版毀無存，余知石泉時鈔存此本。（卷10，頁48）

在馬氏所收方志中，若以地區論，山東與陝西地區之方志實占多數，所藏山東之方志，如：〔清〕岳濬《山東通志》三十六卷、〔清〕王鎮《濟南府志》七十六卷、〔清〕周永年《歷城縣志》五十卷、〔清〕張萬清《章邱縣志》十三卷等。而陝西之方志，如：〔明〕呂柟《高陵縣舊志》七卷、〔明〕張光孝《華州舊志》八卷、〔清〕劉於義等《陝西通志》一百卷、〔清〕畢沅《西安府志》八十卷、〔清〕葛晨《涇陽縣志》十卷、〔清〕達靈阿《鳳翔府志》十二卷、〔清〕羅彰彝《隴州志》八卷、〔清〕張峻蹟《石泉縣志》一卷、〔清〕吳鳴捷《鄜州志》五卷等，爲數頗多。然實際數量恐不僅於此，馬國翰於《玉函山房藏書簿錄・洛川縣志》解題中即曾提及尚有陝西一帶方志數百本，未予著錄，筆者已於前文述及，此不重贅，可見，「玉函山房」所藏地方志之總量當遠超過目前所知之數。山東與陝西，一爲馬國翰之故里，一爲其遊宦之所，馬氏趁地利之便，廣搜博采當地方志，成績斐然，對其治理地方事務及治學上都有很大的助益。中國現存八千餘種地方志，其數量之多、歷史之悠久、內容之豐富，皆令人嘆爲大觀，而這些方志文獻之所以能夠保存、流傳至今，實應歸功於歷代藏書家的苦心收聚。

四、勸善書甚多

> 「勸善書」是以因果報應的說教宣傳倫理道德、勸人從善去惡的通
> 俗教化書籍，簡稱「善書」，……勸善書既指宗教性的道德勸化書籍，
> 也指非宗教性的訓俗小冊子。〔註81〕

自從勸善書正式形成於宋朝以來，這類通俗著作即在社會各階層中廣爲流傳，「上至宮廷、達官顯宦、文人學士，下至民間藝人和黎民百姓都參與了善書的制作、推廣、閱讀和講唱」。〔註82〕到了明末清初更是勸善書蓬勃發展的時期，不僅印量龐大而且流通地域更加廣泛，可說是當時「國人的普及讀物」。〔註83〕馬國翰的家藏圖籍中，即有勸善書42種，而其性質多屬於宗教一類之

〔註81〕 陳霞：〈道教勸善書的界定及主要特徵〉，《宗教學研究》1998年第3期（1998年），頁40。

〔註82〕 同前註。

〔註83〕 游子安：《勸化金箴—清代善書研究》（天津：天津人民出版社，1999年），頁25。

勸善書，當中有太上老君降授的《太上感應篇》一卷；有文昌帝君降授的《文昌化書》四卷、《文昌帝君陰騭文》一卷、《文昌帝君勸孝文》一卷等；有關聖帝君降授的《關聖帝君覺世真經》一卷、《關聖帝君勸世文》一卷、《關聖帝君正心寶誥》一卷等；有孚佑帝君降授的《孚佑帝君純陽祖師心經》、《忠孝寶誥》等；還有玄天上帝降授的《元天上帝寶訓》一卷、《元天上帝勸世格言》一卷、《玄天上帝戒食牛肉訓》一卷等。除此之外，亦收有匯輯節錄多種善書經文的勸善書類書，如〔清〕周朝輔編的《敬信錄》二十七卷以及編者不詳的《暗室燈》二卷等。儘管宋、元以降，歷代皆有勸善書問世，但就現存各種公私藏書目錄觀之，卻少有著錄者，而將「勸善書」獨立為藏書目錄之一類者更是罕見，馬國翰認為：

> 此等書以道家之感應，參佛氏之因果，有合於吾儒福善禍淫之旨。
>
> 神道設教，可以警世。（《簿錄・太上感應編》，卷 12，頁 29）

這段話也透露出他對勸善書的看重。馬國翰於勸善書籍如此數量的收藏，及其為每書都撰寫提要，實有助於後人了解中國勸善書之編纂、刊刻與流通的概況。

五、山東鄉賢先輩的著作甚多

齊魯名家輩出，代不乏人，從先秦兩漢時期的孔子、墨子、孔鮒等；魏晉南北朝的王弼、任昉、劉峻、王僧孺、顏之推等；隋唐宋元的儲光羲、顏真卿、段成式、石介、李清照、周密、張養浩等；明代的邊貢、李開先、李攀龍、于慎行、王象晉等；清代的張爾岐、王士禎、孔尚任、閻循觀、趙執信、孔繼涵、周永年、桂馥、孔廣森等，這些山東鄉賢的著作在《玉函山房藏書簿錄》中是隨處可見的，從群經子史到詩詞小說，無所不備。像《玉函山房藏書簿錄》集編別集類國朝上、下所著錄之 367 位作者、388 種著作中，即有 66 位為山東人，超過總數的六分之一，尤以和馬國翰同邑之歷城學者占多數，共 14 名，如王苹《二十四泉草堂詩集》、謝仟《春草軒詩》、李廷芳《湘浦賦鈔》、朱曾喆《餐中之塾文集》等，其中亦不乏馬國翰舊識好友之著作，如謝焜《綠雪堂集》、周樂《二南詩鈔》、何鄰泉《無我相齋詩選》等。

而馬國翰所搜羅的山東鄉賢著作中，濟陽張爾岐、新城王士禎二人之著作最多。所收張爾岐作品計有《周易說略》四卷、《儀禮鄭注句讀》十七卷、《儀禮監本正誤》一卷、《夏小正訂注》一卷、《弟子職注解》一卷、《蒿庵閒

話》二卷、《老子說略》二卷、《眞魔論》一卷、《蒿庵集》三卷等九書，除徐
氏眞合齋定本《周易說略》磁版排印、流傳甚罕，爲珍貴的藏品外，鈔本《眞
魔論》也尠少被提及。馬國翰在《簿錄·眞魔論》解題云：

> 專論嫁娶、選擇，闢庸俗。以相穿犯相爲魔，以相沖犯相爲眞。擇
> 行嫁之月及過門日時，理頗醇正。（卷 15，頁 21）

這本被馬國翰著錄於陰陽類的張爾岐著作，讓我們看到了這位被顧炎武稱爲
「獨精三禮，卓然經師」〔註 84〕的清初「山左第一醇儒」〔註 85〕鮮爲人知的
一面。而《玉函山房藏書簿錄》中另有著錄濟陽魯氏家藏鈔本《書經通義》
十卷，雖爲張爾岐之弟張爾崇所撰，然「此編筆削皆出稷若先生手，親切明
暢，與《周易說略》筆意同」，〔註 86〕此書亦不多見。至於新城王士禎之作，
則收有 20 種之多，《隴蜀餘聞》一卷更收有三種版本，即《漁洋全集》本、
石門吳氏本與《昭代叢書》本，其他還有《漁洋詩集》二十二卷（下注：新
城王氏刊本）、《唐賢三昧集》三卷（下注：新城王氏刊本）、《古夫于亭雜錄》
六卷（下注：新城王氏家藏板本）、《分甘餘談》四卷（下注：新城王氏家藏
板本）、《紀琉球入太學始末》一卷（下注：《昭代叢書》本）以及《五代詩話》
八卷（下注：盍簪堂本）等，其中《古夫于亭雜錄》更是名家林佶手書上版，
被譽爲「林氏四寫」中的一種，這些藏品對於明瞭王士禎著書以及刻書之情
形是相當有幫助的。

　　除此之外，簿錄中還著錄有〔元〕歷城張養浩《三事忠告》〔註 87〕四卷、
〔明〕章邱李開先《萊蕪縣舊志》〔註 88〕十卷、〔清〕鄒平馬驌輯《別本禽經》

〔註 84〕〔清〕顧炎武：《顧亭林文集·廣師》（台北：新興書局，1956 年 2 月），卷 6，
　　　　頁 8。
〔註 85〕〔清〕徐世昌編：《清儒學案》（台北：世界書局，1979 年 4 月），卷 16，頁 1。
〔註 86〕馬國翰：《玉函山房藏書簿錄·書經通義》，卷 3，頁 22。
〔註 87〕據賀宜曰：「國翰又從元代歷城著名文學家張養浩的裔孫章邱張氏處購得《三
　　　　事忠告》四卷，《簿錄》曰『家藏原刊本』，可能即是明洪武二年張士弘刻本，
　　　　可謂難得之本。」見賀宜：〈馬國翰與玉函山房藏書簿錄〉，《東岳論叢》，第
　　　　23 卷第 5 期（2002 年 9 月），頁 134。
〔註 88〕據《天一閣藏明代地方志考錄》所載，現存最早的《萊蕪縣志》八卷，爲〔明〕
　　　　嘉靖二十七年（1548）陳甘雨所纂修。見駱兆平編《天一閣藏明代地方志考
　　　　錄》（北京：書目文獻出版社，1982 年 12 月），頁 99。而依《玉函山房藏書
　　　　簿錄·萊蕪縣舊志》解題所言，〔明〕李開先撰《萊蕪縣舊志》十卷，爲嘉靖
　　　　甲辰（1544）刊，若馬國翰所記無誤，李開先本實較陳甘雨本爲早，再加上
　　　　此書諸家均未有著錄者，故亦爲難得之本。

〔註89〕一卷，皆爲難得之本。由此可知，馬國翰對保存、流傳山東鄉賢的著述作出了不小的貢獻。

　　《玉函山房藏書簿錄》雖少有宋元舊槧，然其藏書仍有多項特點：一是《四庫》未收書甚多；二是輯本甚多；三是地方志甚多；四是勸善書甚多；五是山東鄉賢先輩的著作甚多，皆爲豐富之資源，有助於學術。綜上所述，馬國翰《玉函山房藏書簿錄》其於中國藏書發展史、目錄史上的價值是值得吾人注意與肯定的。

〔註89〕賀宜曰：「馬驌輯的《別本禽經》一卷，也是海內孤本」，同註87。

第四章 《玉函山房藏書簿錄》析論（下）

第一節 《玉函山房藏書簿錄》之解題

　　在論述《玉函山房藏書簿錄》的解題之前，擬先介紹《玉函山房藏書簿錄》著錄之體例，以便能更全面的認識此一私家藏書簿錄所具備的目錄功用。《玉函山房藏書簿錄》之著錄體例大抵歸納如下：

一、全書共分爲首編、經編、史編、子編、集編，共五編。首編下分經、史、子、集四部；經編則分爲 15 類、史編分爲 16 類、子編分爲 22 類、集編分爲 4 類。其中禮類、小學類、陰陽家類、譜錄類，類下又細分爲屬，共分 22 個屬目，各類書則以類目名稱區隔之。

二、所著錄之書，上自先秦下迄清代。

三、清代御纂、欽定之書置於首編。

四、每類下所列之書即先以時代先後、次以撰者時代先後依次安排。若收有清代以外之帝王著作，則置於該朝之首。

五、託名之書，依其所託作者時代爲次。

六、本經列於前，後附該書箋、注類之作。

七、類目前並無小序，馬國翰僅在「勸善書類」與「陰陽家類」二類之首本書解題中，兼述該類學術之流變、得失與設立此類之緣由，頗似小序之體。

八、每一著錄之書，首冠書名，次記卷數，其次著錄該書版本或注明各書之所自。

九、若是裁篇別出者，則於書名之下版本項中特予標註。

十、每書之下撰有解題，以考知一書之書名、作者、篇目、內容大旨、
版刻情形及存佚流變等。

十一、每類屬之末，標註該類屬所收部數及卷數。

昌彼得、潘美月《中國目錄學》一書論及「目錄學的體制」云：

> 劉氏向、歆父子的《別錄》、《七略》，是後世編著目錄者所取法的，
> 故評論目錄書的優劣，不能不拿《錄》、《略》作爲衡量的標準。
> 綜括《錄》、《略》著作的體例，主要有三項：一曰篇目，是概括
> 一書的本末；二曰敘錄，是考述作者的行事，與論析一書的大旨
> 及得失；三曰小序，是敘述一家一派的學術源流。所有這幾種體
> 制，其作用即是章學誠所謂的：「辨章學術，考鏡源流。」後代的
> 目錄書，無論其內容或詳或略，或損或益，大抵不出這三個範圍。
> 自從雕版印刷術普及後，宋以來的目錄書中間有記載版本的。清
> 乾嘉以來，版本之學興盛，各家藏書目錄的編撰，大多詳記版刻
> 的源流，則所以考版本的源流異同。這種體例雖然屬於後起，但
> 已爲近世研治目錄學者奉爲圭臬。以上四項體制，如有不備，則
> 目錄的功用不全。〔註1〕

觀此，知昌彼得、潘美月認爲篇目、敘錄、小序、版本四項，乃目錄書必備
之體例。今檢馬國翰《玉函山房藏書簿錄》之著錄體例大體完備，雖然篇目
與版本之記載或簡或繁、標準不一，但仍統括於其中。至於小序，馬國翰並
非在每一類目前皆撰有小序，而是附於該類第一本書的解題中，頗見小序之
意，亦足以辨章一家一派之學術淵源。而馬國翰所撰《玉函山房藏書簿錄》
諸書解題數量多達四千餘篇，內容繁富，相較於那些耳熟能詳、爲世人所知
悉的目錄書自是毫不遜色。

一、《玉函山房藏書簿錄》解題義例

目錄書之有敘錄，始自〔漢〕劉向，李瑞良於《中國目錄學史》中分析
劉向所撰寫之敘錄，包括以下諸項目：

一、書名和篇目、卷數。

〔註1〕 昌彼得、潘美月：《中國目錄學》（台北：文史哲出版社，1991 年 10 月初版 2
刷），頁 37。

二、敘述校讎原委和審訂經過。

三、介紹作者生平事蹟、時代背景和學術思想。

四、說明書名含義、全書要旨及其學術源流。

五、評論其是非、辨別其真偽、衡量其價值。〔註2〕

　　馬國翰《玉函山房藏書簿錄》之解題實兼容劉向之所述且有其突出、細緻之處。以下茲將《玉函山房藏書簿錄》著錄群籍之解題，予以詳析，並舉數例，以徵其實。

（一）有關撰者之記載

1. 記載撰者之朝代、仕履、籍貫、姓名、字號、登科及第年代等。

　　如《簿錄・養素堂集》解題云：

　　　　國朝玉屏知縣、前翰林院庶吉士，武威張澍介侯撰。（卷23，頁36）

又如《簿錄・無夢想齋詩草》解題云：

　　　　國朝嘉慶戊辰舉人，成都尉方山琴南撰。（卷23，頁36。）

2. 以親友關係闡明撰者之身份

　　如《簿錄・魏叔子文集》解題云：

　　　　國朝寧都魏禧冰叔撰。伯子之弟，與兄並名。（卷22，頁16）

又如《簿錄・戒亭詩草》解題云：

　　　　國朝三原劉仁源深撰，一名廷揚，九畹先生子也，得其家學。（卷23，頁24）

3. 推斷作者：撰者有異說，每每參酌眾說，進行推論

　　如《簿錄・子夏易傳》解題云：

　　　　舊題卜子夏撰。……晁說之謂：「是〔唐〕張弧之《易》也。」弧，唐大理評事，著有《周易王道小疏》，《宋志》五卷，《紹興書目》作十卷，此或即其書，而託名子夏與？（卷2，頁3）

又如《簿錄・琴操》解題云：

　　　　漢中郎將陳留蔡邕伯喈撰。《隋志》載《琴操》三卷，晉廣陵相孔衍撰。《唐志》、《崇文總目》、《中興書目》並以屬之孔衍，而傳注所引及今《讀書齋叢書》所傳本皆屬蔡邕，惟《初學記》於箜篌引孔衍《琴操》，其文與邕無異，知衍述蔡語有所附益，故題孔衍，實一書

也。（卷4，頁39）

4. 指出撰者之誤：對於易被誤指之撰者，強調說明之。

如《簿錄‧毛詩草木鳥獸蟲魚疏》解題云：

> 吳太子中庶子、烏程令、吳郡陸璣元恪撰。或題陸機，誤爲晉之陸
> 士衡，非也。（卷3，頁34）

（二）有關序、跋文之記載

1. 記錄一書之序、跋：多附有一書之序、跋資料，藉此提供更爲完整之參
考內容，尤其對於一些罕傳、難見之書籍，益顯珍貴。

如《簿錄‧卍齋璅錄》解題云：

> 國朝李調元撰。自序云：「卍字不入經傳，惟《釋藏》中有之。釋
> 家謂：佛再世生，胸前隱起卍字文，後人始識此字。」又云：「近
> 見朝鮮人《村居詩》有『卍字柴門宛古文』之語，心喜之。每作書
> 齋輒作卍字，囹檻障以碧紗，爲其宛似古文，而因以名齋也。」（卷
> 13，頁39）

又如《簿錄‧兵仗記》解題云：

> 周白山跋云：「筆法古勁似〈檀弓〉、〈考工〉亦似《廣雅》，兵制分
> 列羅布，可補戚南塘新書所未備。」（卷15，頁29）

2. 著錄序、跋文之作者：時於解題之末，載明是書之作序、跋者。

如《簿錄‧續孟子》解題云：

> 有劉希仁、程鉅夫、吳鑑、陳英四序，永陽黃堯臣跋。（卷6，頁5）

又如《簿錄‧仙機武庫》解題云：

> 有崇禎二年，雲間董中行與叔序。（卷17，頁58）

（三）有關書名之記載

1. 解說書名之含義：對於收錄之書，其書名較難解者，往往加以說明。

如《簿錄‧白獺髓》解題云：

> 白獺髓者，取《拾遺記》。孫和悅鄧夫人，舞水精如意，誤傷夫人頰，
> 命太醫合藥，醫曰：「得曰（白）獺髓，雜玉與琥珀屑，滅此痕。」
> 即購致百金，能得白獺髓者，厚賞之。書蓋謙言補綴之義。然命名
> 亦太奇已。（卷14，頁34）

又如《簿錄‧九喜榻記》解題云：

因來瞿塘有九喜之說，因以仿其意以名榻。九喜者：一喜多藏書；
二喜閒人習筆墨；三喜不能飲；四喜不解奕；五喜爲世所棄；六喜
得名師；七喜攜眷屬居山水間；八喜無病；九喜年未五十，家務盡
付兒子，翛然世外。（卷 17，頁 28）

2. 說明書名之異稱：一書多名者，每每補充著錄、間有解說。

如《簿錄・讀春秋編》解題云：

所居室號清全齋，故亦題《清全齋讀春秋編》云。（卷 5，頁 13）

又如《簿錄・歸田詩話》云：

焦氏《經籍志》、《明史志》、《千頃堂書目》皆作《唫堂詩話》，《百
川書志》、《浙江通志》又作《存齋歸田詩話》，此編所題據自序也。
（卷 25，頁 10）

3. 論述書名之異同

如《簿錄・易緯辨終備》解題云：

朱氏《經義考》云：終或作中。取《史記正義》引〈中備〉文云：
孔子正月爲商瞿筮云云。按：《隋志》五行家有《易三備》。《周禮
疏》引〈星備〉，當是《三備》上篇；《史記正義》引〈中備〉，是
《三備》中篇；此云〈終備〉，或是下篇。中、終義迥殊，不得混
而一之。按：《路史》亦引〈中備經〉語，此書皆不載，爲兩書無
疑。（卷 6，頁 40）

又如《簿錄・三命通會》解題云：

《明史・藝文志》有萬民育《三命會通》十二卷，疑即是書而誤倒
會通二字也。（卷 15，頁 7）

（四）記載一書之篇目、卷數

對於收錄之書，時有記載一書之篇目、卷數。

如《簿錄・逸亭易論》解題云：

其〈易說〉八篇：〈河圖說〉一，〈洛書說〉一，〈先後天八卦圖說〉
二，〈序卦說〉三，〈策數說〉一。（卷 2，頁 33）

又如《簿錄・易圖略》解題云：

焦循撰。卷一旁通圖，卷二當位失道圖，卷三時行圖，卷四八卦相
錯圖，卷五比例圖。（卷 2，頁 44）

（五）稽考篇卷之異同、分合情形

如《簿錄‧子夏易傳》解題云：

《隋、唐志》止二卷，《釋文》止三卷，宋《國史志》、《中興書目》
益至十卷，今本復十一卷，後出之卷帙，反多於前，且以《釋文》
及李鼎祚《集解》所引較之，又復不同。（卷2，頁3）

又如《簿錄‧靈棋經》解題云：

《隋志》作《靈棋卜》，《宋志》作《靈棋經》，並一卷，《文獻通考》
二卷，有晉顏幼明、宋何承天注、唐李遠敘，晁公武《讀書志》亦
載二卷，焦氏《國史經籍志》載《十二靈棋卜》一卷，《荊川稗編》
載《靈棋經》二卷，有劉誠意伯解序，明成化三年南郡汪浩校刊陳
盧山本、正德十年鳳陽武定侯郭勛校刊本，均有晉顏幼明、宋何承
天注、元陳師凱、明劉基解並基後序，萬曆丙申錫山龔勉本同。此
本只一卷，亦無諸家序、注，非完書也。（卷16，頁7）

（六）介紹一書之內容大旨

對於所收書籍之要旨，多詳加著錄，或引述原書撰者自序或馬國翰自敘之。

如《簿錄‧尚書協異》解題云：

自序謂：「余以他經傳子史及諸古注家引書考之，要之伏生所授不大
異，于今所行五十八篇中之三十三篇也。」又謂：「竊簡唐本先為協
異，以明古今文字小異，而不失大同，然後知經文之有所定。」（卷
3，頁27）

又如《簿錄‧溝洫疆理小記》解題云：

首考遂人、匠人溝洫異同，復為圖及論說，又於小司徒鄭注引司馬
之文，自夫屋以至終同具言，其〈受名之義〉、〈說閒〉二篇及〈耕
耦義述〉俱博貫名通，賈疏不能掩也。（卷4，頁7）

（七）記述一書之淵源、存佚、發展演變

如《簿錄‧周易函書約注》解題云：

國朝禮部侍郎光山胡煦滄曉撰。原書一百十八卷，多有散佚，其子
季堂就已刻之本編次。（卷5，頁38）

又如《簿錄‧玉壺清話》解題云：

明時止存五卷，吳人吳岫訪得後五卷，四明范欽又從岫借鈔，始成

完帙。錢遵王《讀書敏求記》載其從祖榮木樓校本，行間脫字，一一補綴完好。枚菴居士朱翌鳳得藏本于朱文游。乾隆庚子歙鮑廷博重刊。（卷 14，頁 23）

（八）記述成書年代

如《詳注東萊左氏博議》解題云：

書成於乾道四年，蓋其少作也。（卷 5，頁 10）

又如《簿錄・灤陽銷夏錄》解題云：

書作於乾隆己酉夏。（卷 14，頁 50）

（九）載成書原委

每引原書撰者自序以明之。

如《簿錄・漢書蒙拾》解題云：

此書自序謂：「楊大雅《博聞》根據典實，不採虛文；林鉞《漢雋》標舉新奇，兼收常語；洪邁《精語》但取美詞，竟遺詮釋。乃參三書之間，抉摘微奧而成此編。」（卷 10，頁 63）

又如《簿錄・運衡》解題云：

自序謂：「聞之廣陵秦曉山，迺推明天人之際，皇帝王霸之別，定次於篇。」（卷 16，頁 6）

（十）評論一書之價值

如《簿錄・儒林公議》解題云：

記建隆迄慶歷朝政及士大夫言行甚悉，間及五代十國事，持論平允，不愧公議之名也。（卷 14，頁 20）

又如《簿錄・三命通會》解題云：

此編於諸家命書，採摭最備，談命者據之。（卷 15，頁 7）

（十一）闡述學術之淵源、流變

於解題中間有論及學說之體系與學風之演變。

如《簿錄・周易鄭康成注》云：

漢徵大司農北海鄭元康成撰。康成傳費氏學，始以彖象連經文，參綜諸家，故多改字，極詳互體。又每用《乾鑿度》遺法，以爻辰取象，與天道實見發明。梁、陳之代，與王弼並列國學，齊代惟傳鄭義，至隋，王注盛而鄭浸微矣。（卷 2，頁 4）

又如《簿錄‧毛詩故訓傳》解題云：

> 武帝時《毛詩》始出，自以源流出於子夏，時齊、魯、韓三家皆立學官，獨毛氏不得立。河間獻王好之。中興後，謝曼卿、衛宏、賈逵、馬融、鄭眾、鄭康成皆宗毛氏，其學遂大顯於代。（卷3，頁30、31）

（十二）標注版本異同、評斷版本優劣

如《簿錄‧三事忠告》解題云：

> 書凡二本：一公裔孫居章邱者，家藏原刊本；一道光中左庶子莆田郭尚先蘭石，影寫絳雲樓本，湖北巡撫、同里尹濟源竹農校刊。後本最善。（卷9，頁5）

又如《簿錄‧韓非子》解題云：

> 其書凡五十篇，此本（經訓堂校刊本）校刻最完善。（卷 12，頁36）

（十三）詳載一書之版刻時、地

如《簿錄‧四書筆記》解題云：

> 道光甲辰翰從先生喆嗣鍾嶧處得此編刊之。（卷6，頁29）

又如《簿錄‧元圃詩鈔》云：

> 予在涇陽任時梓之。（卷23，頁47）

（十四）記載一書版刻之源流、流傳過程

如《簿錄‧孝經鄭注》解題云：

> 此本亦日本人岡田所傳，平湖賈舶得自其國，嘉定錢侗刻之，歙縣鮑廷博重雕。（卷5，頁29）

又如《簿錄‧六經圖》解題云：

> 考楊甲有《六經圖》六卷，……雍正九年襄城常定遠文侯得舊本刊之，道光十一年張洪範余鰲重刊。據襄城萬邦榮〈序〉謂：「廬江盧侍御芳菱所得鷺湖書院本也。」按：此當是楊氏初本。（卷6，頁3）

（十五）說明得書經過、訪求情形

如《簿錄‧東坡書傳》解題云：

> 此本得之同里周書昌太史家，與萬卷樓本同。（卷3，頁9）

又如《簿錄‧樂經元義》解題云：

> 朱氏《經義考》載此書以為未見，茲本得之京都市上，明刻元本也。

（卷 4，頁 44）

（十六）闡明立類之緣由

馬國翰於「勸善書類」及「陰陽家類」第一本書解題中，說明設置該類之緣由，似傳統目錄書中「小序」之作用。

如《簿錄・太上感應編》解題云：

> 此等書以道家之感應，參佛氏之因果，有合於吾儒福善禍淫之旨，神道設教可以警世，故別立勸善一門，以類編入。（卷 12，頁 29）

又如《簿錄・宅經》解題云：

> 《隋志》於十家黜陰陽，凡陰陽書皆混入五行家類，自後史志遂皆無陰陽一家。……考《漢志》陰陽家流，……又考《唐書・呂才傳》……。《唐志》五行類有呂才《陰陽書》五十三卷，廣濟《陰陽百忌歷》一卷，則選擇亦陰陽之一也。茲據出陰陽家類，以卜宅、祿命、卜葬、選擇四目屬之，列於九家後，既存《漢志》之舊名，亦微寓黜退之意云。（卷 15，頁 1）

（十七）記一書於前代書目之類屬及今改隸門類之所從

對於收錄之書若於前代書目之分類上多有分歧，則備載該書於歷代書目所屬之門類，最後且言從何書目改隸之。

如《簿錄・神異經》解題云：

> 《隋志》入地理類，《唐志》入神仙類，均非其實，茲依陳氏《書錄解題》改隸小說。（卷 14，頁 2）

又如《簿錄・京氏易傳》解題云：

> 《漢志》凡京書皆入《易》家，以京《易》立學故也。《隋、唐志》皆入五行家，今依《宋志》入著龜類。（卷 16，頁 4）

（十八）載明輯本之輯佚者、輯佚原委、輯佚經過及輯佚成果

如《簿錄・字林考逸》解題云：

> 原書散佚，乾隆中監察御史興化任大椿幼植輯群書所引，凡文千有五百，爲《考逸》八卷。蒐採博富，引據精詳，上證《說文》，下證《玉篇》。（卷 7，頁 10）

又如《簿錄・夢書》解題云：

> 《隋志》：《占夢書》三卷、京房撰；《占夢書》一卷、崔元撰；《竭

伽仙人占夢書》一卷、周宣撰；《新撰占夢書》十七卷並目錄；《夢書》十卷、《解夢書》二卷、《雜占夢書》一卷。《唐志》：盧重元《夢書》四卷，今並佚。福山王照圓輯群書所引爲一卷，而附以論說。（卷16，頁9）

（十九）若有疑義，則標舉以待考

如《簿錄·曾氏洪範傳》解題云：

曾集本作《洪範傳》，朱氏《經義考》題作論，未知別有據否？（卷3，頁9）

又如《簿錄·北山錄》解題云：

《宋志》有王煥《北山紀事》十二卷，未知即此書否？（卷14，頁36）

（二十）記載撰者有某某書已著錄某某編

若一作者有其他作品著錄於他編，往往加以註明，方便稽考。

如《簿錄·婦德四箴》解題云：

國朝徐士俊撰。有《三百篇鳥獸草木記》、《月令演》，已各著錄經編。（卷11，頁38）

又如《簿錄·嵩厓尊生全書》解題云：

國朝景日昣撰。有《說嵩》已著錄史編。（卷16，頁40）

（二十一）有關按語之著錄

間有闡述內容要旨、言明卷帙分合、論及門類分隸、指出一書特色等。

如《簿錄·禹貢論》解題云：

案：《宋志》五卷，又有《論圖》五卷、《後論》一卷。《萬卷樓書目》作二卷、《圖》二卷。此本《論》四卷，於江、河、淮、漢、濟、黑、弱水七大川，以爲舊傳失實，皆辨論之。雖間有牴牾，而要能獨抒己見，不詭隨於傳注。（卷3，頁12）

又如《簿錄·眞誥》解題云：

按：《漢志》別出神仙一家，《隋志》黜之，《唐志》倂入道家，茲依用。（卷5，頁6）

（二十二）指陳前賢之誤

或撰者之誤、或分類之謬，每每加以糾舉、匡正。

如《簿錄‧春秋年表》解題云：

> 通志堂編次《春秋名號歸一圖》，並題馮繼先撰，誤也。（卷 5，頁 6）

又如《楚史檮杌》解題云：

> （朱氏《經義考》）所載若《越絕書》、《吳越春秋》《晏子春秋》之
> 屬，或爲雜史，或爲儒家，雖用春秋之名，實非擬經也。各以其類
> 入史、子編內。（卷 6，頁 35）

歷代有解題的書目相較於帳簿式的目錄，在數量上明顯少了許多，而在清代規模空前的《四庫全書總目》出現之後，馬國翰《玉函山房藏書簿錄》實爲繼軌之作，不僅對《四庫全書總目》所未收載之典籍補撰解題，有功於《四庫》外，就上文從《玉函山房藏書簿錄》解題所釐析出來的二十二例看來，詳明的著錄、精當的考論，亦足資後人參考利用。儘管每篇解題繁簡、要點不一，並非以上所述諸項皆能齊備，且其中亦不免有闕失、訛誤之現象，但整體而言，其於中國私家藏書目錄之貢獻與價值，乃足以傳之後世。

二、《玉函山房藏書簿錄》解題與《四庫全書簡明目錄》解題之關係

《玉函山房藏書簿錄》共著錄 4366 部書，而馬國翰所撰寫之解題，去除 14 部書籍解題處被剜除，無法得知其實外，可觀者尚計有 4352 條。其中多數解題與《四庫全書簡明目錄》解題實有極度密切之相關，兩相比較，《玉函山房藏書簿錄》承襲《四庫全書簡明目錄》之跡顯然可見，多處甚且出現語句完全迻自《四庫全書簡明目錄》之情形。然持平而論，馬氏《玉函山房藏書簿錄》於《四庫全書簡明目錄》之基礎上，亦作出不少的補充與修正，內容較《四庫全書簡明目錄》解題充實之處，所在多有。

以下茲分（一）承襲（二）增補二方面分別討論之，以明《玉函山房藏書簿錄》與《四庫全書簡明目錄》二書解題之關係。

（一）承　襲

依《玉函山房藏書簿錄》經、史、子、集四編之序，每編各舉五例，以明其解題內容承繼《四庫全書簡明目錄》〔註3〕之普遍。

〔註3〕據〔清〕紀昀等撰：《四庫全書簡明目錄》（台北：世界書局，1975 年 11 月 3 版）。

1. 經　編

（1）易類：如〔宋〕吳仁傑撰《易圖說》三卷

《四庫全書簡明目錄》解題：

〔宋〕吳仁傑撰。其說以六十四正卦，伏羲所作，卦外六爻及六十四覆卦，文王所作。又謂〈序卦〉爲伏羲作，〈雜卦〉爲文王作；今之爻辭，當爲〈繫辭傳〉；〈繫辭傳〉，當爲〈說卦傳〉。皆故爲異說。宋人舊帙，姑存備一解云爾。（卷1，頁11）

《玉函山房藏書簿錄》解題：

〔宋〕國子錄平江吳仁傑斗南撰。其說以六十四正卦，伏羲所作，卦外六爻及六十四覆卦，文王所作。又謂〈序卦〉爲伏羲作，〈雜卦〉爲文王作；今之爻辭，當爲〈繫辭傳〉；〈繫辭傳〉，當爲〈說卦傳〉。立論頗異。（卷2，頁19）

（2）書類：如〔元〕黃鎮成撰《尚書通考》十卷

《四庫全書簡明目錄》解題：

〔元〕黃鎮成撰。皆搜采舊說，考《尚書》之名物典制，亦間附以論斷，其中或牽及後代史事，不無泛濫。而大致詳賅。其自序曰：「求帝王之心易，考帝王之事難。」知其欲爲空談無實者砭也。（卷2，頁50）

《玉函山房藏書簿錄》解題：

〔元〕文貞處士昭武黃鎮成元鎮撰。搜採舊說，考《尚書》之名物典制，間附斷論，頗爲博洽。自序謂：「求帝王之心易，考帝王之事難。」蓋爲空談性理者砭也。（卷3，頁18）

（3）禮類：如〔國朝〕沈彤撰《儀禮小疏》一卷

《四庫全書簡明目錄》解題：

〔國朝〕沈彤撰。取《儀禮》〈士冠禮〉、〈士昏禮〉、〈公食大夫禮〉、〈喪服〉、〈士喪禮〉五篇，爲之疏箋，各數十條。每篇後又各爲監本刊誤。卷末附〈左右異尚考〉一篇。考證亦頗明確。（卷2，頁84）

《玉函山房藏書簿錄》解題：

〔國朝〕沈彤撰。摘疏〈士冠禮〉、〈士昏禮〉、〈公食大夫禮〉、〈喪服〉、〈士喪禮〉五篇。每篇後各爲監本刊誤。卷末附〈左右異尚考〉一篇。明辯以晢。（卷4，頁16）

（4）春秋類：如（僞蜀）馮繼先撰《春秋名號歸一圖》二卷

《四庫全書簡明目錄》解題：

〔蜀〕馮繼先撰。〔宋〕岳珂重編。取《春秋》經傳所載人名，核其異稱，使歸於一，蓋左氏學也。（卷3，頁98）

《玉函山房藏書簿錄》解題：

（僞蜀）馮繼先撰。〔宋〕岳珂重編。取《春秋左氏》經傳所載人名，核其異稱，使歸於一。（卷4，頁6）

（5）孝經類：如〔明〕黃道周撰《孝經集傳》一卷

《四庫全書簡明目錄》解題：

〔明〕黃道周撰。用鄭氏今文。每章雜引經典以證之，謂之「大傳」。道周自爲說者，則謂之「小傳」。（卷3，頁123）

《玉函山房藏書簿錄》解題：

〔明〕黃道周撰。用鄭氏今文。每章雜引經典以證，謂之「大傳」。自爲說者，則謂之「小傳」。（卷5，頁32）

2. 史　編

（1）正史類：如〔唐〕姚簡撰《梁書》五十六卷

《四庫全書簡明目錄》解題：

〔唐〕姚思廉撰。篇末題陳吏部尚書姚察者，凡二十有六，蓋思廉此書，因其父之遺稿也。《舊唐書》思廉本傳及《經籍志》，並作五十卷。《史通》及《新唐書》，則作五十六卷，與此本合。知《舊唐書》爲誤矣。（卷5，頁184）

《玉函山房藏書簿錄》解題：

〔唐〕宏文館學士京兆姚簡思廉撰。篇末題陳吏部尚書姚察者，二十有六，蓋思廉因其父之遺稿也。《舊唐書》思廉本傳及《經籍志》，並五十卷。此本與《新唐書‧藝文志》合。（卷8，頁4）

（2）別史類：如〔宋〕羅泌撰《路史》四十七卷

《四庫全書簡明目錄》解題：

〔宋〕羅泌撰。〈前紀〉九卷，述初三皇及陰康、無懷之事；〈後紀〉十四卷，述太昊至夏之事；〈國名紀〉八卷，述諸國姓氏地理；〈發揮〉六卷，〈餘論〉十卷，皆辨駁考證之文。註爲其子苹作，與正文皆詳略相輔，疑或泌所自爲，而託之其子歟？雖所依據，多出於緯

書、道書，殆不足信，而徵引秘奧，詞采偉麗。劉勰所謂無益經術，
有裨文章者，殆庶幾焉。（卷5，頁210）

《玉函山房藏書簿錄》解題：

〔宋〕承務郎廬陵羅泌長源撰。子苹注。〈前紀〉九卷，述初三皇及
陰康、無懷之事；〈後紀〉十四卷，述太昊至夏之事；〈國名紀〉八
卷，述諸國姓氏地理；〈發揮〉六卷，〈餘論〉十卷，皆辯駁考證之
文。注為其子苹所作，而與正文相輔，疑亦長源所筆削也。依據多
出於緯候、道書，未盡可信，然其取裁秘奧，屬文偉麗，如讀瑯嬛
異書矣。（卷8，頁17）

（3）職官類：如〔唐〕李肇撰《翰林志》一卷

《四庫全書簡明目錄》解題：

唐時翰林，雖初為藝術者待詔之地。然明皇置待詔供奉，已與集賢
學士分掌制詔。迨改置學士以後，遂專為儒官之職。肇此書作於元
和十四年，於一代詞臣職掌，最為詳備。（卷8，頁297）

《玉函山房藏書簿錄》解題：

唐初翰林為藝術待詔之地。明皇時署待詔供奉，與集賢學士分掌制
詔。後置學士，專為儒官之職。此書作於元和十四年，一代詞臣職
掌，最為詳備。（卷9，頁3）

（4）地理類：如〔宋〕宋祁撰《益部方物略記》一卷

《四庫全書簡明目錄》解題：

乃祁知益州時，因沈立劍《南方物略》補其闕遺，共得六十五種，
各為圖而系以贊，併註其形狀於贊後。今圖已佚，惟贊與註存。文
詞古雅，有郭璞《山海經贊》之遺。（卷7，頁287）

《玉函山房藏書簿錄》解題：

此編知益州時，因沈立劍《南方物略》補其缺遺，共得六十五種，
各為圖贊，併注其形狀。今圖佚，贊注古雅可諷。（卷10，頁11）

（5）史評類：如〔宋〕王應麟撰《通鑑答問》五卷

《四庫全書簡明目錄》解題：

〔宋〕王應麟撰。所論始周威烈王，與《通鑑》相應；終漢元帝，
則與《通鑑》不相應。蓋未完之稿本。又以《通鑑答問》為名，而
所論乃以尊崇《綱目》為主，名實亦乖，持論刻覈，與應麟他書頗

不類。疑伯厚孫託其祖名，刊附《玉海》。以大旨尚不詭於正，姑以舊帙存之耳。（卷 8，頁 335）

《玉函山房藏書簿錄》解題：

〔宋〕王應麟撰。始周威烈王，終漢元帝，與《通鑑》不相應，應似是未成之書。以《通鑑答問》爲名，而論多尊崇《綱目》，名實亦乖，然大旨不詭于正。（卷 10，頁 57）

3. 子 編

（1）儒家類：如〔唐〕太宗文皇帝御撰《帝範》四卷

《四庫全書簡明目錄》解題：

〔唐〕太宗文皇帝御撰。蓋貞觀二十二年以賜太子者也。凡十二篇，至宋已佚其半。元吳萊稱，泰定二年，復於雲南得全書，然亦未見傳本。今始從《永樂大典》錄出。舊有唐賈行註，此本註引呂祖謙、楊萬里，則元人所補，非唐人之舊也。（卷 9，頁 343）

《玉函山房藏書簿錄》解題：

〔唐〕太宗文皇帝御撰。貞觀二十二年以此書賜太子。凡十二篇，宋佚其半。元吳萊稱，泰定二年，復於雲南得全書，世無傳本。四庫館從《永樂大典》錄出刊行。（卷 11，頁 10）

（2）雜家類：如〔宋〕王應麟撰《困學紀聞》二十卷

《四庫全書簡明目錄》解題：

〔宋〕王應麟撰。凡說經八卷，天道、地理、諸子二卷，考史六卷，評詩文三卷，雜識一卷。援據精博，爲宋一代說部之後勁。嚴若璩、何焯皆有評本，今併附刊書内。焯評多大言詆諆；若璩之評，附著所見而已。蓋若璩亦博極群書也。（卷 13，頁 479）

《玉函山房藏書簿錄》解題：

〔宋〕王應麟撰。凡說經八卷，天道、地理、諸子二卷，考史六卷，評詩文三卷，雜識一卷。援引徵據既博且精。有嚴若璩、何焯校刊並以己評附焉。（卷 13，頁 23）

（3）小說家類：如〔唐〕張固撰《幽閒鼓吹》一卷

《四庫全書簡明目錄》解題：

〔唐〕張固撰。顧元慶跋，稱二十五篇，此本二十六篇，蓋誤分元載一條爲二也。所記皆中唐遺事，多有關於勸戒。（卷 14，頁 533）

《玉函山房藏書簿錄》解題：

〔唐〕桂管觀察使張固撰。顧元慶跋，稱二十五篇，此本二十六篇，蓋誤分元載一條為二。所記皆中唐遺事。（卷 14，頁 9）

（4）陰陽家類（卜葬之屬）：如〔唐〕楊筠松撰《撼龍經》一卷

《四庫全書簡明目錄》解題：

《撼龍經》，言山龍脈絡形勢，配以九星，決其休咎。（卷 11，頁 421）

《玉函山房藏書簿錄》解題：

書言山龍脈絡形勢，配以九星，決其休咎。（卷 15，頁 9）

（5）醫方類：如〔元〕王好古撰《醫壘元戎》十二卷

《四庫全書簡明目錄》解題：

以十二經為綱，皆首以傷寒，附以雜證。大抵祖張機之意，而參以其師張元素、李杲之法，亦兼用和劑局方，與朱震亨門徑小異。其曰「醫壘元戎」者，自序謂：良醫用藥，如臨陣用兵也。（卷 10，頁 389）

《玉函山房藏書簿錄》解題：

以十二經為綱，皆首傷寒，附以雜證。大抵祖述張仲景而參以其師張潔古、李東垣之法。書名「醫壘元戎」者，謂：良醫用藥，如臨陣用兵，見自序云。（卷 16，頁 28）

4. 集 編

（1）楚辭類：如〔宋〕朱子撰《楚辭集註》八卷、《辨證》二卷、《後語》六卷

《四庫全書簡明目錄》解題：

〔宋〕朱子撰。以屈原所作二十五篇為《離騷》，宋玉以下十六篇為《續離騷》。隨文詮釋，各註以比興賦字，如毛亨《詩傳》例。其糾駁舊註者，別為《辨證》。又刊定晁補之《續楚辭》、《變離騷》二書，錄荀卿至呂大臨所作五十二篇，為《後語》。（卷 15，頁 578）

《玉函山房藏書簿錄》解題：

〔宋〕朱子撰。以屈原所作二十五篇為《離騷》，宋玉以下為《續離騷》。糾駁舊注，別為《辨證》。又刊定晁補之《續楚辭》、《變離騷》二書，錄荀卿至呂大臨所作五十二篇，為《後語》。（卷 18，頁 2）

（2）別集類—宋金元：如〔宋〕范純仁撰《范忠宣集》二十卷、《奏議》二
　　卷、《遺文》一卷、《附錄》一卷、《補編》一卷

　《四庫全書簡明目錄》解題：

　　〔宋〕范純仁撰。集凡詩五卷，文十二卷。其末三卷，爲國史列傳
　　及行狀奏議，所載始於治平元年爲殿中侍御史，迄於元祐八年再入
　　相，皆舊本也。《遺文》載其弟純禮、純粹之文二十八篇。《附錄》
　　爲諸賢論頌。《補遺》載純仁尺牘一首，附以制詞題跋，皆其裔孫能
　　濬所輯。（卷 15，頁 627）

　《玉函山房藏書簿錄》解題：

　　文正公子凡詩五卷，文十二卷。末三卷，爲國史列傳及行狀也。《奏
　　議》始於治平元年，迄元祐八年，皆舊本。《遺文》載其弟純信、純
　　禮、純粹文二十八篇。《附錄》爲諸賢論頌。《補編》載忠宣尺牘一
　　首，附以初制題跋，皆其裔孫能濬所輯。（卷 20，頁 8）

（3）別集類—漢至隋：如〔周〕庾信撰、〔國朝〕吳兆宜箋注《庾開府集箋
　　注》十卷

　《四庫全書簡明目錄》解題：

　　考《倪瓚集》，有與齊學士借《庾子山集》書，則信集在元末尚有傳
　　本，至明遂佚。此本蓋從諸書鈔撮，已非其舊。胡渭欲爲作註而未
　　竟，兆宜採其遺稿，與徐樹穀等補綴成書。（卷 15，頁 583）

　《玉函山房藏書簿錄》解題：

　　考《倪瓚集》，有與齊學士借《庾子山集》書，則信集在元末尚有傳
　　本，至明遂佚。此本視張溥所輯爲詳。箋注稿本，採取胡渭與徐樹
　　穀等補綴，極見博貽。（卷 18，頁 40）

（4）總集類：如〔元〕蘇天爵編《元文類》七十卷

　《四庫全書簡明目錄》解題：

　　〔元〕蘇天爵編。其書成於元統二年。凡分四十有三類。所錄諸作，
　　自元初迄延祐，正元文極盛之日，而天爵妙解文章，工於鑑別，其
　　去取又極精審，故與姚鉉《唐文粹》、呂祖謙《宋文鑑》鼎立而三，
　　莫能更續。程敏政《明文衡》努力繼之，然論者終不以配三書也。（卷
　　19，頁 847）

　《玉函山房藏書簿錄》解題：

〔元〕監察御史眞定蘇天爵伯修編。書成於元統二年。凡分四十三
類。錄元初迄延祐之文，工於鑑別，去取精當，可與姚氏《唐文粹》、
呂氏《宋文鑑》稱鼎足焉。（卷 24，頁 9）

（5）詩文評類：如〔宋〕陳師道撰《後山詩話》一卷

《四庫全書簡明目錄》解題：

舊本題〔宋〕陳師道撰。陸游《老學庵筆記》，嘗疑其依託；而魏衍
《集記》，又有其名。今考所稱教塘雷大使事，在師道身後，其僞可
知。然持論雖多出入，亦頗有中肯之語。疑師道原有《詩話》，其本
散佚，好事者以意補之也。（卷 20，頁 873）

《玉函山房藏書簿錄》解題：

〔宋〕彭城陳師道無已撰。陸游《老學庵筆記》，疑其依託；而魏衍
《集記》，又有其名。以書所稱教塘雷大使事，在陳後，放翁疑其僞，
不爲無見。然持論多中肯之語，實深於此道者意。陳本有《詩話》，
後人或增益之歟？（卷 25，頁 3）

（二）增 補

馬國翰所撰《玉函山房藏書簿錄》解題，雖多本《四庫全書簡明目錄》
而作，然其中於書名、成書原委、撰者、篇目、篇卷、內容、分類、流傳、
評價、序跋文、後人考證等，較《四庫全書簡明目錄》多有補充，實可藉爲
參稽。茲舉數例，述之於後。

1. 增補書名者

對一書之書名含義、命名淵源多有補述，甚且對書之異名亦有交代。如：

（1）〔漢〕趙爽注、〔後周〕甄鸞述、〔唐〕李淳風釋《周髀算經》二卷

《四庫全書簡明目錄》解題云：

是書爲相傳古本，莫知誰作。其算法爲句股之祖，其推步即蓋天之術。
歐羅巴法，實從此出。注爲趙爽作，《隋志》作趙嬰，未詳孰是。音
義爲李籍作。原本舛譌，今據《永樂大典》所載宋本補脫字一百四十
七，正誤字一百一十三，刪衍字一十八，補圖二。（卷 11，頁 401）

《玉函山房藏書簿錄》解題增補云：

周髀者，古蓋天之學。髀者，股也。以勾股法度天地之高厚，日月
之運行。其書自周公受於商高，周人志之，故云周髀也。（卷 15，

頁 31）

（2）張機撰《傷寒論注》十卷

《四庫全書簡明目錄》解題云：

> 《傷寒論》，〔漢〕張機撰，〔晉〕王叔和編，〔金〕成無己註。機書自明以來，爲諸家竄改殆盡，惟無己所註，猶爲古本。《明理論》五十篇、《論方》二十篇，皆無己所撰，以發明機意也。（卷 10，頁 379）
>
> （卷 10，頁 379）

《玉函山房藏書簿錄》解題增補云：

> 書又名《傷寒卒病論》，凡一百一十二方。（卷 16，頁 20）

2. 增補成書原委者

記一書之成書原委，其書之主旨亦可概見。如：

（1）〔唐〕李延壽撰《南史》八十卷

《四庫全書簡明目錄》解題云：

> 〔唐〕李延壽撰。是書與《北史》出一手，而義例頗爲兩歧。大抵因四史舊文，稍爲刪潤。補闕者少，削繁者多。不及《北史》成一家之言，特較四史稍爲簡要而已。（卷 5，頁 186）

《玉函山房藏書簿錄》解題增補云：

> 父太師多識前世舊事，擬《春秋》編年，刊究南北事未成而歿，延壽乃追終先志。（卷 8，頁 6）

（2）〔宋〕趙令時撰《侯鯖錄》八卷

《四庫全書簡明目錄》解題云：

> 〔宋〕趙令時撰。令時晚節頹唐，而早年坐與蘇軾游，入元祐黨籍。所往還酬唱，皆一代勝流，故耳染目濡，典型終在。所記前輩遺事，及詩話文評，皆斐然可觀。（卷 14，頁 540）

《玉函山房藏書簿錄》解題增補云：

> 蓋嘗與蘇文忠論列諸儒先佳詩緒，論逸事與夫書傳中隱語奇字，及世共見聞而不知出處者，冥搜遠證，以成是編。（卷 14，頁 23）

3. 增補撰著者

關於撰者之時代、姓名、字號、爵里多有詳載，甚且於撰者之軼事掌故、立身行己亦補充甚多，較《四庫全書簡明目錄》更爲詳贍。如：

（1）〔宋〕吳處厚撰《青箱雜記》十卷

《四庫全書簡明目錄》解題云：

〔宋〕吳處厚撰。所記多當代見聞，亦多詩話。處厚人不足道，而吟咏則頗工。故其論詩之語，往往可取。（卷 14，頁 539）

《玉函山房藏書簿錄》解題增補云：

居（處）厚知漢陽時，得「鸚鵡洲、鸕鶿堰」佳對，躍破浴盆，吟咏之事，固所癖嗜也。（卷 14，頁 22）

（2）〔唐〕**錢起撰《錢仲文集》十卷**

《四庫全書簡明目錄》解題云：

〔唐〕錢起撰。大歷以還，詩格頓變，十子實爲之職志，起其首也。其集晁公武《讀書志》作二卷，此本十卷，蓋後人所分集。末〈江行〉絕句一百首，皆錢珝之詩，然孫附祖集，亦無不可，故今仍並錄之。（卷 15，頁 593）

《玉函山房藏書簿錄》解題增補云：

時與韓翃、李端輩十人，號十才子，形於圖畫。又與郎士元齊名，人爲之語曰：「前有沈、宋，後有錢、郎。」大歷詩格自十子頓變。仲文五古，往往近於右丞。（卷 19，頁 10）

（3）〔唐〕**李賀撰《昌谷集》四卷**

《四庫全書簡明目錄》解題云：

〔唐〕李賀撰。《幽閒鼓吹》謂賀詩爲其表兄投溷中，故流傳者少。此自指李藩所收而言，若賀所自編，杜牧所序，則自今猶在也。賀於詩家爲別派，其牧〈序〉謂其少加以理，可奴僕命《騷》。不知賀詩別趣在於不可解以理，使必出於理，則不能措詞。吞刀吐火之幻人，使操作常業，何所施其技哉！（卷 15，頁 599）

《玉函山房藏書簿錄》解題增補云：

李自少苦吟，每旦出騎弱馬，小奚奴背詩囊隨後，遇所得投其中。暮歸母探囊得屬草，即怒曰：「是兒嘔出心乃已。」其詩幽豔，人謂之鬼才。（卷 19，頁 13）

4. **增補篇目者**

補述一書之篇目，可粗窺一書之端倪。如：

（1）〔明〕**徐元大（太）《喻林》一百二十卷**

《四庫全書簡明目錄》解題云：

〔明〕徐元太撰。採古人設譬之詞，分類編輯，凡十門五百八十餘
子目。其體例爲古所未有，其徵引古籍，具列書名，又仿《資暇集》、
《演繁露》之例，併註其篇目卷第，尤明人之所不能。（卷 14，頁
525）

《玉函山房藏書簿錄》解題增補云：

造化、人事、君道、臣術、德行、文章、學業、政治、性理、物宜，
凡十門。分五百八十餘子目，引書四百餘家。（卷 16，頁 48）

（2）〔明〕何俊良（良俊）撰《何氏語林》三十卷

《四庫全書簡明目錄》解題云：

〔明〕何良俊撰。是書襲裴啓《語林》之名，而體例門目則因劉
義慶《世說新語》，益以宋、齊以後之事，併原書爲二千七百餘條。
每條之下，併自爲之註。剪裁鎔鑄，皆雅有體裁。（卷 12，頁 551）

《玉函山房藏書簿錄》解題增補云：

共三十八篇，總計二千七百八十六事。（卷 14，頁 42）

（3）〔魏〕劉徽注、〔唐〕李淳風奉敕注釋《九章算術》九卷

《四庫全書簡明目錄》解題云：

不著撰人名氏。疑漢、魏人所述。或以爲孫武作者，誤也。原本譌
缺，今從《永樂大典》校正。舊有甄鸞、李淳風注，今則佚矣。（卷
10，頁 409）

《玉函山房藏書簿錄》解題增補云：

九章者，方田一，粟米二，衰分三，少廣四，商功五，均輸六，盈
不足七，方程八，勾股九，各爲一卷。（卷 15，頁 34）

5. 增補篇卷分合者

徵引前人書目，以見一書篇卷分合、異同之情形。如：

（1）〔漢〕鄭元撰《周易鄭康成注》一卷

《四庫全書簡明目錄》解題云：

〔漢〕鄭玄撰。原本散佚，此本乃〔宋〕末王應麟採諸書所引，衰
合而成。（卷 1，頁 2）

《玉函山房藏書簿錄》解題增補云：

《七錄》十二卷，《舊唐志》同。《隋志》九卷。《新唐書》、《釋文序
錄》並十卷。《崇文總目》載止〈說卦〉一卷。原書散佚，〔宋〕禮

部尚書浚儀王應麟伯厚輯此卷，附刊玉海後。（卷2，頁4）

（2）《竹書紀年》二卷

《四庫全書簡明目錄》解題云：

是書稱魏之《史記》，由汲郡人發冢而得。《晉書》具載其事。沈約
作註，《隋志》亦載其名。然證以諸書所引，與今本多不相符。註文
亦多勦取《宋書‧符瑞志》，蓋又依託之僞本。以流傳已久，存之耳。
（卷5，頁191）

《玉函山房藏書簿錄》解題增補云：

凡十三篇。《隋志》十二卷，《新、舊唐志》並十四卷，今本止二卷，
題梁沈約注。案：《梁書‧沈約傳》不言注《竹書紀年》。（卷8，頁
10）

（3）〔漢〕張機撰《金匱要略論注》二十四卷

《四庫全書簡明目錄》解題云：

〔漢〕張機撰，〔國朝〕徐彬註。是書本〔晉〕王叔和所編，世罕傳
本，〔宋〕王洙始於秘閣錄出，凡二十五篇，二百六十二方。爲醫雜
證者之祖本。彬所註亦頗明顯。（卷10，頁379）

《玉函山房藏書簿錄》解題增補云：

《書錄解題》作三卷，《文獻通考》作《金匱玉函經》八卷，今本
爲徐彬所訂，以方次證候之下衍爲論注，治雜證者祖之。（卷16，
頁20）

6. 增補內容者

闡明一書之內容、大旨。如：

（1）〔宋〕葉隆禮奉敕撰《契丹國志》二十七卷

《四庫全書簡明目錄》解題云：

〔宋〕葉隆禮撰，乃奉詔所編。凡帝紀十二卷，列傳七卷，雜記舊
事者八卷，大抵掇拾傳聞，不能有所考證，誕妄疏漏，皆所不免。
然三史未成以前，紀遼事者，惟此書僅存，固不能不以少見珍。惟
書中忽內宋外遼，忽內遼外宋，茫無體例；又所引胡安國諸說，尤
多紕漏，今恪遵指示，重爲訂正，乃協千古之至公。（卷5，頁209）

《玉函山房藏書簿錄》解題增補云：

述契丹自阿保機初興，迄於天祚，凡二百餘載之事，略仿紀傳體。

前有始興本末九主年譜，末附宋臣紀錄諸蕃國雜記、歲時雜記等。（卷8，頁18）

（2）〔明〕吳有性撰《溫疫論》二卷

《四庫全書簡明目錄》解題云：

〔明〕吳有性撰。其說以傷寒中脈絡，因表入裡；溫疫之氣，自口鼻而入，伏於膜原，在不表不裡之間，治法迥異，乃著此書，以辨別之。蓋崇禎辛巳，疫氣蔓延數省，以傷寒法治之，多死。因推究而得其病源也。（卷10，頁397）

《玉函山房藏書簿錄》解題增補云：

書中大旨謂，疫之病，非風、非寒、非暑、非濕，乃天地間別有一種異氣所感。其傳有九，設方治之。自病原至乘除，凡四十九章，首附案一篇。（卷16，頁32）

7. 增補分類者

記一書於歷代書志類目上之歸屬、異同，其中間明部次群書之所由。如：

（1）〔漢〕劉向校定、〔後漢〕高誘注、〔宋〕姚宏補《戰國策》三十三卷

《四庫全書簡明目錄》解題云：

舊本題〔漢〕高誘註。今考其書，實〔宋〕姚宏因誘註殘本而補之。其中二卷至四卷、六卷至十卷，爲誘原註，餘皆宏所補註也。今分題二家之名，以存其實。（卷5，頁215）

《玉函山房藏書簿錄》解題增補云：

晁氏《讀書志》入子部縱橫家，《文獻通考》因之，不若《隋、唐志》入雜史之爲安也。（卷8，頁20）

（2）〔晉〕干寶《搜神記》八卷

《四庫全書簡明目錄》解題云：

舊本題〔晉〕干寶撰。證以古書所引，或有或無。其第六、第七卷，乃全鈔《續漢書・五行志》，一字不更，殆亦出於依託。然猶爲多見古書之人，聯綴舊文，傅以他說。故核其體例，儼然唐以前書，非諦審詳稽，不能知其僞也。（卷14，頁554）

《玉函山房藏書簿錄》解題增補云：

《隋志》入雜傳記，《唐志》入小說，並三十卷，《宋志》小說家有干寶《搜神總記》十卷。（卷14，頁2）

8. 評價的增補

或徵引諸家之評騭，或馬氏自下論斷，一書之特色、優劣，已可概見。

（1）後世之評論：如

甲、〔宋〕俞廷椿撰《周禮復古篇》一卷

《四庫全書簡明目錄》解題云：

> 〔宋〕俞廷椿撰。其說謂《冬官》不亡，特錯簡置五官之中，因割裂顛倒，以足其數。遂開說《周禮》者補亡一派。錄存其書，著變亂古經，自是人始。（卷2，頁75）

《玉函山房藏書簿錄》解題增補云：

> 陳深譏其如無主之田，而五人爲之耕，其不墾而傷也者，希矣。徐常吉亦謂，此足而彼虧，昔惟《冬官》之闕，而今則五官俱闕也。乃徐即登取之，以爲有功於《周禮》，不亦慎乎？（卷4，頁2）

乙、〔金〕張從正撰《儒門事親》十五卷

《四庫全書簡明目錄》解題云：

> 〔金〕張從正撰。其曰儒門事親者，以爲儒者能明其理，而事親當知醫也。其術以汗、吐、下三法治諸證，頗不可以立訓。而用之得宜，取效亦捷。在因證而消息之耳。（卷10，頁389）

《玉函山房藏書簿錄》解題增補云：

> 《金史·方技》有傳，稱其貫穿難素之學，其法宗劉守眞，用藥多寒涼，然起疾救死，多能取效。又曰，張子和汗下吐法，妄庸淺術，習其方劑，不知察脈原病，往往殺人，此庸醫所以失其傳之過也。（卷16，頁26、27）

（2）馬國翰之評論：如

甲、〔國朝〕毛奇齡撰《春秋占筮書》三卷

《四庫全書簡明目錄》解題云：

> 〔國朝〕毛奇齡撰。摭《春秋傳》所載占筮，以明古人之《易》學，實爲《易》作，非爲《春秋》作也。（卷1，頁31）

《玉函山房藏書簿錄》解題增補云：

> 〔宋〕程迥《古易占法》發其凡，不及此書之詳賅。（卷2，頁35）

乙、〔宋〕蔡絛撰《鐵圍山叢談》六卷

《四庫全書簡明目錄》解題云：

〔宋〕蔡絛撰。絛爲蔡京之子，故是書多爲其父飾非。然絛頗嫻翰
墨，又預直中禁。於朝廷令典，知之爲詳，故所記徽宗時一切制作
始末，乃多足以資考證。鷙獸當殂，而骨革不害其適用，則是書亦
未可竟廢也。（卷14，頁541）

《玉函山房藏書簿錄》解題增補云：

此編如北伐之緣，靖康之禍，諉咎于王黼諸人，多爲其父飾非。且
於一切濫邀恩寵，津津樂道。梁谿費袞斥爲無忌憚之小人，宜矣。（卷
14，頁26）

9. 增補序、跋文者

或迻錄原文，不削一字，則一書之大旨、得失得以彰明，而部分有價值
之序、跋資料亦是以略存；或不錄其文，僅記存目者，亦有資考校。如：

（1）〔明〕張原撰《玉坡奏議》五卷

《四庫全書簡明目錄》解題云：

〔明〕張原撰。原兩任給事中，中更遷謫而志不少挫。於權璫國戚，
動相折抑，可謂不負其官。《明史》偶失立傳，今錄其奏議，以表章
其風采焉。（卷6，頁229）

《玉函山房藏書簿錄》解題增補云：

喬世寧〈序〉稱其：「甲申封事，忠憤激烈，抗志委身。」王承裕題
辭云：「利害滿前，何敗趨避，諫諍報上，惟知奮勵，其身雖死，其
烈則著，如玉坡者，可謂有歲寒之心已。」（卷9，頁20）

（2）孔鮒撰《孔叢子》三卷

《四庫全書簡明目錄》解題云：

舊本題陳勝博士孔鮒撰。凡二十一篇。末爲《連叢子》上、下兩篇，
題〔漢〕孔臧撰。皆依託也。然《隋志》著錄，其來已久。且亦綴
合孔氏之遺文，故相沿莫之廢焉。（卷9，頁339）

《玉函山房藏書簿錄》解題增補云：

朱子以其文軟弱，不類西京。李濂題辭謂：「或子豐季彥輩集先世遺
文而成之，故其書東京始行。」晁公武疑即《漢志》所載孔甲盤盂。
按：顏師古云：「甲黃帝史或曰夏帝孔甲。」其非此書，斷然矣。（卷
11，頁3）

10. 增補後人考證者

引錄後人之考證，以辨一書撰者時代、篇卷存佚等問題，以便參證。如：

（1）夏侯陽撰《夏侯陽算經》三卷

《四庫全書簡明目錄》解題云：

> 舊本題夏侯陽撰。時代未詳。《唐志》載有甄鸞注，則北周以前人也。原本久佚，今從《永樂大典》錄出。凡十有二門。其法務切實用，雖九章古法，非官曹民事所必需者，亦略而不載，於古算經中最爲簡要。（卷 11，頁 411）

《玉函山房藏書簿錄》解題增補云：

> 戴氏震據《宋·禮志》載算學祀典有云：「封魏劉徽淄川男，晉姜岌成紀男，張邱建信成男，夏侯陽平陸男，後周甄鸞無極男。」又據《張邱建算經》序云：「夏侯陽之方倉。」以陽爲晉人，在甄鸞前。……《新唐志》有甄鸞、韓延注各一卷，今本無之。戴氏又據書中言諸量及雜令、田令皆隋制，以爲韓延，隋人。以己說纂入，序亦延所作，亦有見也。（卷 15，頁 36）

（2）〔晉〕皇甫謐撰《高士傳》三卷

《四庫全書簡明目錄》解題云：

> 〔晉〕皇甫謐撰。原書本載七十二人，見《續博物志》。此本乃九十六人，蓋原書散佚，後人摭《太平御覽》所引，鈔合成編，而益以所引嵇康《高士傳》十條，故真僞參半，人數轉多於原本也。（卷 6，頁 236）

《玉函山房藏書簿錄》解題增補云：

> 陳仁錫《四書人物備考》引《高士傳·晨門荷蕢》皆有贊，今本無之，則猶有缺佚也。（卷 9，頁 25）

綜上所述，可知馬國翰撰寫《玉函山房藏書簿錄》解題時，實取鑑、鈔錄《四庫全書簡明目錄》頗多，但不可否認，馬國翰亦同時旁搜歷代書目、史傳、文集、雜說等資料，以增補《四庫全書簡明目錄》之罅漏，尤其是在書名闡釋、撰者行事、成書原委、篇目名稱、篇卷分合、內容大旨、分類異同、前人序跋、諸家評價等方面之收錄與增益，最是可觀。而《玉函山房藏書簿錄》所著錄之《四庫》未收書或《四庫》後出之書，馬氏爲其撰著之解題亦簡扼、切當，這是《四庫全書簡明目錄》一書中無法得見的，杜澤遜師認爲：

持與二十世紀三、四十年代東方文化事業委員會所修《續修四庫提
　要》相比，亦能顯示出馬國翰《簿錄》文簡而義明的一面。〔註4〕
馬國翰其力學之功勤，由此可見。

第二節　《玉函山房藏書簿錄》之分類

〔宋〕鄭樵《通志·校讎略》中〈編次必謹類例論〉條，闡述類例之重
要云：

> 學之不專者，爲書之不明也；書之不明者，爲類例之不分也。有專
> 門之書，則有專門之學；有專門之學，則有世守之能。人守其學，
> 學守其書，書守其類。人有存沒，而學不息；世有變故，而書不亡。
> 以今之書，校古之書，百無一存，其故何哉？士卒之亡者，由部伍
> 之法不明也。書籍之亡者，由類例之法不分也。類例分，則百家九
> 流，各有條理，雖亡而不能亡也。〔註5〕

又曰：

> 類例既分，學術自明，以其先後本末具在。觀圖譜者，可以知圖譜
> 之所始；觀名數者，可以知名數之相承。〔註6〕

〔清〕王鳴盛《十七史商榷》卷一「《史記》一·《史記集解》」條，甚且說：

> 目錄之學，學中第一緊要事，必從此問塗，方能得其門而入，然此
> 事非苦學精究，質之良師，未易明也。〔註7〕

近人昌彼得、潘美月《中國目錄學》亦肯定目錄功用之廣，舉其要者凡八：

　　一、治學涉徑的指導。
　　二、鑑別古籍的真偽。
　　三、可考典籍的存佚。
　　四、藉知佚書的概略內容。
　　五、可核書名的異同。

〔註4〕杜澤遜師：〈馬國翰與《玉函山房藏書簿錄》〉，《文獻》2002年第2期（2002
　　　年4月），頁229。
〔註5〕〔宋〕鄭樵撰、王樹民點校：《通志·二十略》（北京：中華書局，1995年
　　　11月），頁1804。
〔註6〕同前註。
〔註7〕〔清〕王鳴盛：《十七史商榷》（上海：上海古籍出版社，1997年，《續修四庫
　　　全書》本，第452冊），頁192。

六、檢覈古書篇名的分合及卷帙的增減。

七、可考古書的完缺。

八、可考古籍的版刻源流,而識其優劣異同。〔註8〕

書目分類之重要,於斯可見。而歷代傳統分類法中常見的六分法、七分法、四分法雖各有所長,但四部分類自《隋書·經籍志》採用以來,後續為官修目錄如《舊唐書·經籍志》、《崇文總目》、《新唐書·藝文志》、《宋史·藝文志》、《四庫全書總目》等;私家目錄如《郡齋讀書志》、《遂初堂書目》、《直齋書錄解題》、《百川書志》、《鄭堂讀書記》、《鐵琴銅劍樓藏書目》等普遍接受,儼然為中國古代目錄分類的主流,余嘉錫《目錄學發微·目錄類例之沿革》對此一現象有所說明:

> 夫部類之分合,隨宜而定。書之多寡及性質既變,則部類亦隨之而變。《七略》之易為四部,亦勢使然也。四部之法行之既久,人以為便。其間雖有李淑、鄭樵之徒,紛紛改作,取四部之書離析之為若干類。然一家之言,人所不用。經史子集之名,遂相沿至今不廢。

〔註9〕

馬國翰《玉函山房藏書簿錄》即是採用四部分類法的原則,使所藏圖書典籍各歸其類。不過,馬國翰《玉函山房藏書簿錄》雖運用了四部分類以部次甲乙,然其內部也做了析併增省的工作,既有繼承也有創新,適足以反映出「玉函山房」藏書累積的實際狀況、當時學術之發展,亦可看出馬國翰目錄分類之觀念。以下先介紹《玉函山房藏書簿錄》分類之概況,接著說明《玉函山房藏書簿錄》門類設置之特色,兼論其承襲之所由與創新之功。

一、《玉函山房藏書簿錄》分類情形

《玉函山房藏書簿錄》二十五卷,全書共分五編,卷一為首編,著錄清代御纂欽定之書,依經、史、子、集部次;卷二至卷七為經編;卷八至卷十為史編;卷十一至十七為子編;卷十八至二十五為集編。經、史、子、集四編下又細分門類,為類五十七。其中經編禮類、小學類以及子編陰陽家類、譜錄類,類下又細分為屬,計二十二屬。茲將《玉函山房藏書簿錄》所分類

〔註8〕 昌彼得、潘美月:《中國目錄學》(台北:文史哲出版社,1991年10月初版2刷),頁19~27。

〔註9〕 余嘉錫:《余嘉錫說文獻學》(上海:上海古籍出版社,2001年3月),頁142。

目，條列於下，並各舉二書爲例。

（一）首　編

　　以下分立經、史、子、集四部。收錄清代御纂、欽定之書，如李光地等奉敕撰《御纂周易折衷》二十二卷、傅恒等奉敕撰《御纂周易述義》十卷等。

（二）經　編

1. 易類：如《古周易》一卷、〔周〕卜商撰《子夏易傳殘本》二卷等。
2. 書類：如《尚書》十二卷、舊傳孔子撰《書序》二卷等。
3. 詩類：如〔漢〕毛亨撰《毛詩故訓傳》三十卷、〔周〕卜商撰《詩序》一卷等。
4. 禮類：下分五目
　　（1）周禮之屬：如〔漢〕鄭元注、〔唐〕賈公彥疏《周禮注疏》四十二卷、〔唐〕陸德明撰《周禮釋文》二卷等。
　　（2）儀禮之屬：如〔漢〕鄭元注、〔唐〕賈公彥疏《儀禮注疏》五十二卷、〔唐〕陸德明撰《儀禮釋文》一卷等。
　　（3）禮記之屬：如〔漢〕戴聖刪定《禮記》二十卷、〔元〕吳澄撰《禮記纂言》三十六卷等；亦收《大學》、《中庸》之單獨著述，如〔宋〕眞德秀撰《大學衍義》四十二卷、〔國朝〕毛奇齡撰《中庸說》五卷等，而兼論《學》、《庸》者亦屬之，如〔明〕景星撰《大學中庸集說啓蒙》二卷、〔明〕王徵撰《學庸書解》一卷等。
　　（4）大戴禮記之屬：藉以收錄有關《大戴禮記》之書籍。如〔漢〕戴德撰《大戴禮記》十三卷、〔宋〕傅崧卿撰《夏小正戴氏傳》四卷等。
　　（5）通禮之屬：如〔宋〕聶崇義撰《三禮圖集注》二十卷、〔宋〕陳祥道撰《禮書》一百五十卷等。
5. 樂類：如〔漢〕蔡邕撰《琴操》二卷、〔唐〕孫廣撰《嘯旨》一卷等。
6. 春秋類：如〔周〕左邱明傳《春秋左傳》三十卷、左邱明撰《國語》二十一卷等。
7. 孝經類：如《古文孝經》一卷、〔後漢〕鄭元撰《孝經鄭注》一卷等。
8. 論語類：如〔魏〕何晏等集《論語集解義疏》十卷、〔唐〕韓愈撰《論語筆解》一卷等。

9. 孟子類：如〔漢〕趙歧撰《孟子注》十四卷、〔宋〕司馬光撰《疑孟》
一卷等；有關孟子之生平傳略亦附於內，如〔國朝〕閻若璩
撰《孟子生卒年月考》一卷、〔國朝〕曹之升撰《孟子年譜》
二卷等。

10. 爾雅類：收論諸經訓詁音釋者。如《爾雅》二卷、〔漢〕揚雄《方言》
十三卷等。

11. 經總類：綜論、考疏群經者皆屬之。如〔後漢〕班固撰《白虎通德論》
四卷、〔唐〕陸德明撰《經典釋文》。

12. 四書類：通論四書者屬之。如〔宋〕朱子《四書或問》三十九卷、〔元〕
陳天祥《四書辨疑》等。

13. 擬經類：收錄仿作經書以闡述自己思想主張，或是書名涉及十三經經
名之典籍者，如〔漢〕揚雄撰《太元經》十卷、〔後周〕衛元
嵩撰《元包經傳》五卷等。

14. 經緯類：說經之緯書入此類。如〔後漢〕鄭元注《易緯稽覽圖》二卷、
〔明〕孫瑴編《古微書》三十六卷等。

15. 小學類：下分四目
（1）禮教之屬：如〔周〕管夷吾撰《弟子職》一卷、〔後漢〕班昭撰
《女誡》一卷等。
（2）字書之屬：如〔漢〕史游撰《急就篇》四卷、〔後漢〕許慎撰《說
文解字》三十卷等。
（3）韻書之屬：如撰人缺《廣韻》五卷、〔宋〕丁度奉敕撰《集韻》
十卷等。
（4）石經之屬：如《魏三體石經遺字考》一卷、《石經尚書》十三卷
等。

（三）史　編

1. 正史類：如〔漢〕司馬遷撰《史記》一百三十卷、〔漢〕班固撰《漢書》
一百二十卷等。

2. 編年類：如〔周〕史臣撰《穆天子傳》六卷、《竹書紀年》二卷等。

3. 別史類：私人以紀傳體撰述之史書入此類。如〔宋〕曾鞏傳《隆平集》
二十卷、〔宋〕蘇轍撰《古史》六十卷等書。

4. 雜史類：如〔漢〕劉向《戰國策》三十三卷、〔漢〕袁康撰《越絕書》

十五卷等。

5. 霸史類：如：〔晉〕常璩撰《華陽國志》十二卷、〔後魏〕崔鴻撰《十六國春秋》等書。

6. 故事類：如〔後漢〕蔡邕撰《獨斷》二卷、〔晉〕葛洪撰《西京雜記》六卷等。

7. 職官類：如〔漢〕王隆撰《漢官解詁》一卷、〔吳〕丁孚撰《漢儀》一卷等。

8. 儀注類：如〔漢〕叔孫通撰《漢禮器制度》一卷、〔漢〕衛宏撰《漢舊儀》二卷等。

9. 刑法類：如〔唐〕長孫無忌等撰《唐律疏義》三十卷、〔宋〕王鍵撰《刑書釋名》一卷等。

10. 奏議類：如〔唐〕陸贄撰《宣公奏議》四卷、〔宋〕范仲淹撰《政府奏議》二卷等。

11. 雜傳記類：如〔漢〕劉向撰《列女傳》七卷、〔唐〕陳鴻撰《長恨歌傳》一卷等。

12. 譜系類：如撰人缺《世本》一卷、撰人缺《先聖年譜》一卷等。

13. 地理類：如撰人缺《三輔黃圖》一卷、〔宋〕宋敏求撰《長安志》二十卷等。

14. 目錄類：如〔宋〕晁公武撰《郡齋讀書志》四卷、〔國朝〕李調元撰《諸家藏書簿》一卷等。

15. 史評類：如〔唐〕劉知幾撰《史通》二十卷、〔宋〕孫甫撰《唐史論斷》三卷等。

16. 史鈔類：如〔明〕王世貞撰《綱鑑會纂》四十六卷、〔明〕穆文熙撰《四史鴻裁》四十卷等。

（四）子　編

1. 儒家類：如〔魏〕王肅注《孔子家語》二十一卷、〔周〕曾參撰《曾子》四卷等。

2. 道家類：如舊題黃帝撰《陰符經解》一卷、〔周〕李耳撰《道德經》二卷等。

3. 釋家類：如〔姚秦〕鳩摩羅什譯《妙法蓮華經》七卷、〔唐〕守遂注《佛說四十二章經》一卷等。

4. 勸善書類：參合儒、釋、道而足以警世者，入此類。如《太上感應編》一卷、《元天上帝寶訓》一卷。

5. 法家類：如〔周〕管夷吾撰《管子》二十四卷、〔周〕公孫鞅撰《商子》五卷等。

6. 名家類：如〔周〕鄧析撰《鄧析子》一卷、〔周〕尹文撰《尹文子》一卷等。

7. 墨家類：如〔周〕墨翟撰《墨子》十五卷、《墨子》一卷等。

8. 縱橫家類：如撰人缺《鬼谷子》一卷、〔唐〕趙蕤撰《長短經》九卷等。

9. 雜家類：如〔周〕尸佼撰《尸子》三卷、〔漢〕劉安撰《淮南子》二十一卷等。

10. 農家類：如〔後漢〕崔實撰《四民月令》一卷、〔後魏〕賈思勰撰《齊民要術》十卷等。

11. 小說家類：如撰人缺《燕丹子》三卷、〔漢〕東方朔撰《神異經》一卷等。

12. 陰陽家類：下分四目
　（1）卜宅之屬：論擇地、建屋、鑿井、安竈者皆屬之。如：舊題黃帝撰《宅經》二卷、〔唐〕李淳風撰《鑿井圖經》一卷
　（2）祿命之屬：推算命造之吉凶禍福者屬之。如：舊題鬼谷子撰《命理前定數》一卷、〔宋〕陳摶撰《紫微斗數》四卷等。
　（3）卜葬之屬：如〔晉〕郭璞撰《葬經》二卷、〔唐〕邱子翼撰《素書》四卷。
　（4）選擇之屬：擇日之書，皆入此類。如撰人缺《太乙經》一卷、撰人缺《六壬大全》十二卷等。

13. 兵家類：如風后撰《握奇經》一卷、舊題〔周〕呂望撰《六韜》六卷等。

14. 天文類：如舊題甘公、石申撰《星經》二卷、丹元子撰《步天歌》一卷等。

15. 歷譜類：如舊題〔漢〕徐岳撰《術數記遺》一卷、〔魏〕劉徽撰《海島算經》一卷。

16. 五行類：如黃帝撰《黃帝龍首經》二卷、撰人缺《風角書》二卷。

17. 蓍龜類：以蓍草、龜甲爲主要占卜工具者屬之。如：舊題阮咸注《古

　　三墳》一卷、撰人缺《龜經》一卷等。

18. 雜占類：如《靈棋經》一卷、〔漢〕東方朔撰《東方朔占書》一卷等。

19. 形法類：如舊傳夏禹及伯益撰《山海經》十八卷、舊題甯戚撰《相牛經》一卷等。

20. 醫方類：如炎帝撰《神農本草經》三卷、〔漢〕張機撰《金匱要略論注》二十四卷等。

21. 類書類：如〔梁〕孝元皇帝撰《古今同姓名錄》二卷、〔唐〕歐陽詢、裴矩等撰《藝文類聚》一百卷等。

22. 譜錄類：下分九目。

（1）金石之屬：如〔宋〕歐陽修撰《集古錄》二十卷、〔宋〕黃伯思撰《法帖刊誤》一卷等。

（2）書畫之屬：如〔南齊〕謝赫撰《古畫品錄》一卷、〔梁〕庾肩吾撰《書品》一卷等。

（3）文房之屬：如〔宋〕蘇易簡撰《文房四譜》五卷、〔宋〕唐積撰《歙州硯譜》一卷等。

（4）人事之屬：凡關涉人情、事務，堪人欣賞、或具清幽隱逸之致者皆入之，範圍遍及音樂、遊戲、書法、武蹈、體育等方面。如〔宋〕林洪撰《山家清事》一卷、〔明〕張鑒撰《賞心樂事》一卷。

（5）雜器物之屬：如〔梁〕陶宏景撰《古今刀劍錄》一卷、〔陳〕虞荔撰《鼎錄》一卷等。

（6）飲饌之屬：如〔唐〕韋巨源撰《食譜》一卷、〔唐〕陸羽撰《茶經》三卷等。

（7）草木之屬：如〔宋〕戴凱之撰《竹譜》一卷、〔唐〕侯寧極撰《藥譜》一卷等。

（8）禽魚之屬：如：舊題師曠撰《禽經》一卷、〔宋〕傅肱撰《蟹譜》二卷等。

（9）藝玩之屬：遊戲、雜技之書屬之。如：〔梁〕沈約撰《棋品》一卷、〔唐〕李翱撰《五木經》一卷等。

（五）集　編

1. 楚辭類：如〔後漢〕王逸撰《楚辭章句》十七卷、〔宋〕楊萬里撰《天問天對解》一卷等。

2. 別集類：依時代之序、數量之多寡分爲六細目：

    （1）漢至隋：如〔漢〕賈誼撰《賈長沙集》一卷、〔隋〕薛道衡撰《薛司隸集》一卷等。

    （2）唐至五代：如〔唐〕虞世南撰《虞世南集》一卷、〔五代〕劉兼撰《劉兼詩》一卷等。

    （3）宋金元：如〔宋〕潘閬撰《逍遙集》一卷、〔元〕吳海撰《聞過齋集》四卷等。

    （4）明：如〔明〕高皇帝御製《明太祖文集》二十卷、〔明〕王端淑撰《吟紅集》三十卷等。

    （5）國朝上：如〔國朝〕愼郡王撰《花間堂詩鈔》一卷、〔國朝〕張有瀾撰《泛槎吟》一卷等。

    （6）國朝下：如〔國朝〕沈廷芳撰《隱拙齋文鈔》六卷、〔國朝〕張芝仙撰《竹牎遺稿》四卷等。

3. 總集類：如〔梁〕蕭統編《昭明文選》六十卷、〔國朝〕王鎮編《南藤雅韻集》一卷等。

4. 詩文評類：如〔梁〕劉勰撰《文心雕龍》十卷、〔梁〕鍾嶸撰《詩品》三卷等。

二、《玉函山房藏書簿錄》門類設置之承襲與創新

以下茲依首編—清代御纂欽定之書以及經、史、子、集四編類目之序，論述其分類較爲特別者，試圖探究所承何來，或明其創立之功。

（一）清代御纂欽定之書

馬國翰於《玉函山房藏書簿錄》首編即收錄清代御纂、欽定之書。此一類目之設立與排列位置，蓋有所承。傅榮賢於《中國古代圖書分類學研究》中將「制書」一類的沿革歷程敘之甚詳：

> 焦竑《國史經籍志》於經史子集四部之前首設「制書」大類，專收帝王之作。其序云：「今之所錄，亦準勘例，以當代見存之書，統於四部，而御制諸書則冠其首焉。」《文淵閣書目》首列「國朝」類，收錄明代御制、敕撰、政書、實錄等書。《江東藏書目》也以制書獨立一類。作者陸深在〈序言〉中說：「聖作物睹，一代彰矣，宣聖從

周，遵一統故也。特爲一錄，以次宸章令甲，示不敢瀆云，目爲制書。」《玩易樓藏書目》：「首重王言，故一曰制。」《菉竹堂書目》：「先之以制，尊朝廷也。」章學誠《論修史籍考要略》也提出「制書宜尊」、「禁例宜明」的主張。《四庫總目》凡例說御制書「各從門目，弁於國朝著述之前。」……制書類的設置及其在分類目錄中的一貫前置的排列，其人倫隱含，是不彰自顯的。〔註10〕

而《玉函山房藏書簿錄》於分類方式上取資甚多的朱氏《經義考》亦於通篇之首設有「御注、敕撰」一類，用以收錄清朝帝王之作品，此一分類觀點對馬國翰的影響自是可想而知。

（二）經 編

經編方面，茲舉禮類、論語類、孟子類、四書類、爾雅類、經總類、擬經類、經緯類及小學類論述之。

1. 禮 類

自《文淵閣書目》將傳統經部中的禮類典籍細分爲「周禮」、「儀禮」、「禮書」等三子目後，後有《經義考》、《四庫全書總目》等沿用其例，分類上則更加細緻，《經義考》細分爲「周禮」、「儀禮」、「禮記」、「通禮」等四子目；《四庫全書總目》則區分爲「周禮」、「儀禮」、「禮記」、「三禮通義」、「通禮」、「雜禮書」等六子目。馬國翰《玉函山房藏書簿錄》參酌諸家觀點，將其家藏禮類之書析分爲「周禮」、「儀禮」、「禮記」、「大戴禮記」、「通禮」等五子目。五子目中尤以將「大戴禮記」獨立成目最爲特殊，此目共收錄《大戴禮記》等十一部書，藉以安置此類撰著。

2. 論語類、孟子類、四書類

周彥文《千頃堂書目研究》云：

> 自《隋志》以來，在經部中將《論語》、《孟子》及《四書》各立爲一類者，實以《千頃目》爲首創。〔註11〕

此一分類法後爲朱彝尊《經義考》所採用，楊果霖《朱彝尊經義考研究》云：

> 竹垞所列「四書」類目，實是針對書名中有「四書」之名者，至於

〔註10〕 傅榮賢：《中國古代圖書分類學研究》（台北：台灣學生書局，1999 年 8 月），頁 130。

〔註11〕 周彥文：《千頃堂書目研究》（台北：東吳大學中文研究所博士論文，1985 年 4 月），頁 148。

《論語》一類，則別立「論語」一目以繫之。有關《孟子》一類的典籍，列入「孟子」類。至於《論》、《孟》並舉者，由於數量不多，故列入「論語」類以繫之，不另取互著之法，以免雜亂章法。至於《大學》、《中庸》二書，原係從《禮記》中裁篇而出，故將其置入「禮記」一類。〔註12〕

此與《玉函山房藏書簿錄》中「論語」、「孟子」、「四書」三目諸書之配隸標準大致相同，知馬國翰《玉函山房藏書簿錄》所立「論語」、「孟子」、「四書」三目，承自《千頃堂書目》與《經義考》，怠無疑義。然，此一分類觀點備受爭議，並不爲多數學者所接受，周彥文指出：

自南宋朱熹合併《論》、《孟》、《學》、《庸》四書以來，《大學》及《中庸》即可說已脫離《禮記》之範圍。故就南宋以來的學術而論，《論》、《孟》、《學》、《庸》及合解四書之著作，應置同一類內，方可彰顯學術之變遷，以達目錄學「辨章學術，考鏡源流」之功效。再就目錄學之體制而論，以大包小，於理爲合。是以《千頃目》既已立四書類，即可將《論》、《孟》、《學》、《庸》之單獨著述一併隸屬之。〔註13〕

胡楚生《中國目錄學》亦云：

《大學》、《中庸》，本《小戴記》中二篇，《唐志》以上，雖有單本獨行之篇，亦隨《禮記》而著於「禮類」之中，自宋代淳熙年間，合爲《四書》，元代延祐年間，懸爲功令，《明史‧藝文志》遂於經部別立「四書」一類，《四庫總目》從之，自是單行之《論》、《孟》、《學》、《庸》等書，亦多爲滲入四書類中矣。〔註14〕

是以既立「四書」者，則應不便設有「論語」、「孟子」二類，避免性質重複。《玉函山房藏書簿錄》既置「四書類」，又復立「論語類」、「孟子類」，則諸類典籍之分類標準，勢必出現牴牾之現象。且馬國翰依朱氏《經義考》之例，將有關《孟子》一類的典籍，皆列入「孟子」類，如閻若璩撰《孟子生卒年月考》、曹之升撰《孟子年譜》皆置入「孟子類」，則有分類不當之嫌，朱氏

〔註12〕楊果霖：《朱彝尊經義考研究》（台北：中國文化大學中文研究所博士論文，2000 年 6 月），頁 336。

〔註13〕同註 11，頁 181～182。

〔註14〕胡楚生：《中國目錄學》（台北：文史哲出版社，1995 年 9 月），頁 115～116。

《經義考》爲一經學之專科目錄，在分類的觀點上，有擴大收錄之現象，以提供使用者更多的參考內容，無可厚非，但以《玉函山房藏書簿錄》一藏書目錄而言，如此之分類方式，恐失之粗略。

3. 爾雅類

「爾雅」一類獨立成目，乃爲朱彝尊《經義考》所首創，藉以收錄此類典籍。馬國翰《玉函山房藏書簿錄》援引其例，並將具有訓詁性質之書亦予以收入，共收錄《爾雅》二卷、孔鮒撰《小爾雅》一卷、揚雄撰《方言》十三卷等二十七部書。儘管從《隋書·經籍志》以下，歷來簿錄學者大多將此《爾雅》類的典籍列入「詁訓類」或「小學類」，「爾雅」從未獨立成類，但「爾雅」類的獨立成目，周彥文《中國目錄學理論》亦持肯定的看法：

> 事實上《爾雅》一書是以解釋經書和諸子書中的難字爲主，和一般字典性質的字書是不盡相同的。所以《隋書·經籍志》經部雖有小學類，仍不將《爾雅》隸入，而是將之視爲與「五經總義」之屬的書同義，併入論語類中。我們若再上推到《漢書·藝文志》，情況也頗類似。《漢書·藝文志》雖有小學類，但亦不隸《爾雅》，而是將之隸入童蒙必讀的孝經類中。由此可見，《爾雅》一書自始即與小學類中所收的字書不同義。再加上唐代以後，《爾雅》昇格爲「經」，將它隸入不屬於經書的小學類諸書中更是不妥。所以，無論從任何角度來看，《爾雅》均應獨立成一類才對。〔註15〕

楊果霖亦云：

> 由於《爾雅》已收入「十三經」的範疇，故其獨立成目，與《詩》、《書》、《易》諸類典籍並列，實屬形勢所致，並無不當之處。〔註16〕

不過，馬國翰於《玉函山房藏書簿錄》所立之「爾雅」類，其收錄依據顯然並非與《經義考》一致，除收錄《爾雅》相關書籍外，還兼收具有訓詁性質之書籍，如揚雄撰《方言》、顏籀撰《匡謬正俗》、陸佃撰《埤雅》等皆置入「爾雅」類，其類目之歸併不僅與傳統分類觀念相左，且咸以「爾雅」之名統攝，難免有名實不符之嫌。

4. 經總類

關於「經總類」之沿革，胡楚生《中國目錄學》云：

〔註15〕周彥文：《中國目錄學理論》（台北：台灣學生書局，1995 年 9 月），頁 51。
〔註16〕同註 12，頁 332。

《漢志》以「五經雜議」十八篇附入「孝經類」,《隋志》以「五經異義」、「五經大義」、「五經雜義」等書附於「論語類」,《舊唐書·經籍志》始立「經解類」,《新唐志》、《宋志》等皆因其例,至《遂初堂書目》改爲「經總」,《國史經籍志》改稱「經總解」,《明史·藝文志》改稱「諸經」,名稱又異,至於《四庫總目》訂爲「五經總義」,名稱既定,不復更改。〔註17〕

可見,《玉函山房藏書簿錄》所立「經總類」之名,蓋襲自《遂初堂書目》,至於與他家書目所定之名雖有小異,但收錄之概念應大抵相仿。然,馬國翰於此一類目中,卻出現浮濫、誤併之現象,除收錄綜論群經之籍外,也兼收「類書」〔註18〕、「雜家」〔註19〕、「別集」〔註20〕之書,頗爲紊雜。

5. 擬經類

「擬經」一類,爲朱彝尊《經義考》所首創,馬國翰《簿錄·太元經》解題云:

> 《隋、唐》志皆列儒家,朱氏《經義考》別爲擬經一類,首此書,今依用之。(卷6,頁29)

又《簿錄·楚史檮杌》解題云:

> 朱氏《經義考》入二書於擬經,云:「《乘》與《檮杌》不可謂經,然亦春秋之類,附識於此,今依用。」(卷6,頁35)

觀是,知此一類目設置之概念實承自《經義考》。而此目收錄之對象,楊果霖《朱彝尊經義考研究》云:

> 「擬經」類典籍的收錄標準,是將有關經書仿作的典籍,或是書名涉及十三經經名的典籍,悉數收入此目。一般而言,刻意僞作的作品,若作品保有原有書名,卻無正經經名者,則置入原經;若書名涉有正經之名者,則改隸「擬經」類。〔註21〕

〔註17〕同註14,頁116～117。

〔註18〕如《玉函山房藏書簿錄》卷6,頁5,錄有〔明〕羅萬藻《十三經類語》一書,《四庫全書總目》置入「子部·類書類」。見〔清〕永瑢、紀昀等撰:《欽定四庫全書總目》,卷138,頁2717。

〔註19〕如《玉函山房藏書簿錄》卷6,頁6,錄有〔清〕閻若璩《潛邱箚記》一書,《四庫全書總目》置入「子部·雜家類·雜考之屬」。同前註,卷119,頁2388。

〔註20〕如《玉函山房藏書簿錄》卷6,頁7,錄有〔清〕沈彤《果堂集》一書,《四庫全書總目》置入「集部·別集類」。同前註,卷173,頁3515。

〔註21〕同註12,頁346。

馬國翰雖依循朱彝尊之主張立「擬經」之目，然此目所收內容與《經義考》並非完全相同，其中亦有朱氏《經義考》中原入「擬經」類，而於《玉函山房藏書簿錄》中改隸他類之例，如：朱氏《經義考》「擬經」類中的《越絕書》、《吳越春秋》、《晏子春秋》等書，馬國翰認爲：「或爲雜史或爲儒家，雖用《春秋》之名，實非擬經也。」（《簿錄·楚史檮杌》，卷6，頁35），是以馬國翰刪去朱彝尊浮濫訛增之例。翁方綱《經義考補正·趙氏吳越春秋》解題亦云：

> 按：《越絕書》以下至《吳越春秋傳》凡六種，皆非擬經，當刪。
>
> 〔註22〕

可見二人所持觀點不謀而合。

6. 經緯類

胡楚生《中國目錄學》云：

> 讖緯之書，盛於東漢，故班固《漢志》，尚不著錄，及至《隋志》，始立「緯書」一類，降至陳氏《直齋書錄解題》及馬氏《經籍考》，猶有「讖緯」之類，然《隋志》小序，即已有言，謂宋代大明中，已禁圖讖，隋代煬帝即位，盡焚讖緯之書，故焦竑《國史經籍志》以下，並無讖緯之類，亦以其書，焚毀殆盡之故也。〔註23〕

可知，自焦竑《國史經籍志》以下，「讖緯」一類之類目，幾已難見於各家書目之中。後，朱氏《經義考》立有「毖緯」一類，以記說經之緯書，楊果霖《朱彝尊經義考研究》指出：

> 竹垞編輯的目的，既通考古今，不以存書多寡爲判斷的準繩，讖緯之書雖極其罕見，但其援陰陽術數以解經說，仍不失爲經學的旁支。
>
> 〔註24〕

此一類目得以再現。馬國翰《玉函山房藏書簿錄》於此類書雖僅收十部、八十八卷，但仍本《經義考》將之獨立成目，惟將類名改爲「經緯類」，名雖小異，其實相仿。此一類目之設置，益加彰顯馬國翰藏書之實際狀況與特色。

7. 小學類

「小學」一目，歷代簿錄學家皆予採用，但所收之書卻多有不同。張舜

〔註22〕翁方綱：《經義考補正》（台北：廣文書局，1968年3月，《書目續編》本），卷11，頁8。
〔註23〕同註14，頁117。
〔註24〕同註12，頁345。

徵《四庫提要敍講疏》云：

> 蓋有漢世之所謂小學，有宋人之所謂小學，有清儒之所謂小學。自
> 不可強而一之，學者不容不辨。劉《略》班《志》以《史籀》、《倉
> 頡》、《凡將》、《急就》諸篇列爲小學，不與《爾雅》、《小雅》、《古
> 今字》相雜。尋其遺文，則皆繫聯一切常用之字，以四言、七言編
> 爲韻語，便於幼童記誦，猶今日通行之《千字文》、《百家姓》之類，
> 此漢世之所謂小學也。迨朱子輯古人嘉言懿行，啓誘童蒙，名曰《小
> 學》，其後馬端臨《經籍考》列之經部小學類，此宋人之所謂小學也。
> 《四庫總目》以《爾雅》之屬歸諸訓詁；《說文》之屬歸諸文字；《廣
> 韻》之屬歸諸韻書；而總題曰小學。此清儒之所謂小學也。〔註25〕

知「小學」一類內容龐雜，歷代隸類標準不一，各家所析子目自是紛歧，而
馬國翰將小學類區隔爲禮教、字書、韻書、石經等四屬，相較於有清一代之
藏書目錄而言，可謂少見。以下就禮教、石經二子目加以說明。

（1）禮教之屬

此一子目共收錄〔周〕管夷吾撰《弟子職》、〔宋〕朱子撰《童蒙須知》、
〔明〕屠羲時撰《童子禮》等三十六部。胡楚生《中國目錄學》云：

> 《白虎通·辟雍章》云：「古者八歲入小學，始有識，知入學，學書
> 計。十五成童，志明，入大學，學經術。」《漢書·食貨志》亦云：
> 「古者八歲入小學，學六甲、五方、書計之事，始知室家長幼之節。
> 十五入大學，學先聖禮樂，而知朝廷君臣之禮。」是知古之所謂小
> 學，本與大學相對，凡童蒙所宜學習之事，如書體幼儀等，皆包含
> 之，而不得以字學專稱小學之名也。〔註26〕

由上列引文得知，馬國翰於「小學類」釐出「禮教」一目，乃溯及古義，分
類更爲細緻。

（2）石經之屬

馬國翰遊宦陝西多年，得西安府儒學石刻本頗眾，馬國翰承襲《隋書·
經籍志》、《舊唐書·經籍志》、《新唐書·藝文志》之例，將石經之類的典籍，
以「小學類」繫之，更進而依循朱氏《經義考》之作法，〔註27〕將「石經」

〔註25〕張舜徽：《四庫提要敍講疏》（台北：台灣學生書局，2002年3月），頁58。
〔註26〕同註14，頁116。
〔註27〕楊果霖《朱彝尊經義考研究》：「《經義考》雖非專收石經的書目，但竹垞設有

區隔成目，使石經書目得以歸併於同一類目之下，對於考察其學術發展的過程，頗有助益。此一類目共收錄《魏三體石經遺字考》、《唐石臺孝經》、《石經尚書》等十七部。

（三）史　編

史編方面，茲舉奏議類、雜傳記類、史評類及史鈔類論述之。

1. 奏議類

《四庫全書總目》「詔令奏議類」小序云：

> 《文獻通考》始以奏議自爲一門，亦居集末。考《漢志》載《奏事》十八篇，列《戰國策》、《史記》之間，附《春秋》末。則論事之文，當歸史部，其證昭然。今亦併改隸，俾易與紀傳互考焉。〔註28〕

「奏議」獨立成類，始於《文獻通考》，但仍沿《通志・藝文略》「表章、奏議」二目及《遂初堂書目》、《直齋書錄解題》「章奏類」置之集部。〔註29〕馬國翰將「奏議類」置於史編，應是近承《四庫全書總目》，惟《玉函山房藏書簿錄》並未收錄「詔令」一類書籍，故刪減《四庫全書總目》「詔令、奏議」之類名，僅存「奏議」一門。

2. 雜傳記類

歷代書目中，「雜傳記」之名首見於《新唐書・藝文志》。《玉函山房藏書簿錄》該類目之設立不僅是承襲自《新唐書・藝文志》，亦可能受到宋代《太平廣記》之影響，因《玉函山房藏書簿錄》「雜傳記」類中所收內容除「敘一人之始末者」、「敘一事之始末者」外，〔註30〕實亦著錄了許多《太平廣記》第484至492卷「雜傳記」類中所收之唐代傳奇，如：陳鴻《長恨歌傳》一卷與《東城老父傳》一卷、白行簡《李娃傳》一卷、薛調《劉無雙傳》一卷、蔣防《霍小玉傳》、牛僧孺《周秦行記》一卷、撰人缺《冥音錄》一卷、皇甫枚《步非煙傳》一卷等。且馬國翰於《玉函山房藏書簿錄》「雜傳記」類諸書之解題中，亦每每提及《太平廣記》一書，如：《簿錄・章臺柳傳》一卷，解題云：

「刊石」一目，藉以收繫歷朝石經之屬，對於瞭解經學的流傳過程，或是經義的探討，皆能提供助益。」同註12，頁346。

〔註28〕〔清〕永瑢、紀昀等撰：《欽定四庫全書總目》，卷55，頁1175。

〔註29〕《遂初堂書目》、《直齋書錄解題》皆未標明四部，但二者「章奏類」之排列處應仍可視爲傳統書目中的集部。

〔註30〕〔清〕永瑢、紀昀等撰：《欽定四庫全書總目・傳記類二・跋尾》，卷58，頁1265。

　　《太平廣記》卷四百八十五載此作《柳氏傳》。（卷9，頁29）
又《簿錄・會眞記》一卷，解題云：

　　《太平廣記》卷四百八十八雜傳載此作《鶯鶯傳》。（卷9，頁30）
由此推之，《玉函山房藏書簿錄》「雜傳記」類之設置應該也受到《太平廣記》「雜傳記」類不小的影響。馬國翰於此類目中所收錄的書籍，在《四庫全書總目》中有入史部傳記類如《驂鸞錄》、《吳船錄》；有入雜史類如《平叛記》；有入子部釋家類如《神僧傳》；有入道家類如《列仙傳》《韓仙傳》；有入小說家類如《漢武內傳》；有入雜家類如《麟書》；有入類書類如《聖賢群輔錄》，馬氏將這些典籍一併歸入此類，顯然有類例不純、失當之處。不過，誠如〔宋〕鄭樵所言：

　　古今編書，所不能分者五，一曰傳記，二曰雜家，三曰小說，四曰
　　雜史，五曰故事，凡此五類之書，足相紊亂。〔註31〕
此類書籍之分類、隸屬，實屬不易。

3. 史評類及史鈔類

　　「史評類」首見於〔宋〕晁公武《郡齋讀書志》；「史鈔類」首見於《宋史・藝文志》，而於史部分立「史評類」與「史鈔類」，則是〔明〕高儒《百川書志》所首創，後代書目如〔明〕祁承爜《澹生堂藏書目》、《四庫全書總目》沿襲此一系統，馬國翰亦用此例，將考辨史體、論斷史事者別立爲史評類，所收書如〔唐〕劉知幾《史通》、〔宋〕孫甫《唐史論斷》、〔宋〕唐庚《三國雜事》、〔明〕凌稚隆《漢書評林》等；鈔撮史籍之書者立爲史鈔類，所收書如〔明〕王世貞《綱鑑會纂》、〔明〕穆文熙《四史鴻裁》、〔國朝〕鄭元慶《二十一史約編》、〔國朝〕李元春《綱目大戰錄》等。

（四）子　編

　　子編方面，茲舉勸善書類、法家類、名家類、墨家類、縱橫家類、陰陽家類、歷譜類、蓍龜類、雜占類、形法類、譜錄類論述之。

1. 勸善書類

　　關於善書的著錄，在《文淵閣書目》〔註32〕、《寶文堂書目》〔註33〕等目

〔註31〕〔宋〕鄭樵撰、王樹民點校：《通志・二十略》，頁1817。
〔註32〕《文淵閣書目》「道書類」（張字號一廚）收有《太上感應篇》一部二冊、《譚景昇化書》一部一冊、《梓潼化書》一部一冊等。見〔明〕楊士奇：《文淵閣書目》（北京：書目文獻出版社，1994年1月，《明代書目題跋叢刊》本（上）），頁162～164。

錄書中都可以看得到，或歸於「道書類」或置入「道藏類」，然「勸善書」之類名，則首見於馬國翰《玉函山房藏書簿錄》。馬國翰於《簿錄·太上感應編》解題云：

> 此等書以道家之感應，參佛氏之因果，有合於吾儒福善禍淫之旨。
> 神道設教，可以警世。（卷12，頁29）

知「勸善書類」所收均係與勸善化俗有關之書籍，而馬國翰將其自「道書」、「道藏」等類鬘出，創立為一類，分類益加詳明。

2. 法家類、名家類、墨家類、縱橫家類

《玉函山房藏書簿錄》中「法家類」僅收錄〔周〕管夷吾《管子》、〔明〕朱長春《管子榷》、〔周〕公孫鞅《商子》、〔周〕慎到《慎子》、〔周〕韓非《韓非子》等五部；「名家類」收〔周〕鄧析《鄧析子》、〔周〕尹文《尹文子》、〔周〕公孫龍《公孫龍子》、〔魏〕劉邵《人物志》等四部；「墨家類」及「縱橫家類」也分別只有〔周〕墨翟《墨子》十五卷本、《墨子》一卷本和撰人缺《鬼谷子》、趙蕤《長短經》等二部，數量都很少，但馬國翰仍皆予以獨立專門，可見馬國翰《玉函山房藏書簿錄》之立類準則並不因書籍數量問題而產生門類合併之現象，周彥文《中國目錄學理論》云：

> 清代章學誠在《校讎通義》卷一即說：目錄學的功用，在於「辨章學術，考鏡源流」。若從這個觀點來編書目，那麼無論數量多寡，只要是能獨立成一學派，或是可以自成一類的論著，都該成立一個類目來轄屬它，這樣學術體系才可藉由目錄書籍來彰顯。〔註34〕

馬國翰雖未明言其書籍歸類之準則為何，不過，從設立這些書籍數量極少的類目看來，馬國翰《玉函山藏書簿錄》的編制亦是從「辨章學術，考鏡源流」之觀點來部次條別的。

3. 陰陽家類

《簿錄·宅經》解題云：

> 《隋志》於十家黜陰陽，凡陰陽書皆混入五行家類，自後史志遂皆無陰陽一家。……考《漢志》陰陽家流，……又考《唐書·呂才

〔註33〕《寶文堂書目》「道藏類」收有《梓潼帝君化書》、《老子化書》、《太上感應篇》、《太微仙君功過格》等。見〔明〕晁瑮：《寶文堂書目》，同前註，頁798～800。

〔註34〕周彥文：《中國目錄學理論》，頁50。

傳》……。《唐志》五行類有呂才《陰陽書》五十三卷，廣濟《陰陽
百忌歷》一卷，則選擇亦陰陽之一也。茲據出陰陽家類，以卜宅、
祿命、卜葬、選擇四目屬之，列於九家後，既存《漢志》之舊名，
亦微寓黜退之意云。（卷15，頁1）

馬國翰據《漢書·藝文志》存陰陽家一門，且以卜宅、祿命、卜葬、選擇四
目屬之。然誠如《直齋書錄解題》卷十二「陰陽家類」小序曰：

自司馬氏論九流，其後劉歆《七略》、班固《藝文志》皆著陰陽家，
而「天文」、「曆譜」、「五行」、「卜筮」、「形法」之屬，別爲《數術
略》。其論陰陽家者流，蓋出於羲和之官，欽若昊天，曆象日月星辰。
拘者爲之，則牽於禁忌，泥於小數。至其論數術，則又以爲羲和、
卜史之流。……然則陰陽之與數術，亦未有以大異也。不知當時何
以別之。豈此論其理，彼具其術耶？〔註35〕

〔元〕馬端臨《文獻通考·經籍考》「形法類」小序後按曰：

今《班志》中五行、卜筮、形法之書，雖不盡存，而後世尚能知其
名義，獨其所謂陰陽家二十一種之書，並無一存，而《隋史》遂不
立陰陽門，蓋隋、唐間已不能知其名義，故無由以後來所著之書，
續立此門矣。然《隋書》、《唐書》及宋九朝史，凡涉乎術數者，總
以五行一門包之，殊欠分別，獨《中興史志》乃用《班志》舊例，
以五行、占卜、形法各自爲門，今從之。〔註36〕

陳振孫雖然有陰陽家「論其理」，數術家「具其術」的推論，然而亦不得不承
認「陰陽之與術數，亦未有以大異也」，可知陰陽家與術數間之區分本非易事。
《文獻通考·經籍考》且以爲陰陽家之書皆未留存，故無由再立此門。然《玉
函山房藏書簿錄》不僅立有「陰陽家類」，且又別立「歷譜」、「五行類」、「蓍
龜」、「雜占」、「形法」等門目，分類雖可謂細密，但圖籍之歸類實易產生部
次混淆的現象。

　　若將《玉函山房藏書簿錄》所收書與《四庫全書總目》相較，則此「陰陽
家類」與《四庫全書總目》「數術類」中之相宅相墓、命書相書、雜技術等目所

〔註35〕〔宋〕陳振孫：《直齋書錄解題》（台北：廣文書局，1979年5月再版，《書目
　　　　續編》本），頁23、24。
〔註36〕〔元〕馬端臨：《文獻通考》（台北：新興書局，1958年10月），卷219，經
　　　　籍46，頁1778。

收書內容並無太大差異，惟類名之歧異而已。以下就《玉函山房藏書簿錄》及
《四庫全書總目》中，列舉其中相同題名典籍數例，著錄類別差異如下：

題名 ＼ 書目	《宅經》	《三命通會》	《撼龍經》	《六壬大全》	《佐元直指》
《玉函山房藏書簿錄》	子編	子編	子編	子編	子編
	陰陽家類	陰陽家類	陰陽家類	陰陽家類	陰陽家類
	卜宅之屬	祿命之屬	卜葬之屬	選擇之屬	選擇之屬
《四庫全書總目》	子部	子部	子部	子部	子部
	術數類	術數類	術數類	術數類	術數類
	相宅相墓之屬	命書相書之屬	相宅相墓	命書相書之屬	雜技術之屬

4. 歷譜類

此一類名，蓋承自《漢書‧藝文志》，《漢書‧藝文志》「歷譜類」敘云：

> 歷譜者，序四時之位，正分至之節，會日月五星之辰，以考寒暑殺
> 生之實。故聖王必正歷數，以定三統服色之制，又以探知五星日月
> 之會。凶厄之患，吉隆之喜，其術皆出焉。此聖人知命之術也，非
> 天下之至材，其孰與焉！道之亂也，患出於小人而強欲知天道者，
> 壞大以爲小，削遠以爲近，是以道術破碎而難知也。〔註37〕

不過，馬國翰於該類所收書幾乎都是算術之書，如舊題〔漢〕徐岳《術數記遺》、
〔魏〕劉徽注、〔唐〕李淳風奉敕注釋《九章算術》、〔魏〕劉徽撰並注《海島算
經》、撰人缺《孫子算經》、〔後周〕《五經算術》等，共31部，其中《九章算術》、
《海島算經》、《夏侯陽算經》等書，於《四庫全書總目》中皆入「天文、算法
類」之「算書」一目，然馬氏以爲歷譜與天文有別，《簿錄‧學歷說》解題即有
言：「辨天文、歷法二者之不同，……說極有見。」（卷15，頁20），故於「天
文類」之外，仍依《漢書‧藝文志》之例別立「歷譜類」，以收繫此類書籍。

5. 蓍龜類

《漢書‧藝文志》「蓍龜類」敘云：

> 蓍龜者，聖人之所用也。《書》曰：「女則有大疑，謀及卜筮。」《易》
> 曰：「定天下之吉凶，成天下之亹亹者，莫善於蓍龜。」「是故君子

〔註37〕　〔漢〕班固撰、〔唐〕顏師古注：《漢書》（台北：鼎文書局，1986年10月第
　　　　6版），頁1767。

將有爲也,將有行也,問焉而以言,其受命也如嚮,無有遠近幽深,遂知來物。非天下之至精,其孰能與於此!」及至衰世,解於齊戒,而妻煩卜筮,神明不應。故筮瀆不告,《易》以爲忌;龜厭不告,《詩》以爲刺。〔註38〕

《四庫全書總目》「占卜之屬」案語云:

案:《漢志》、《隋志》皆立「蓍龜」一門,此爲古法言之也。後世非惟龜卜廢,併蓍亦改爲錢卜矣。今於凡依託《易》義因數以觀吉凶者,統謂之占卜。(卷109,頁2157)

《四庫全書總目》所言固當,然《玉函山房藏書簿錄》爲一私家藏書目錄,分類較爲細緻,故仍依《漢書·藝文志》例,立此一類,以收蓍龜占卜之書。

6. 雜占類

《漢書·藝文志》「雜占類」敘云:

雜占者,紀百事之象,候善惡之徵。《易》曰:「占事知來。」眾占非一,而夢爲大,故周有其官。而《詩》載熊羆虺蛇眾魚旐旟之夢,著明大人之占,以考吉凶,蓋參卜筮。春秋之說訞也,曰:「人之所忌,其氣炎以取之,訞由人興也。人失常則訞興,人無釁焉,訞不自作。」故曰:「德勝不祥,義厭不惠。」桑穀共生,大戊以興;雊雉登鼎,武丁爲宗。然惑者不稽諸躬,而忌訞之見,是以《詩》刺「召彼故老,訊之占夢」,傷其舍本而憂末,不能勝凶咎也。〔註39〕

該類之名目實遠承《漢書·藝文志》,所收有《靈棋經》一卷、《東方朔占書》一卷、《火珠林》一卷、《夢書》一卷等,共20部、32卷。《簿錄·火珠林》解題云:

《宋志》蓍龜類有《六十四卦火珠林》一卷,即此書。法雖本於焦京,而擲錢非用蓍龜,故改入雜占類焉。(卷16,頁8)

可見馬國翰設類分隸力求清楚之堅持。

7. 形法類

《漢書·藝文志》「形法類」敘云:

形法者,大舉九州之勢,以立城郭室舍形,人及六畜骨法之度數,

〔註38〕同前註,頁1771。
〔註39〕同前註,頁1773。

器物之形容，以求其聲氣貴賤吉凶，猶律有長短，而各微其聲，非

有鬼神，數自然也。然形與氣相首尾，亦有有其形而無其氣，有其

氣而無其形，此精微之獨異也。〔註40〕

共收《山海經》十八卷、《相兒經》一卷、《月波洞中記》二卷、《演禽三世相法》一卷、《相馬經》一卷等書，共 17 部、61 卷。該類之名目亦遠紹《漢書‧藝文志》，《簿錄‧山海經》解題且云：

《隋、唐志》並入史部地理類，茲依《漢志》列形法之首焉。（卷
16，頁 13）

知該類之設立與部書受《漢書‧藝文志》影響頗深。

8. 譜錄類

「譜錄類」的設置首見於〔宋〕尤袤《遂初堂書目》，清代《四庫全書總目》繼承之，《四庫全書總目‧子部‧譜錄類》小序云：

惟尤袤《遂初堂書目》創立譜錄一門，於是別類殊名，咸歸統攝，
此亦變而能通矣。今用其例，以收諸雜書之無可繫屬者。（卷 115，
頁 2285）

於類下並設三個子目，分別是器物、食譜、草木鳥獸蟲魚。《玉函山房藏書簿錄》亦有譜錄類的設立，惟擴大收錄範圍，調整釐定細目爲金石、書畫、文房、人事、雜器物、飲饌、草木、禽魚、藝玩等九個子目。與《四庫全書總目》譜錄類相較，《玉函山房藏書簿錄》書畫之屬所收典籍，多在《四庫全書總目》藝術類～書畫之屬；藝玩之屬則多入藝術類～雜技之屬，《玉函山房藏書簿錄》未有藝術一類，殆將無類可歸者統攝歸併譜錄類。而文房之屬所屬典籍多在《四庫全書總目》譜錄類～器物之屬；雜器物之屬多在譜錄類～器物之屬；飲饌之屬多在譜錄類～飲饌之屬；草木、禽魚二屬多一同列在譜錄類～草木鳥獸蟲魚之屬，可見《玉函山房藏書簿錄》之分類較爲細密。金石之屬所收典籍，在《四庫全書總目》中有入譜錄類～器物之屬、目錄類～金石之屬、甚且有入總集類者，馬國翰誤將書名相似者皆收入該目之中，恐怕有欠精審。至於「人事」之屬的設置頗爲特別，著錄典籍多爲《四庫全書總目》所未收，且因馬氏未明言類目劃分之依據，故難以確定該一門目收書之原則，僅能從《玉函山房藏書簿錄》著錄之書名、解題中加以推敲，如

〔註40〕同前註，頁 1775。

《簿錄‧考槃餘事》解題云：

> 記服御物，皆具清幽隱逸之致。（卷 17，頁 23）

《簿錄‧一歲芳華》解題云：

> 紀十二月中，堪人欣賞之事。（卷 17，頁 24）

《簿錄‧書齋快事》解題云：

> 凡五十三事，王晫跋云：「消受人生清福」。（卷 17，頁 29）

《簿錄‧玩月約》解題云：

> 一之人，二之地，三之物，四之事，皆搜採清異者隸之。（卷 17，頁 30）

且從所收書書名爲《山家清事》、《賞心樂事》、《清閒供》、《四時歡》、《香雪齋樂事》、《芸牕雅事》、《眞率會約》等看來，大凡涉及人情事務，堪人欣賞之事，或具清幽隱逸之致者皆可入之，其所收典籍內容則涵蓋音樂、遊戲、書法、舞蹈、體育等各方面。以下列舉《玉函山房藏書簿錄》譜錄類中與《四庫全書總目》相同題名典籍（各子目舉一例），著錄類別差異如下：

書目 / 題名	《集古錄》	《古畫品錄》	《文房四譜》	《古今刀劍錄》	《茶經》
《玉函山房藏書簿錄》	子編	子編	子編	子編	子編
	譜錄類	譜錄類	譜錄類	譜錄類	譜錄類
	金石之屬	書畫之屬	文房之屬	雜器物之屬	飲饌之屬
《四庫全書總目》	史部	子部	子部	子部	子部
	目錄類	藝術類	譜錄類	譜錄類	譜錄類
	金石之屬	書畫之屬	器物之屬	器物之屬	飲饌之屬

書目 / 題名	《竹譜》	《禽經》	《五木經》	《考槃餘事》
《玉函山房藏書簿錄》	子編	子編	子編	子編
	譜錄類	譜錄類	譜錄類	譜錄類
	草木之屬	禽魚之屬	藝玩之屬	人事之屬
《四庫全書總目》	子部	子部	子部	子部
	譜錄類	譜錄類	藝術類	雜家類
	草木鳥獸蟲魚之屬	草木鳥獸蟲魚之屬	雜技之屬	雜學之屬

（五）集　編

茲舉別集類、詩文評類論述之。

1. 別集類

《玉函山房藏書簿錄》「別集」一類，收錄漢代以下，迄於清中葉的個人撰作，著錄數量多達 600 餘部，馬國翰將此龐大資料依時代之序、數量之多寡稍事均分爲：漢至隋、唐至五代、宋金元、明、國朝上、國朝下等六細目，分置卷十八至卷二十三，頗簡明可觀。

2. 詩文評類

「詩文評」之名首見於焦竑《國史經籍志》，係收錄詩文評、詩話、詞話之類的作品，與前代書目《崇文總目》、《遂初堂書目》、《直齋書錄解題》、《宋史・藝文志》等所立之「文史類」收書內容相同，惟類名不同。〔明〕祁承㸁《澹生堂藏書目錄》、《四庫全書總目》則沿用「詩文評」類名，《四庫全書總目》「詩文評類」小序云：

> 文章莫盛於兩漢。渾渾灝灝，文成法立，無格律之可拘。建安、黃初，體裁漸備，故論文之說出焉。《典論》其首也。其勒爲一書，傳於今者，則斷自劉勰、鍾嶸。勰究文體之源流，而評其工拙；嶸第作者之甲乙，而溯厥師承，爲例各殊。至皎然《詩式》，備陳法律；孟棨《本事詩》，旁採故實；劉攽《中山詩話》、歐陽修《六一詩話》，又體兼説部。後所論著，不出此五例中矣。……《隋志》附總集之內，《唐書》以下，則竝於集部之末，別立此門，豈非以其討論瑕瑜，別裁眞僞，博參廣考，亦有裨於文章歟？〔註41〕

觀此小序，知《玉函山房藏書簿錄》所立之「詩文評」類，其著錄內容方向與前代諸書目差異不大。

《玉函山房藏書簿錄》的分類方式，多是承繼前目之優點，五編之首著錄御纂、欽定之書乃受到《文淵閣書目》、《經義考》之影響，至於經、史、子、集四編細目的劃分上，則取資於《漢書・藝文志》、《隋書・經籍志》、《遂初堂書目》、《國史經籍志》、《經義考》、《四庫全書總目》等書目，尤其受《漢書・藝文志》、《隋書・經籍志》、《經義考》、《四庫全書總目》影響最爲直接、顯著。不過，於門類的設置上仍不乏創見之目，且對於歸類上極易產生混淆

〔註41〕〔清〕永瑢、紀昀等撰：《欽定四庫全書總目》，卷 195，頁 4077。

的書籍，馬國翰也能衡諸學術發展及其實際藏書情況予以重新分類，雖不免瑕瑜互見，但在在可見其對藏書部隸的用心。

第五章 《玉函山房藏書簿錄》與《玉函山房輯佚書》

第一節 清代的輯佚

　　輯佚工作是整理、研究古籍文獻的重要方法，在中國古代即有許多學者身體力行，搜羅群書、掇拾補錄，對古籍的復原作出了極大的貢獻。在宋代有高似孫、王應麟等，明代則有陶宗儀、屠喬孫、項琳、胡應麟、祁承㸁、張溥、孫瑴等，到了清代，輯佚蔚然成風，民間更是湧現出大批的輯佚名家，這些學者篤好輯佚，或在公餘之暇、或在授課之餘、或在退隱之後，孜孜矻矻，勤奮刻苦地投入此項工作，如余蕭客有《古經解鉤沉》、任大椿有《小學鉤沉》、王謨有《漢魏遺書鈔》、嚴可均有《全上古三代秦漢三國六朝文》、洪頤煊有《經典集林》、張澍有《二酉堂叢書》、茆泮林有《十種古佚書》、馬國翰有《玉函山房輯佚書》、黃奭有《黃氏逸書考》、王仁俊有《玉函山房輯佚書續編》、《玉函山房輯佚書補編》等，此外，尚有惠棟、畢沅、王復、章宗源、孫星衍、孫馮翼、臧庸、王紹蘭、汪文臺、湯球諸家，皆赫然有名、成績輝煌，難怪梁啓超稱：「吾輩尤有一事當感謝清儒者，曰輯佚。」〔註1〕以下先說明清代輯佚興盛之因、次論清代輯佚的特點，最後綜合清代輯佚的成就，期能更全面了解馬國翰於清代輯佚工作中的定位。

〔註1〕〔清〕梁啓超：《清代學術概論》（上海：上海書店，1989年10月），頁98。

一、清代輯佚興盛之因

有清一代，輯佚成就卓著，前所未有，規模和氣勢，皆遠超前人，堪稱是輯佚事業的鼎盛時期，其興盛因素，說法眾多，根據筆者分析歸納的結果，約有下列數點：

（一）官方輯佚的帶動

張舜徽認為：

> 清代學術界輯佚工作能夠普遍展開，和乾隆年間的修《四庫全書》，有著很密切的聯繫。儘管在修《四庫全書》以前，有不少私人輯佚的作品，但是大規模的搜輯佚書，還是直接受了修《四庫全書》的影響向前推動的。〔註2〕

清高宗自採納安徽學政朱筠從《永樂大典》輯取古書的建議後，即下令組織人員校核《永樂大典》，並編定《四庫全書》，可見《四庫全書》的編纂一開始便是和輯佚緊密結合的。四庫館臣先後從《永樂大典》中輯出之書，共計385 種、4926 卷，其中經部 66 種、史部 41 種、子部 103 種、集部 175 種，成果十分驚人，其中《東觀漢紀》、〔宋〕薛居正《舊五代史》、〔宋〕李燾《續資治通鑑長編》、〔元〕郝經《續後漢書》等書，都是參考價值極高的輯本。由於朝廷的重視、官方輯佚成果的豐碩，再加上當時參加此項工作者如：戴震、邵晉涵、周永年等人，也都是著名的學者，自然直接影響了社會上做學問的風氣，知識份子意識到輯佚的重要，紛紛仿傚，於是私家輯佚風起雲湧，帶動了清代輯佚的蓬勃發展。

（二）考據學的大盛

清代考據學盛極一時，考據學所講求的就是有證據的探討，博學也要博徵，每提出一種觀點或考證，無不以大量的文獻材料作為依據，所以有一批學者為了治學的方便、學術成果的提升，即著力於殘篇佚文的網羅，一方面搜采來源，一方面補足證據，力求恢復古籍的本來面目，進而求得典籍中所載之真道。所以，清代輯佚的發達，與清代考據學大盛實有相當的關係。

（三）輯佚歷史發展的必然

輯佚發展至清代已有數百年之歷史，前人的輯佚缺失，如：輯佚範圍狹隘、不記輯文出處、引書失誤、考訂未密、體例混亂等謬誤，儼然已累積到

〔註 2〕張舜徽：《中國文獻學》（台北：木鐸出版社，1983 年 9 月），頁 195。

一定的程度。力崇實學、無徵不信的多數清代學者，對於前人誤漏百出的輯佚結果自然感到不滿，所以有以前代之輯本爲基礎，加以重輯的；也有以《漢志》、《隋志》所著錄而當時已佚者，搜羅殆遍的，這些清代學者無非希望古代亡佚之書能盡可能以最完整、最詳實的面貌再次重現。此外，有清一代可資輯佚之新出材料日益增多，清代輯佚家搜羅佚書欲罷不能的熱烈心情是可以想見的。

（四）藏書風氣興盛、書業發達

輯佚須要鉅量的圖籍作爲基礎，而清代藏書風氣的興盛、坊間書肆的發達，正好爲輯佚工作提供了極爲有力的條件。清代藏書家本身亦從事輯佚工作者，大有人在，如：盧見曾、李調元、孔廣森、孫星衍、張金吾、嚴可均、馬國翰、繆荃孫等人都是，他們閎富的私人藏書，必然爲輯佚工作的發揚光大奠定了良好的基礎。

輯佚工作之所以在清代蓬勃發展，係受到官方輯佚的帶動、考據學的大盛、輯佚歷史發展的必然、藏書風氣興盛、書業發達等多種因素的影響，爲清代輯佚的繁榮與興盛提供了發皇機會。

二、清代輯佚的特點

清代輯佚工作的規模是空前未有的，其發展的過程中大抵有下列五項特點，在中國的輯佚史上有其重要的啓示作用。

（一）輯佚受到朝廷的重視與支持

清代輯佚受到朝廷的重視，以開館輯錄佚書的實際行動支持輯佚的工作，不僅參與的學者眾多且輯佚的成果亦是十分輝煌，實爲歷代所未有之盛事。清代輯佚之風氣遂因此大開。

（二）從事輯佚的人數眾多

投入輯佚工作的人數爲歷代最多，甚且出現了以輯佚爲主業的輯佚大家，如章宗源、王謨、嚴可均、馬國翰、黃奭等人，都是窮畢生之精力從事輯佚工作。

（三）輯出的文獻數量眾多

清代學者所輯出的佚書數量爲歷代最多，輯佚之對象經、史、子、集四部皆有，而所收佚書多達百種以上的大型輯佚書亦開始出現，如王謨《漢魏

遺書鈔》、馬國翰《玉函山房輯佚書》、黃奭《黃氏逸書考》等都是卷帙浩繁的鉅著。

（四）取材極為廣泛

由於清代輯佚家的刻苦勤奮以及當時可資參核的文獻載籍流布較廣，得見較易，所以無論是重輯、補充或修正舊有輯本時，其所徵引之材料皆明顯增加許多，所輯佚書之內容自然益發完備、豐富。

（五）體例趨於完備

鑑於前人所輯佚書體例多混亂不明、失誤百出，清代輯佚家對於考究佚書原來之體例、篇第，多較為重視，避免妄加臆斷，以還古佚書之原貌。佚書體例之趨於完備，對輯佚成果的質量有一定的影響。

三、清代輯佚的成就

清代輯佚蓬勃發展，規模宏大，其成果之豐碩，前所未有。以下擬將清代輯佚之成就，分成經、史、子、集四方面作一歸納整理。

（一）經部書的輯佚成就

清代考據學大盛，綜輯群經佚注儼然成為輯佚之主力。有惠棟的《九經古義》，搜摭漢儒之斷章零句；有余蕭客的《古經解鉤沉》，輯錄唐以前諸儒對《尚書》、《毛詩》、《周禮》、《禮記》、《左傳》等書之訓詁；有王謨的《漢魏遺書鈔》，至少輯錄了一百餘種經書；有馬國翰的《玉函山房輯佚書·經編》，所收之經書佚文更多達四百多種，規模最為龐大；而黃奭的《漢學堂經解》，亦收有經學佚書一百餘種，輯佚成績著實可觀。除此之外，張惠言的《周易虞氏義》、孫星衍的《尚書今古文注疏》、陳喬樅的《今文尚書經說考》、陳壽祺的《三家詩遺說考》等，都是影響甚大的經學名著。而清代學者如：任大椿所輯之《字林考逸》、《小學鉤沉》；顧震福《小學鉤沉續編》等小學著作，也都有極高的參考價值。

（二）史部書的輯佚成就

清人所輯史籍佚書中，若以時代而論，先秦古史的搜輯在清代儒者的輯佚範疇中，是備受重視的，同一作品往往出現眾人先後輯佚之情形，如：《世本》之輯考者即有王謨、孫馮翼、張澍、茆泮林、雷學淇等諸家；《竹書紀年》之輯本亦有張宗泰、雷學淇、郝懿行、洪頤煊、朱右曾等十餘家。而漢、晉、

六朝史料的輯佚，主要有姚之駰的《後漢書補遺》；畢沅的《晉太康三年地記》、《晉書地道記》；章宗源《隋書經籍志考證》的史部；孫星衍的《漢官儀》；王謨的《漢唐地理書鈔》；黃奭《黃氏逸書考‧子史鉤沉》中的史籍；汪文臺的《七家後漢書》；湯球的《九家舊晉書》、《漢晉春秋》、《十六國春秋》等。至於宋元佚史的輯佚，則有從《永樂大典》輯出之《宋會要》、《宋中興禮書》、《舊五代史》、《續資治通鑑長編》、《建炎以來繫年要錄》等，皆是卷帙多達百卷以上之鴻篇大作，爲研究宋、元歷史的珍貴寶庫。

（三）子部書的輯佚成就

　　清人所輯之子部書數量較少，嚴可均《全上古三代秦漢三國六朝文》、洪頤煊《經典集林》、馬國翰《玉函山房輯佚書》、黃奭《黃氏逸書考》等搜輯較多，其中尤以馬國翰《玉函山房輯佚書》輯有子部書達一百餘種爲最。此外，尚有任兆麟、茆泮林等人之輯本，亦著力甚多。清人所輯之桓譚《新論》、桓範《世要論》、傅玄《傅子》、葛洪《抱朴子》等都是極有價值的古書。其他如：《范子計然》、《四民月令》、《神農本草經》、《傷寒微旨論》、《九章算術》、《孫子算經》、《海島算經》、《周髀算經》、《蓋天說》、《難蓋天》、《靈憲》、《寶眞齋法書贊》、《玄玄棋經》、《棋訣》、《雙陸譜》等佚書，也爲農業、算學、醫藥、天文、藝術等方面之研究工作，提供了豐富而可靠的資料。

（四）集部書的輯佚成就

　　歷代集部諸書散佚者眾，輯佚工作益顯重要。四庫館臣從《永樂大典》輯出之宋、元人文集即有一百七十餘種。其他如：《全唐詩》、《全唐文》、《全金詩》等官府匯輯的詩文總集，都是宏篇巨帙，可供考證者甚多。此外，尚有張金吾《金文最》、李調元《全五代詩》、嚴可均《全上古三代秦漢三國六朝文》、繆荃孫《遼文存》、朱鶴齡《李義山文集》等私人輯編的詩、文總集或別集，其中尤以嚴可均《全上古三代秦漢三國六朝文》所網羅的範圍最廣，內容最爲宏富，對於中國古典文學的研究助益不小。而馬國翰《玉函山房輯佚書》中，集部佚書雖未見收，但實際上馬國翰平生亦著力於前人別集的匯輯，從馬氏《手稿存目》中著錄近二百位文人之別集殘目，即可得知。

　　在諸多條件的導引配合下，清代輯佚工作的發展十分驚人，實爲中國輯佚史上最重要的一個時期，而在此名家輩出、輯佚特色鮮明、輯佚成果可觀的清代，馬國翰的輯佚貢獻與地位，自是不容忽視的。

第二節 《玉函山房輯佚書》作者考辨

《玉函山房輯佚書》為馬國翰匯集佚書的鉅作？抑或悉出章宗源輯稿？從清至今，一直存在著頗多疑問與爭論。〔清〕朱學勤（1823～1875）、〔清〕皮錫瑞（1850～1908）、〔清〕劉錦藻（1862～1934）、沈乾一、劉節（1901～1977）、張舜徽（1911～1992）等皆持馬國翰攘竊章宗源輯佚成果之論點；〔清〕楊守敬（1839～1914）、〔清〕蔣式瑆、王重民、李慶、葉樹聲、張立敏、王君南等則為馬國翰的不白之冤極力辯誣。本章節擬就眾家說法，綜理其異同，再根據筆者管見所及之相關資料補其闕略，期能對此一問題作進一步的探討，以釐析《玉函山房輯佚書》之作者疑雲。

一、學者之誤解——《玉函山房輯佚書》為馬國翰竊掠章宗源之輯佚成果

馬國翰家境清貧，一生位居薄宦，友朋之中，亦無所謂名流顯宦者，故於當時文名並不彰顯。當《玉函山房輯佚書》輯佚成果如此驚人的一部書刊刻印行後，即有種種的不實之詞加諸馬氏身上。以下茲舉其中數家說法，以備稽考。

（一）〔清〕朱學勤

朱學勤《增補彙刻書目》云：

> 按此書（《玉函山房輯佚書》）起漢迄唐，計六百三十有二種，乃乾隆間山陰章宗源編輯，至道光間歷城馬國翰得其稿本，改序授雕，據為己有。然序文每引會稽章學誠說，猶曰家實齋，未免為讀者所董。〔註3〕

王重民對上述之說法予以極力的批駁，王重民指出：

> 朱修伯的話，未指明「家實齋」三字見于何書何序，余未遍閱《玉函山房全書》之前，未敢隨聲附和。乃發憤廢了一月之力，細閱各序，並將全書涉獵一過，所謂「家實齋」者，並未看到，則朱氏之說，恐亦耳食之談罷了。……可是《老萊子輯本》自序，卻有「家宛斯」云云，則所謂「家實齋」者，殆為神經過敏的讀者，先存馬

〔註3〕〔清〕朱學勤：《增補彙刻書目》（台北：廣文書局據光緒 12 年上海福瀛書局據朱氏增訂重編本影印，1972 年，《書目五編》本第 7 冊），頁 1843。

掠章美的觀念，恍惚其詞，因而硬添的贓證罷！〔註4〕

經筆者再次詳檢《玉函山房輯佚書》各篇序文後，知王氏所論儘管措辭強烈，但誠非虛言，朱學勤說法實屬子虛烏有之事。

（二）〔清〕皮錫瑞

皮錫瑞於《經學歷史·經學復盛時代·註七》云：

> 相傳此書爲章宗源所輯，其稿本在孫星衍處，爲歷城馬國翰所得，遂掩爲己有。但楊守敬考校本書及章氏《隋書經籍志考證》，發見詳略體例互有不同，因謂：「《玉函》非攘竊章氏書，而邇來學者群聲附和，良由馬氏平日聲稱不廣，故有斯疑」，則此尚屬未決之疑案也。〔註5〕

皮錫瑞雖在註解中對此爭議問題持保留之態度，但卻於正文敘述中直稱「章宗源《玉函山房叢書》」，〔註6〕顯然皮錫瑞對於《玉函山房輯佚書》出於馬氏之手，存有懷疑，甚至傾向於否定。

（三）〔清〕劉錦藻

劉錦藻於《清朝續文獻通考》著錄《玉函山房輯佚書》之作者云：「章宗源編，馬國翰刊。」〔註7〕劉氏且作按語云：

> 矣乾隆年間山陰章宗源編輯是書，至道光間歷城馬國翰得其稿，遂付梓人。而序錄中每引會稽章學誠說，猶曰家實齋，未及改正，國翰之攘奪，猶李光庭之於張丙炎。〔註8〕

劉錦藻同樣是將子虛烏有的「家實齋」取爲攘奪之證據，重蹈朱學勤之謬，有欠矜愼。

（四）沈乾一

沈乾一《叢書書目匯編》云：

> 案玉函山房所輯佚書，起漢訖唐，爲章氏學誠編次未定本，馬氏改

〔註4〕 王重民：〈清代兩個大輯佚書家評傳〉，收在《中國目錄學史論叢》，頁284、285。

〔註5〕〔清〕皮錫瑞撰、周予同注釋：《經學歷史》（北京：中華書局，1989年9月北京第4次印刷），頁333。

〔註6〕 同前註，頁330。

〔註7〕〔清〕劉錦藻：《清朝續文獻通考》（台北：台灣商務印書館，1987年12月台一版），卷270，經籍十四，頁考10144。

〔註8〕 同前註，頁考10146。

序授雕，今歸山東皇華館印行。〔註9〕

觀是，沈乾一亦是隨聲附和、沿襲舊說，乃未加徵實，又將章宗源誤成章學誠，離眞相更遠。

（五）劉　節

劉節於《中國史學史稿》中論及章宗源《隋書經籍志考證》時云：

清代人的著作中，輯集這一時期史著的，有章宗源的《隋書經籍志考證・史部》十三卷。……馬國翰《玉函山房輯佚書》即出自章宗源之手，而史部書最少。可見《隋書經籍志史部考證》，也是同時之輯目了。〔註10〕

劉節不儘認定《玉函山房輯佚書》即出自章氏之手，且將《玉函山房輯佚書》中所收史部書最少之因，認爲是和章宗源已另有《隋書經籍志史部考證》以爲輯集之用有關，未免失之穿鑿。

（六）張舜徽

張舜徽於《清人文集別錄・玉函山房文集五卷、續集五卷》解題中提及《玉函山房輯佚書》云：

國翰學殖浮淺，文亦庸劣，徒以彙刻《玉函山房輯佚書》致大名。

而其實攘竊章宗源未完之稿，改序付雕，論者益輕其爲人。〔註11〕

若因馬國翰文采不美而欲否定《玉函山房輯佚書》出自馬手之事實，有待商榷。

二、學者爲之辯誣——《玉函山房輯佚書》非馬國翰竊掠章宗源之輯佚成果

長久以來，《玉函山房輯佚書》雖多被認定爲攘竊之作，然亦有學者持相反之論點，楊守敬《增訂叢書舉要・玉函山房輯佚書》按語云：

或云：此書係章宗源所輯，稿本皆在孫淵如處，後爲馬氏所得，遂掩爲己有。然余考《玉函》所載「史部」僅八種，其《古文瑣語》有十五條，章氏《隋書經籍志考證》只十三條，……是《玉函》非

〔註 9〕沈乾一：《叢書書目匯編》（台北：成文出版社據民國 17 年上海醫學書局排印本影印，1978 年，《書目類編》本，第 67 冊），頁 30715。

〔註10〕劉節：《中國史學史稿》（鄭州：中州書社，1982 年 12 月），頁 342。

〔註11〕張舜徽：《清人文集別錄》（台北：明文書局，1982 年 2 月），頁 423。

攘竊章氏書。而邇來學者群聲附和,良由馬氏平日聲稱不廣,故有

斯疑與?〔註12〕

楊守敬從比較二書所輯內容之差異,加以辯析,認爲馬國翰《玉函山房輯佚書》非攘竊章氏書。後蔣式瑆所撰之《書後》三篇亦極力爲馬國翰辯誣。蔣氏主要論點有三:

(一)《隋書經籍志史部考證》各書下所附佚文,與《玉函山房輯佚書》
史部所輯,多寡不同,立說各異。

(二)《玉函山房輯佚書》所據張惠言、丁杰、臧庸、王照圓、張澍、焦
循諸家輯本及著述,其成書與雕本,皆在逢之先生卒後,非先生所
及見。

(三)《玉函山房輯佚書》序有稱某人某書已別著錄者甚多,或已散失,
或未刊行,其有原本或輯本尚存者,則指其家所藏,均著錄在他
的藏書簿錄上的意思。馬氏《藏書簿》自序上已明言之。〔註13〕

王重民贊蔣氏說法是「力避眾說,較有卓識」,〔註14〕其於〈清代兩個大輯佚書家評傳〉一文中,亦綜理前說,對於馬國翰所受之不白之冤再三考述。嗣後又有李慶、葉樹聲、張立敏、王君南相繼踵作,多有新義,惜未能作出全面且有系統的研究。有鑑於此,故筆者於下文中,擬綜括諸家論述,先從章宗源輯佚書稿之流向,檢視馬國翰竊其手稿之可能性。其次,就《玉函山房輯佚書》與章宗源《隋書經籍志考證》二書之內容進行分析與比較,藉此尋繹出二書之根本差異。最後,從馬氏所編撰之作品以及史籍等相關資料,列舉證據,以明馬國翰一生辛勤輯佚之成就。

(一)從章宗源輯佚書稿流向論之

〔清〕章宗源(1752~1800),字逢之,浙江山陰人。乾隆51年(1786)以宛平籍中式舉人。平生所輯佚書甚多,然未及雕版印行,章氏卒後,書稿即散失泰半,後經孫星衍、嚴可均、洪頤煊、馬瑞辰等人整理刊行,有十餘種流傳於世,至於其他書稿之蹤跡則不可確悉。若馬國翰剽竊說成立的話,章宗源遺稿勢必曾爲馬氏所得,不過,就現有的文獻材料看來,馬國翰於當

〔註12〕〔清〕楊守敬:《增訂叢書舉要》(武漢:湖北人民出版社,1988年4月,《楊守敬集》本,第7冊),頁954

〔註13〕王重民:〈清代兩個大輯佚書家評傳〉,收在《中國目錄學史論叢》,頁285。

〔註14〕同前註。

時能否有機會搜羅得到章宗源的輯佚書稿，其實是值得商榷的。依近代學者之研究，章氏遺稿後歸章學誠、孫星衍、葉繼雯等人，茲就所知，先分述如下：

1.〔清〕章學誠

章學誠（1738～1801），字實齋，號少岩，浙江會稽人。乾隆 43 年（1778）進士。曾主講於定武、清漳、蓮池、文正等書院，著作等身，成績卓著。章宗源於生前曾寄其所輯之逸史諸稿給章學誠，章學誠〈與邵二雲書〉一文中，有「逢之寄來逸史，甚得所用」〔註15〕句，可知，章宗源所輯史部佚書有一部分是歸章學誠所有的。而據王重民的推論，這批逸史書稿當在乾隆 59 年（1794）以前，即在章學誠手中。〔註16〕

2.〔清〕孫星衍

孫星衍（1753～1818），字淵如，又字伯淵，江蘇陽湖人。乾隆 52 年（1787）進士，授翰林院編修。歷任刑部主事、山東督糧道等職，曾主講於杭州詁經精舍及鍾山書院，其於經史、金石、文字音訓、版本目錄之學無所不通，著有《周易集解》、《孔子集語》、《岱南閣集》、《平津館金石萃編》、《平津館鑒藏書畫記》、《孫氏祠堂書目》等數十種。平生酷愛藏書、刻書且好輯佚，有關孫星衍得章氏輯佚書稿事，嚴可均〈書北堂書鈔原本後〉一文中云：

> 嘉慶中淵如約王伯申略校，伯申約錢既勤同校，……是時漢、魏、晉佚書輯本及章鳳枝佚書輯本，彙聚淵如所者，不下七、八百種。假余兩年之力，庶可蕆事，而限於齋斧，未獲竣功。今余老且病，諸輯本皆不在手，難復為力。〔註17〕

孫星衍於《古史考‧序》亦有云：

> 章孝廉，名宗源，字逢之，以對策博贍中乾隆丙午科舉人。好輯佚書，欲依《隋書經籍志》目，為之考證。所輯書滿十餘笈，始欲售之畢都部，會楚中有兵事而止。予時官山東兗沂曹濟道，欲購之未果。……（章宗源）卒于嘉慶某年某月某日，遺書遂為中書葉君繼

〔註15〕〔清〕章學誠：〈與邵二雲書〉（北京：文物出版社，1985 年 5 月，《章學誠遺書》本），頁 117。

〔註16〕同註 13，頁 287、288。

〔註17〕〔清〕嚴可均：《鐵橋漫稿‧書北堂書鈔原本後》（上海：上海古籍出版社，1995 年，《續修四庫全書》本，第 1489 冊），卷 8，頁 10。

雯所得，其波及予者，十之一二，亦無經、史要帙，此其手定稿之
一也。〔註18〕

綜上所引，可知章宗源的部分遺稿，於乾隆60年（1795）以後確實曾為孫星
衍所有，至於是否已全數刊刻印行，則無從考知。

3.〔清〕葉繼雯

葉繼雯（？～1824），字雲素，一字桐封。清湖北漢陽人。乾隆55年（1790）
進士，授內閣中書舍人，歷任文淵閣檢閱署侍讀、《會典》總纂修官、宗人府
經歷司主事、山東道監察御史、刑科給事中、禮部鑄印局員外郎等職，為朝
廷所重。著有《讀禮雜記》、《朱子外紀》等。關於葉繼雯藏有章氏遺稿事，
孫星衍云：

（章氏卒後）遺書遂為中書葉君繼雯所得。〔註19〕

又〔清〕黃奭《張璠後漢記・序》亦曾云：

章逢之孝廉，重輯華叔駿書及此記各一卷，不獨此也。凡《隋書經
籍志》所列目，積生平全力，以返其魂，竟十得八、九，戛然大觀。
惟半燼於火，半賴葉雲素先生代藏。東卿駕部，為京朝官數十年，
深以琉璃廠手民工劣價昂，開雕不易。……道光癸卯三月甘泉黃奭
右原。〔註20〕

由是推知，章氏遺稿散出後多為葉繼雯所得，且直至道光23年（1843）此批
書稿仍未雕版刊印。至於馬國翰能否從葉氏手中得此眾家覬覦的書稿呢？若
以葉繼雯一生位居顯宦與其子〔清〕葉志詵（1779～？）「於書無所不窺，閱
覽博聞，人罕測其涯涘。……肆力金石文字，凡三代彝器及古篆籀源流，參
以圖籍，貫穿六書，搜剔辨證，剖釋無滯，雖鄭夾漈、趙明誠未能過也。……
年且七秩，圖史自娛，摹石鼓文」〔註21〕二人的政治、文化背景看來，馬國
翰想要在咸豐朝前從葉家得到章氏遺稿的機會，應該是微乎其微。即使馬國

〔註18〕〔清〕孫星衍：《古史考・序》（台北：新文豐出版公司，1985年，《叢書集
　　　　成新編》本，第110冊），頁1。

〔註19〕同前註。

〔註20〕〔清〕黃奭：《黃氏逸書考・張璠後漢記・序》（上海：上海古籍出版社，
　　　　1997年，《續修四庫全書》本，第1210冊），頁52。

〔註21〕〔清〕黃式度修、王柏心等纂：《續輯漢陽縣志・宦績》，收入《中國地方志
　　　　集成》第4冊《湖北府縣志輯・同治漢陽縣志（一）》（南京：江蘇古籍出版
　　　　社，2001年8月），卷18，頁51～53。

翰能夠得見書稿，以當時葉家之名望與文聲，馬氏豈敢堂而皇之予以剽竊，以常情度之，應不致此。

（二）從《玉函山房輯佚書》與《隋書經籍志考證》二書之差異論之

1. 所輯篇目相同，條目不同

如：《玉函山房輯佚書》著錄有《古文瑣語》一卷，廣徵《太平御覽》、《藝文類聚》、《北堂書鈔》、《太平廣記》等書共輯佚文 15 條；〔註22〕《隋書經籍志考證》亦著錄有《古文璅語》四卷，根據《史通》、《藝文類聚》、《北堂書鈔》、《太平御覽》等書，輯有佚文 13 條。〔註23〕其中馬國翰據《太平御覽》卷 83 所輯之「仲壬崩，伊尹放，太甲乃自立七年」；據《太平御覽》卷 83、《太平廣記》卷 291 所輯之「晉平公與齊景公乘至于澮。……」；據《太平御覽》卷 869 所輯之「智伯既敗將出走，……」等諸條，《隋書經籍志考證》皆漏之。

又如：《年歷》一書，《玉函山房輯佚書》根據《北堂書鈔》、《太平御覽》、《藝文類聚》、《開元占經》輯有「日者，眾陽之宗，陽精外發，故日以晝明，名曰曜靈。」、「月者，群陰之精，光內日影，月以宵耀，名曰夜光。」等 19 條，〔註24〕《隋書經籍志考證》則只據《藝文類聚》、《太平御覽》輯有「日者，眾陽之宗，陽精外發，故日以晝明，名曰曜靈。」與「月，群陰之宗，光內日影以宵曜，名曰夜光。」2 條。〔註25〕

又如：《七略別錄》佚文，馬國翰與章宗源亦皆有搜采，然《玉函山房輯佚書》於輯略、六藝略，諸子略、詩賦略、兵書略、術數略、方技略等都有所輯錄，〔註26〕《隋書經籍志考證》僅輯數條，〔註27〕二本差別甚大。

從以上所舉《古文瑣語》、《年歷》及《七略別錄》所收之條目數量、內容來看，這三個輯本應非出自一人之手，而且相較之下，《玉函山房輯佚書》雖有小疵，然整體而言，馬國翰的輯佚成績顯然是略勝一籌。

〔註22〕見〔清〕馬國翰：《玉函山房輯佚書》（東京：中文出版社，1979 年 9 月，影印同治十年辛未濟南皇華館書局補刻本），頁 2484～2486。

〔註23〕見〔清〕章宗源：《隋書經籍志考證》（北京：中華書局，1991 年 3 月，《二十五史補編》本第 4 冊），卷 3，頁 19。

〔註24〕同註 22，頁 2490～2491。

〔註25〕同註 23，卷 3，頁 26。

〔註26〕同註 22，頁 2504～2510。

〔註27〕同註 23，卷 8，頁 60。

2. 所輯條目相似，所據底本不同

如：《玉函山房輯佚書》與《隋書經籍志考證》中都收有《帝王要略》一書，並且都輯有「侍中，古官也，或曰風后爲黃帝侍中。周時，號常伯者，言其道可常遵也。」﹝註28﹞的佚文，然《玉函山房輯佚書》所據底本爲《藝文類聚》卷48、《北堂書鈔》卷58、《太平御覽》卷219以及《路史・後紀》卷1，而《隋書經籍志考證》所據底本則是《文選・陳太邱碑注》。據此推之，《玉函山房輯佚書》與《隋書經籍志考證》實在不可能是同一作者所爲。

3. 對佚書的認定不盡相同，故所輯篇目亦不同

如：東陽無疑《齊諧記》一書，章宗源於《隋書經籍志考證》中著錄「今存」﹝註29﹞二字，故章氏對於此書並未進行輯佚。不過，馬國翰卻認爲：「今佚」，﹝註30﹞並據《藝文類聚》、《太平御覽》、《太平廣記》、《北堂書鈔》、《白孔六帖》等書采輯成帙，爲《齊諧記》一卷。馬國翰與章宗源對佚書之認定既已不同，可見《玉函山房輯佚書》與《隋書經籍志考證》亦無同一人所作的道理。

4. 對於所輯佚文歸屬的認定，觀點不同

如：《玉函山房輯佚書》中嵇康之《聖賢高士傳》，馬國翰根據《太平御覽》、《水經注》、《文選》、《世說新語》、《後漢書》等，收錄了許由、善卷、伯成子高等49人之生平事跡，﹝註31﹞而《隋書經籍志考證》則僅有《聖賢高士傳贊》，不涉事跡。然另列魏隸所撰之《高士傳》一書，章宗源據《藝文類聚》，輯有巢父、段干木、莊周等18事，﹝註32﹞其中與《玉函山房輯佚書》所錄相同者有善卷、伯成子高、魯連、閭邱先生、班嗣、許由、披裘公等7人。由此看來，馬、章二人對於所輯佚文之歸屬，其觀點亦是不盡相同的。

（三）從《玉函山房輯佚書》所引多章宗源未及目見之書論之

諸家學者多斷言《玉函山房輯佚書》爲章宗源所編撰，然若從《玉函山房輯佚書》所引多有章氏後出之書觀之，則知剽竊一說不可輕從。章宗源卒

﹝註28﹞《隋書經籍志考證》作：「侍中古官，風后爲黃帝侍中，周時號曰常伯，秦復古。」見〔清〕章宗源：《隋書經籍志考證・帝王要略》，卷3，頁26。所引《玉函山房輯佚書・帝王要略》見馬國翰：《玉函山房輯佚書》，頁2487。
﹝註29﹞同註23，卷13，頁94。
﹝註30﹞同註22，頁2935。
﹝註31﹞同前註，頁2494～2501。
﹝註32﹞同註23，卷3，頁84。

於清嘉慶五年（1800），而《玉函山房輯佚書》中卻出現嘉慶五年以後始刊刻發行的書籍，如：孫星衍（1753～1818）《尚書今古文注疏》、張惠言（1761～1802）《荀氏九家易注》、《易義別錄》、焦循（1763～1820）《孟子正義》、王照圓（1763～？）《列女傳補注》、阮元（1764～1849）《十三經注疏校勘記》、臧庸（1767～1811）《拜經堂日記》、張澍（1776～1847）《蜀典》等，益足以證明《玉函山房輯佚書》非出自章氏之手。茲舉數例，以明之。

1. 孫星衍《尚書今古文注疏》

例：馬國翰《輯佚書‧尚書歐陽章句》「伯禹作司空」條下曰：

> 孫氏星衍《尚書今古文注疏》曰：「當是在天爲星辰，在地爲山川」，脫文據補。（頁 387）

孫星衍於《尚書今古文注疏‧序》後自署年月云：「嘉慶二十年（1815）太歲乙亥二月中旬，序于金陵冶城山館」，〔註33〕據是，知此書成於章氏卒後十數年。

2. 張惠言《荀氏九家易注》、《易義別錄》

例：馬國翰《輯佚書‧周易荀氏注》解題曰：

> 張氏惠言輯《荀氏九家》佚文具載，而雜入九家中，今特別出爲三卷。（頁 137）

又：馬國翰《輯佚書‧周易干氏注》解題曰：

> 明姚士粦輯干常侍《易解》三卷，俱取李氏《集解》而時有疎謬，歸安丁氏杰補正，武進張氏惠言梓入《易義別錄》，茲據參校而習刊之。（頁 213）

陳善《周易虞氏義‧後序》云：

> 先生諱惠言，嘉慶己未（嘉慶 4 年，1799）進士，終翰林院編脩。所著又有⋯⋯《荀氏九家易注》一卷、《易義別錄》十七卷⋯⋯皆未刻。〔註34〕

而此序寫成於「嘉慶八年（1803）九月」，由此得知，直至嘉慶八年（1803），張惠言所輯《荀氏九家易注》、《易義別錄》二書尚未雕版印行，然是時章宗

〔註33〕〔清〕孫星衍：《尚書今古文注疏‧序》（台北：復興書局，1972 年，《皇清經解》本第 12 冊），卷 735，序文頁 3，總第 8524 頁。

〔註34〕〔清〕陳善：《周易虞氏義‧後序》（上海：上海古籍出版社，1997 年，《續修四庫全書》本第 26 冊），頁 428。

源已卒 3 年。

3. 焦循《孟子正義》

例：馬國翰《輯佚書・孟子高氏章句》解題曰：

> 焦循作《孟子正義》頗篤古訓，以誘所著諸書多及《孟子》，尚可攷
> 見，迺詳取《呂氏春秋》、《淮南子》、《戰國策》三注，凡涉《孟子》
> 者彙集之，附於序說，語辭多少往往與今本不同，……至於三書訓
> 注，焦皆採入《正義》，多與趙氏相發明，然未顯言《孟子》，不敢
> 附合，有焦書在固可披覽而會其通也。（頁 1891）

焦循其弟焦徵《孟子正義・識語》云：

> （焦循） 博採經史傳注以及本朝通人之書，凡有關於《孟子》者，
> 一一纂出，次為長編十四帙，逐日稽考，殫精研慮。自戊寅（嘉慶
> 23 年，1818）十二月起稿，逮己卯（嘉慶 24 年，1819）七月，撰
> 成《孟子正義》三十卷。又復討論群書，刪煩補缺。庚辰（嘉慶 25
> 年，1820）之春，修改乃定。〔註35〕

觀是，知焦循《孟子正義》一書於嘉慶 25 年（1820）始修定成稿，是時距章
宗源卒，已 20 年之久。

4. 王照圓《列女傳補注》

例：馬國翰《輯佚書・魯詩故》「有斐君子，如切如磋，如琢如磨」條下
曰：

> 《列女傳》卷七。福山王照圓作《列女傳補注》云：「案《詩》曰：
> 子子干旄，在浚之郊，素絲紕之，良馬四之，彼姝者子，何以畀之？」
> 今以《傳》推之，疑即為此事而作也。（頁 472）

又「墓門有棘，斧以斯之」條下曰：

> 王照圓《補注》引《楚辭注》，以為據《注》及此《傳》所言，蓋皆
> 《魯詩》之說也。又謂楳當作棘。馬氏瑞辰曰：「今按《玉篇》古文
> 某作槑，槑形相似棘，蓋譌作槑，因之《毛詩》作梅，又作楳耳。」
> （頁 478）

王照圓自撰《列女傳補注・敘》成於「嘉慶十年（1805）八月四日」，〔註36〕

〔註35〕〔清〕焦徵：《孟子正義・識語》（成都：四川人民出版社，1998 年 2 月，《諸
　　　子集成新編三》本），頁 133。
〔註36〕〔清〕王照圓：《列女傳補注・敘》（上海：上海古籍出版社，1997 年，《續修

而書前所收臧庸與馬瑞辰撰著二序，又分別作於「嘉慶十六年（1811）秋，七月戊子日」，〔註37〕與「嘉慶十又七年（1812）三月望日」〔註38〕可知，王照圓《列女傳補注》一書之刊印時間乃在嘉慶十七年（1812）之後，時章宗源已卒12年。

5. 阮元《十三經注疏校勘記》

例：馬國翰《輯佚書·周易宋氏注》「象曰：无平不陂，无往不復，天地際也。」條下曰：

> 阮氏《校勘記》云：「古本象曰下有无平不陂四句，與宋注合，今據補。」（頁133）

李元度《國朝先正事略》曰：「嘉慶十九年（1814），（阮元）調撫江西，……校刻《十三經注疏》，以惠士林。」，〔註39〕故《十三經注疏校勘記》之傳布海內已在章氏卒後多年。

6. 臧庸《拜經日記》

例：馬國翰《輯佚書·魯詩故》解題曰：

> 臧庸《拜經日記》云：「《爾雅》是《魯詩》之學，又謂唐人義疏引某氏《爾雅注》，即樊光也。」其詩並與《毛》、《韓》不同，蓋本《魯詩》。又謂：「王叔師《楚辭章句》所引詩，或與《韓》不同，與《爾雅·列女傳》有合，蓋《魯詩》也。」並據輯補，鏊爲三卷。（頁465）

阮元撰《拜經日記·序》云：「余錄存篋中亦十載於斯矣。今歲庚辰（嘉慶25年（1820）），其子相來粵，出其家傳之本相校，以授諸梓。」〔註40〕觀是，知《拜經日記》刊印傳世的時間最早也是章氏卒後的20年。

7. 張澍《蜀典》

例：馬國翰《輯佚書·周易蜀才注》解題曰：

> 武威張太史澍嘗從《釋文》及李氏《集解》所引，輯爲一卷，載入

四庫全書》本第515冊），頁764。
〔註37〕〔清〕臧庸：《列女傳補注·序》，同前註，頁662。
〔註38〕〔清〕馬瑞辰：《列女傳補注·序》，同前註，頁664。
〔註39〕〔清〕李元度：《國朝先正事略》，收在〔清〕張鑑等撰、黃愛平點校《阮元年譜》（北京：中華書局，2002年11月北京第2次印刷），頁250。
〔註40〕〔清〕阮元：《拜經日記·序》（台北縣：藝文印書館，1970，《拜經堂叢書》本），頁1。

《蜀典》，今據校錄。偶有遺漏，悉爲補之。（頁233）

張澍《蜀典‧序》自署時間曰：「時嘉慶二十三年（1818）正月十五日，武威張澍纂。」〔註41〕由是推之，此書刊成時，章氏已卒近20年之久。

（四）從馬國翰之相關著作論之

1. 以馬國翰著作為證

馬國翰之著作於當時刊印量少、流傳不廣，留意者寥若晨星，知悉其內容者更是屈指可數，王重民〈清代兩個大輯佚書家評傳〉一文，曾據馬國翰著作編理出馬氏年譜並爲馬國翰輯佚剽竊說辯誣，除此之外，鮮有研究者再從馬國翰作品內容中去探析其輯佚的蛛絲馬跡。王文搜采雖然極爲完備，然亦不能無所漏略，筆者擬就目前所能目見的馬國翰《玉函山房詩集》九卷，一一詳檢之，並參考王重民〈清代兩個大輯佚書家評傳〉所引《玉函山房文集‧續集》與《續歷城縣志‧藝文志》所載《農諺》等資料，取其與輯佚有關者，依撰稿年代加以董理、條分，以明馬氏輯佚之不誣。

（1）〈春日宴孫耿賈氏南園即景有感〉：（詩成於嘉慶20年（1815），馬氏22歲）

《訓纂》遺搜「鄂」，《埤蒼》字訂「妮」。〔註42〕

（2）《農諺‧序》：

歲戊戌（道光18年，1838，馬氏45歲），乞假家居，親督僕備種蒔桑麻，得與鄰父縱言，備聞田間耕作之務。因輯《漢志》農家諸佚篇，自《神農》、《野老》以逮《范子計然》凡十餘種。〔註43〕

（3）〈古硯歌〉：（詩成於道光18年（1838），馬氏45歲）

束髮即知嗜古劬，沉酣典籍心常醉。坐臥舟車觀面親，須臾未忍暫拋棄。邇來聚書萬卷餘，擬向嫏嬛訪福地。排纂訓故搜遺亡，經子蒼雅各區類。〔註44〕

（4）〈閒吟〉：（詩成於道光21年（1841），馬氏48歲）

不衫復不履，野趣白蕭閒。無術能干世，平居且閉關。佚搜秦漢上，

〔註41〕〔清〕張澍：《蜀典‧序》，同註36，第735冊，頁128。
〔註42〕馬國翰：《玉函山房詩集》，卷1，頁18
〔註43〕據〔清〕毛承霖纂修：《續歷城縣志‧藝文志》，卷22，頁22。
〔註44〕馬國翰：《玉函山房詩集‧古硯歌》，卷6，頁7。

詩雜宋唐間，薄暮荊籬倚，看雲對碧山。〔註45〕

（5）〈輯農家佚書成詩紀其事〉：（詩成於道光22年（1842），馬氏49歲）

因念古昔賢，著述良法備。舊帙惜散亡，什不存一二。暇日極蒐羅，拾遺整廢墜。首列《神農書》，《野老》、《計然》次。《都尉》及《蔡葵》，《氾勝》各從類。《種魚》仰朱公，《養羊》纂卜式。〔註46〕

（6）〈輯錄《史籀》《蒼頡》諸篇成偶賦〉：（詩成於道光25年（1845），馬氏52歲）

遊宦意何如，依然林下居。政閒時校古，俸入足刊書。有志窮星海，無緣到石渠。斷殘搜欲遍，自笑比蟫魚。〔註47〕

（7）《竹窗閒吟·序》：

周小霞德配張孺人和蘭女史，丙午（道光26年，1846，馬氏53歲）閏夏，忽無疾而終。小霞出其遺詩四卷，遺詞二卷，欲壽其名，以傳來世。適暑中正刻群經補遺，就付劂氏。〔註48〕

（8）《耕道獵德齋詠史小樂府·序》：

己酉（道光29年，1849）初春，赴郡過汴，丁席儒少尉以其師陽湖周亦山先生《耕道獵德齋詠史小樂府》二卷見畀，適余刻經、子輯佚書方竣，工猶未去，遂付劂氏。〔註49〕

綜上所引，知馬國翰於22歲（嘉慶20年（1815））時，即對搜輯佚文多所留意，然而在現實生活的壓力下，馬國翰尚無法全心投入於其間；45歲（道光18年，1838），趁返家養疴、閒憩之際，搜采農家佚書，49歲（道光22年（1842）），戴成其事；52歲（道光25年（1845）），又輯成《史籀》、《蒼頡》諸篇；53歲（道光26年，（1846））所輯群經發雕刊刻；56歲（道光29年，（1849））經、子二部刊印完成，顯然45歲至56歲，這段經濟較爲寬裕的10年間，是馬國翰輯佚工作的巔峰期。馬國翰輯佚過程，歷歷可考，《玉函山房輯佚書》剽竊之說，實難成立。

〔註45〕同前註，〈閒吟〉，卷7，頁3。
〔註46〕同前註，〈輯農家佚書成詩紀其事〉，卷7，頁12。
〔註47〕同前註，〈輯錄史籀蒼頡諸篇成偶賦〉，卷9，頁9。
〔註48〕馬國翰：《玉函山房文集·續集》，卷4。轉引自王重民撰：〈清代兩個大輯佚書家評傳〉，頁298。
〔註49〕同前註，頁299。

2. 以馬國翰手札為證

邢藍田六訪鵝莊所得之馬氏故物中，曾訪得馬國翰致李戟門手札 90 頁，邢藍田曾提及手札內容云：「述家庭瑣屑固多，於輯逸書事，亦間有論列。」〔註50〕故筆者茲將刊登於《山東省立圖書館季刊》的兩封手札，〔註51〕其中涉及輯佚事者予以逐錄，並參酌王君南〈《玉函山房輯佚書》研究〉一文中之論述，就幾個主要問題進行探討與說明，以證《玉函山房輯佚書》必出馬氏之手。

第一札曰：

> 前所求雅雨堂十種，弟惟有手抄李鼎祚《周易集解》及顏師古《匡謬正俗》二種，輯漢晉人注《易》實資之。現欲輯《韓詩》，以高誘治韓學者，其注《淮南》、《呂覽》已採出佚義，而其注《戰國策》，惟雅雨堂刊本有之，亟思一見。〔註52〕

（1）上文所載之李鼎祚《周易集解》與顏師古《匡謬正俗》二書，《玉函山房藏書簿錄》分別收入經編易類卷二以及經編爾雅類卷五，且所著錄之版本亦同為雅雨堂本。

（2）《周易集解》與《匡謬正俗》「輯漢晉人注《易》實資之」，《玉函山房輯佚書》所收之佚文中，確實多有輯自二書之處，茲各舉二例，以徵其實：

甲、李鼎祚《周易集解》

（甲）《周易韓氏傳》「元亨利貞」條下曰：「李鼎祚《集解》、《正義》引上四句。」（《輯佚書·周易韓氏傳》，頁 64）

（乙）《周易馬氏傳》「初九潛龍勿用」條下曰：「李鼎祚《集解》。」（《輯佚書·周易馬氏傳》，頁 117）

乙、顏師古《匡謬正俗》

（甲）《古文尚書》「予御續乃命于天」條下曰：「顏師古《匡繆正俗》引

〔註50〕邢藍田：〈鵝莊訪書記〉，頁 66。

〔註51〕二札之寫作年月，據王君南之推斷當分別成於道光 20 年（1840）與 21 年（1841）。王君南云：「第一札云：『入夏以來，沉疴稍減』，按王重民先生所作《年譜》，馬氏乞假養疴，當在道光二十年。第二札云：『傳聞逆夷猖獗，虎門失守。』，按英軍犯虎門，在道光二十一年。故可推定，二札分別作於道光二十年和二十一年。」王君南：《玉函山房輯佚書》研究〉，《書目季刊》第 31 卷第 1 期（1997 年 6 月），頁 42。

〔註52〕參見邢藍田：〈鵝莊訪書記·馬竹吾致李戟門手札一〉，頁 66。

《盤庚》作御。」（《輯佚書・古文尚書》，頁 367）

（乙）《聲類》「聆，力丁反。」條下曰：「《匡謬正俗》卷六。」（《輯佚書・聲類》，頁 2407）

（3）馬國翰於《玉函山房輯佚書・孝經后氏說》解題中云：「漢人說經，皆本家法」（頁 1），其深知從同一派學者的著作裡，常可有效鉤稽出此一學派的遺說，故馬國翰輯錄佚文多從理清學術源流入手，而此札言：「現欲輯《韓詩》，以高誘治韓學者，其注《淮南》、《呂覽》已採出佚義」，此一按學術淵源進行輯佚的觀點，和《玉函山房輯佚書》蒐求佚文的方式是不謀而合的，且在《玉函山房輯佚書》中並有「案：高誘習《韓詩》。」（頁 516）諸字，措辭與手札極為相似，可見《玉函山房輯佚書》與手札應是出於一人之手。而《玉函山房輯佚書》所輯《韓詩故》、《韓詩內傳》、《韓詩說》、《韓詩薛君章句》、《韓詩翼要》中，徵引自高注《淮南子》、《呂覽》確有數條，以下列舉二例：

甲、《輯佚書・韓詩故》「敻，遠也。」條下曰：「高誘《呂氏春秋注》、《淮南子注》並作敻。」（頁 516）

乙、《輯佚書・韓詩故》「虵虵碩言」條下曰：「高誘《呂氏春秋注》。案：誘習韓氏說，見前。」（頁 525）

第二札曰：

　《夏小正詩》現已訖注，付鈔胥校錄。乃復從事於搜輯《書》、《詩》、○佚說，前擬至唐而止，近見宋人佚注亦頗不少，又續輯之。第太浩繁，成功匪易耳。〔註53〕

〔清〕匡源《輯佚書・序》云：

　先生憫今世學者不見古籍，乃徧校唐以前諸儒撰述，其名氏篇第列於史志及他書可攷者，廣引博徵。自群經注疏、音義旁及史傳、類書，片辭隻字，罔弗搜輯。（頁 1）

《玉函山房輯佚書》所錄亦至唐而止，正與手札所言相同，至於馬氏所輯宋人佚注之書稿今雖不復見，然從其《手稿存目》亦收有大量宋人佚集看來，馬國翰生前所從事的輯佚工作勢必是十分龐大繁富的，而此鴻志量非雞鳴狗盜之徒所能企及。王獻唐亦嘗謂：「邢藏尚有一札，敘輯佚尤詳，惜為紅賤，

〔註53〕同前註，頁 67。

不能撮景印，殊憾事也。」〔註54〕可見馬國翰致李戟門手札中所言之輯佚事例證頗多，益足說明《玉函山房輯佚書》的確是馬國翰窮其一生掇拾遺文、辛勤搜剔的輯佚結晶，其努力的成果豈容輕易被抹煞。

3. 以馬國翰《手稿存目》為證

　　馬國翰《手稿存目》中留存之馬氏平生所輯佚書手稿，雖有或未及竣事者、有未及刊行者，然亦足為馬國翰畢生矻矻致力於輯佚工作之實證，眾家學者斷言抄襲，實不可輕從。關於《手稿存目》所收之輯佚篇目，筆者於本章第三節詳加綜理之。

4. 以馬國翰《玉函山房藏書簿錄》為證

　　筆者於本章第四節詳考之，茲不贅述。

　　綜上四點所述，馬國翰理當不致作出作偽欺世之事，《玉函山房輯佚書》亦決非竊掠他人之作，馬國翰肆力平生的輯佚成果，應該受到公評。

第三節　《玉函山房輯佚書》概述

一、《玉函山房輯佚書》版本、種數、卷數

（一）《玉函山房輯佚書》版本

　　〔清〕李元璜《馬氏全書·後序》云：

> （馬國翰）撰輯各書皆刻於陝西官署，刻未竣而歸里，故輯佚之書未有總目或有目而書未刻，或有書而目未列。〔註55〕

　　〔清〕匡源《玉函山房輯佚書·序》亦云：

> （《玉函山房輯佚書》）內惟經編為稍全，史編則所得僅八卷，子編自儒家、農家外，俱無目。顛倒舛錯，漫無條理，蓋當時隨編隨刊，書未成而先生卒，故其體例未能畫一也。（頁1）

可知，《玉函山房輯佚書》於馬國翰生前並未刊印成定本，直至同治、光緒年間，始有後人陸續之董理與補刊，以致《玉函山房輯佚書》的版本頗為紛雜，再加上流傳未廣，甚至有今日難獲一見者，故《玉函山房輯佚書》的版本問題始終存在著些許疑議。本節將據筆者所知見者，並參酌前賢研究之成果，

〔註54〕同前註。
〔註55〕〔清〕李元璜：《馬氏全書·後序》，頁1。

臚列各種不同的版本於下，理其異同，期能稍加釐析《玉函山房輯佚書》版本之原貌與流傳之情況。

1. 濟南原刊本

據范希曾《書目答問補正》著錄之馬國翰《玉函山房叢書》之版本中，有所謂的「濟南原刊本」，〔註56〕但除《書目答問補正》外，未見他家書目記載，今日更遑論得以目見，故無法得知此本究竟刊於何時？為何人所刻？當然亦不知其內容為何？曹書杰根據匡源《玉函山房輯佚書‧序》針對「濟南原刊本」提出一些說法：

> 馬氏輯佚之書生前並未印行，後書歸章邱李廷榮之子，馬國翰女婿李某（佚名待考），而李氏僅「印行數十部，其書始顯於世」，這可能就是《玉函山房輯佚書》第一次印行，但均未見諸家著錄，惟范希曾《書目答問補正》稱有「濟南原刊本」，不知是否即為此本。另外，所謂「數十部」不知是指《輯佚書》中的數十種書，還是指《輯佚書》之板存一共印行了數十套？似乎當是前者。姑且存疑。〔註57〕

由此看來，曹書杰認為「濟南原刊本」有可能是馬國翰去世後，章邱李氏所印行的，〔註58〕而印行的數量，應該只是《玉函山房輯佚書》中的數十種書，而這一版本也可能是《玉函山房輯佚書》的第一次印行。寧蔭棠撰〈百年藏板重現記〉一文中亦嘗云：

> 清同治初，李廷榮之長子李寶嬰曾用藏板印行了數十部《玉函山房輯佚書》，其書一顯世，立即在山東學界引起轟動，來家中求書者日益增多。〔註59〕

〔註56〕〔清〕張之洞撰、范希曾補正、高明路點校：《書目答問補正》，頁251。

〔註57〕曹書杰：〈馬國翰〉，收入張家璠、閻崇東主編《中國古代文獻學家研究》（桂林：廣西師範大學出版，1996年6月），頁506。

〔註58〕〔清〕匡源《玉函山房輯佚書‧序》云：「先生沒後，版歸章邱李氏，已有散失，稺玉駕部印行數十部，其書始顯於世。既而求者日多，丁中丞稺璜、文中丞質夫，先後為補刊……」（頁2、3），可知章邱李氏曾於丁寶楨、文彬補刊《玉函山房輯佚書》之前，即已印行過《輯佚書》。但根據李元璇《馬氏全書‧後序》所言：「外王母丁太宜人乃載各書版來詿諉先君，與家中書同置於複壁中。後賊焚鄰村，而此書版幸不及難。同治庚午撫帥丁文誠公慨然欲為廣布，命取《輯佚》、《目耕帖》二書版送局刷印。先君破壁出之，補其斷爛。」（頁1），由此觀之，章邱李氏似乎又不太可能在《輯佚書》「破壁出之」之前，即先有印行的情形產生。究竟二者所言孰是孰非？目前恐怕很難有一定論。

〔註59〕寧蔭棠：〈百年藏板重現記〉，收入《藏書家》第4輯（濟南：齊魯書社，2001

二者說法相仿，姑存其說，以資參考。

2. 清同治十年（1871），濟南皇華館書局補刊本

〔清〕李元璨云：

> 同治庚午（九年，1870）撫帥丁文誠公慨然欲爲廣布，命取《輯
> 佚》、《目耕帖》二書版送局刷印。先君破壁出之，補其斷爛。伯
> 父穉玉先生、家舅超凡先生實與襄校，少宰鶴泉匡公主講濼源書
> 院，爲補總目，而冠以序。今海內皆知有馬氏《輯佚》、《目耕帖》。

〔註60〕

觀之，則知此一版本的補刊完成，對於馬國翰《玉函山房輯佚書》之流布、
遞傳實有一重要的引領作用，至此以後，《玉函山房輯佚書》之重刻版本亦多
淵源於此。此本每半葉九行，行大字二十字，小字雙行，行十九字，花口，
四周雙欄，單黑魚尾，版心上題書名，下記卷數，葉數。扉頁刊記「同治十
年辛未濟南皇華館書局補刻」。書前有同治十三年（1874）秋九月濼源講院匡
源所作序。末附馬國翰所撰《目耕帖》三十一卷。台灣此一版本見藏於中研
院傅斯年圖書館，凡八十冊。1974 年台北文海出版社曾據此影印出版。1979
年日本京都中文出版社亦據皇華館本影印發行。

3. 清同治十三年（1874）刻本

根據《杭州大學圖書館藏線裝書目》之著錄，馬國翰《玉函山房輯佚書》
尚有：

> 清同治十三年刻本，一百二十冊。〔註61〕

曹書杰認爲此一版本「當也是濟南印本」，〔註62〕至於刊刻者爲誰？曹書杰也
做了如下之推測：

> 據匡源《序》稱，「丁中丞稚璜、文中丞質夫，先後爲補刊其殘缺若
> 干篇」，或十年本爲丁寶楨所刊，十三年本爲文彬所刊，也未可知。

〔註63〕

年 9 月），頁 141。

〔註60〕 同註 55，頁 1、2。

〔註61〕 杭州大學圖書館編：《杭州大學圖書館線裝書總目》（杭州：杭州大學圖書館，
1964 年），頁 384。

〔註62〕 曹書杰：〈馬國翰〉，收入張家璠、閻崇東主編《中國古代文獻學家研究》，頁
506。

〔註63〕 同前註，頁 506

所論雖不無道理，但仍缺乏相關之文獻資料以爲佐證。此一版本諸家書目鮮
有著錄者，可見印本不多，流傳並不廣泛。《東京大學東洋文化研究所漢籍分
類目錄》〔註64〕、《京都大學人文科學研究所漢籍目錄》〔註65〕亦皆著錄有同
治十三年（1874）序刻本，疑即此書。

4. 清光緒九年（1883），長沙瑯嬛館補校刊本

瑯嬛館本著錄之種數、卷數和皇華館本相同。〔註66〕補遺集中附於正編
之後，末亦附馬國翰所撰之《目耕帖》三十一卷。每半葉九行，行二十字，
小字雙行同，花口，四周雙欄，單黑魚尾，版心上題書名，下記卷數，葉數，
下題「瑯嬛館補校」。扉頁刊記「光緒九年癸未長沙瑯嬛館補校開雕」。書前
亦有同治十三年秋九月濼源講院匡源所作序。此本於子編農家類之子目中較
濟南皇華館書局補刊本多出《玉燭寶典》一卷（注：原缺）、《園庭草木疏》
一卷（注：原缺）、《千金月令》一卷（注：原缺）、《齊人月令》一卷（注：
原缺）、《保生月錄》一卷（注：原缺）、《四時纂要》一卷（注：原缺）、《種
樹書》一卷（注：原缺），共 7 種子目。西元 1990 年 12 月上海古籍出版社曾
據此影印出版，西元 1997 年上海古籍出版社編《續修四庫全書》所收入之《玉
函山房輯佚書》亦據此本影印。台灣此一版本見藏於國家圖書館。

5. 清光緒十年（1884），楚南湘遠堂刊巾箱本

共八十冊。楚南湘遠堂本亦源出皇華館本，〔註67〕惟書中內容編排方式
頗爲紊雜，如第一冊只見《連山》至《周易施氏章句》等十種輯書之內容，
而不見馬國翰爲每書所撰之解題；第二冊則是前有全書之總目，後即收錄經
編易類各書之解題；第三冊爲經編尚書、詩、周官禮、儀禮、禮記、通禮、

〔註64〕 東京大學東洋文化研究所編：《東京大學東洋文化研究所漢籍分類目錄》（東
京：東京大學東洋文化研究所，1973 年 3 月），頁 875。
〔註65〕 京都大學人文科學研究所編：《京都大學人文科學研究所漢籍目錄》（京都：
京都大學人文科學研究所，1979 年 3 月），頁 1189。
〔註66〕 〔清〕李元瑃曾云：「同治庚午撫帥丁文誠公慨然欲爲廣布……，瑯嬛館復依
原板刊刻印行。」同註55。
〔註67〕 〔清〕李元瑃曾云：「同治庚午撫帥丁文誠公慨然欲爲廣布……，而湖南書
局改袖珍本，……。」同前註。而李氏所言之「湖南書局」應該就是楚南
湘遠堂。黃鎮偉云：「元瑃光緒十五年所見湖南書局本實即楚南書局本（據
已知書目考查，湖南書局並未刻過《玉函山房輯佚書》即爲明證）。」據黃
鎮偉撰〈玉函山房、漢學堂輯佚書考略〉，《古籍整理研究學刊》1998 年第
3 期（1998 年），頁 14、15。由此可知，楚南湘遠堂刊巾箱本亦源自皇華館
本。

樂諸類佚書之解題；第四冊爲春秋、孝經二類之解題；第五冊則是論語、孟
子、爾雅、五經總各類以及補遺二十種佚書之解題；第六冊始又從《孟氏章
句》佚書之內容開始著錄。補遺部分則統一集中附於正編之後。書末亦附馬
國翰所撰之《目耕帖》三十一卷。此版本每半葉九行，行二十字，小字雙行
同，粗黑口，四周雙欄，單黑魚尾，版心中記卷目、卷第，葉數，下題「湘
遠堂重刊」。扉頁刊記「光緒甲申春日楚南湘遠堂刊」。書前並無匡源所撰之
序文。台灣此一版本見藏於國家圖書館，惜爲殘本，此本僅刻印其中之 584
種，尚闕《尚書王氏注》、《古文尚書音》、《古文尚書舜典注》、《尚書劉氏義
疏》、《尚書述義》、《尚書顧氏疏》、《春秋左氏膏肓釋痾》、《孝經左契》，《春
秋例統》等 9 種。《山東師範大學圖書館館藏古籍書目》則著錄有：

> 《玉函山房輯佚書》五百九十四種，清光緒十年（1884）楚南書局
> 重刻本，一百冊。〔註68〕

6. 清光緒十年（1884），繡江李氏補刊本、章邱李氏據馬氏刊版重印本

寧蔭棠〈百年藏板重現記〉云：

> 光緒甲申（1884），山東觀察使陳畫卿又奉命重印了一批，在這批
> 刊印本的扉頁上印上了「光緒十年甲申孟秋繡江李氏補刊」字樣。

〔註69〕

而《山東文獻書目》〔註70〕、《中國叢書綜錄》〔註71〕則皆有「清光緒十年
（1884），章邱李氏據馬氏刊版重印本」之著錄。黃鎮偉〈玉函山房、漢學堂
輯佚書考略〉認爲：

> 此實即陳錦校訂本，其據壁藏李氏之馬氏原版重印，則與皇華本同
> 出一源，亦即李元璀所說通行本。〔註72〕

7. 清光緒十五年（1889），繡江李氏補刊本

《山東師範大學圖書館館藏古籍書目》著錄有：

> 《玉函山房輯佚書》五百九十四種，清光緒十五年（1889），李氏重

〔註68〕 張宗茹、王恆柱編：《山東師範大學圖書館館藏古籍書目》（濟南：齊魯書社，
2003 年 5 月），頁 434。
〔註69〕 寧蔭棠：〈百年藏板重現記〉，頁 141。
〔註70〕 王紹曾主編：《山東文獻書目》（濟南：齊魯書社，1993 年 12 月），頁 480。
〔註71〕 上海圖書館編：《中國叢書綜錄》（上海：上海古籍出版社，1959 年 12 月），
頁 388。
〔註72〕 黃鎮偉：〈玉函山房、漢學堂輯佚書考略〉，頁 15。

校刻本，六十四冊。〔註73〕

《中國叢書綜錄補正》亦著錄有光緒十五年（1889）綉江李氏補刊本。〔註74〕
然於台灣未能得見。曹書杰云：

> （光緒十五年（1889）綉江李氏刊本）凡 580 種 689 卷，經部 422 種
> （含緯書 40 種）521 卷，史部 8 種 8 卷，子部 150 種 160 卷；另有
> 《續編》11 種 14 卷，《補遺》20 種 21 卷，計 611 種 724 卷。〔註75〕

曹書杰認爲《玉函山房輯佚書》所有印本中以「光緒十五年（1889）綉江李
氏刊本最爲完整」。〔註76〕然曹氏所統計《玉函山房輯佚書》之種數、卷數，
是否無誤，不得而知。

8. 清光緒十八年（1892），湖南思賢書局本

光緒十六年（1890）王先謙主講於思賢講舍，湖南書局（亦名湘南官書
局）因附設于思賢講舍，王氏將其改名爲思賢書局。當時思賢書局所選刻之
書籍，經、史、子、集皆有涉及，馬國翰《玉函山房輯佚書》八十九冊即是
其中之鉅著，字體、印刷品質俱佳。〔清〕楊守敬《增訂叢書舉要》云：

> 譯元云：此書（《玉函山房輯佚書》）原刻甚佳。光緒初年濟南重刻，
> 較可。又長沙重刻大、小兩本，小本稍勝，現歸思賢精舍，大版則
> 訛謬極夥，板式亦蕪。〔註77〕

〔清〕朱學勤云：

> 近年湖南重用大小兩本，甚行於世，缺譌甚多，須檢原書，逐條刊
> 正，庶可爲善本也。〔註78〕

楊守敬所言「小本」應該即指湖南思賢書局本，范希曾《書目答問補正》亦
著錄有「長沙思賢書局重刻小字本」〔註79〕且認爲「重刻本以長沙小字本
爲善」，〔註80〕足見此一版本評價頗佳。此本書首題名「重刻玉函山房輯佚

〔註73〕 張宗茹、王恆柱編：《山東師範大學圖書館館藏古籍書目》，頁 434。

〔註74〕 陽海清編撰、蔣孝達校訂：《中國叢書綜錄補正》（揚州：江蘇廣陵古籍刻印
　　　　社，1984 年 8 月），頁 388。

〔註75〕 曹書杰撰：《中國古籍輯佚學論稿》（長春：東北師範大學出版社，1998 年 9
　　　　月），頁 162。

〔註76〕 同前註。

〔註77〕 〔清〕楊守敬編：《增訂叢書舉要》，卷 58，頁 954。

〔註78〕 〔清〕朱學勤：《增補彙刻書目》，頁 1843。

〔註79〕 〔清〕張之洞撰、范希曾補正、高明路點校：《書目答問補正》，頁 251。

〔註80〕 同前註。

書」，牌記題爲「光緒壬辰（十八年，1892）湖南思賢書局印行」。書前亦有匡源所撰之序文。補遺部分隨類歸入正編。〔註81〕值得注意的是，此書末並未附刊馬國翰所撰之《目耕帖》三十一卷。除此之外，湖南思賢書局本與他本於分類上亦有差異，此本之類目較他本多出「國語」一類，乃將補遺中它本皆入春秋類的《國語章句》、《國語解詁》、《春秋外傳國語虞氏注》、《春秋外傳國語唐氏注》、《春秋外傳國語孔氏注》、《國語音》等6種，改列國語類，置於經編小學類之後。此一版本每半葉九行，行十九字，小字雙行同，粗黑口，四周雙欄，無魚尾，版心中記卷目、卷第，葉數。台北中研院中國文哲研究所圖書館藏有一部，著錄爲89冊，然實闕第75冊至第86冊。至於，黃鎮偉於〈玉函山房、漢學堂輯佚書考略〉一文中認爲：

> 楚南書局刻板後未全部印行，書板轉由王先謙創建於光緒十六年
> （1890）的思賢書局所得。思賢書局僅據板印行。〔註82〕

然而，二本不論是各篇序文、二十種補遺之編排方式不同外，其子目之著錄、分類亦有差異，故思賢書局本實際上是經過重新之校錄、排纂，刊印而成的，並非僅據楚南書局書板印行。

（二）《玉函山房輯佚書》種數、卷數

由於《玉函山房輯佚書》在馬國翰生前並未印成定本，而且在馬氏卒後「遺書爲司筦鑰者巧偷賤售，損失甚多，又頻年戎馬馳驟、扶攜奔逃」，〔註83〕故歷來諸家研究提及《玉函山房輯佚書》之種數及卷數者，其統計之數量亦各有不同，此節先就各家說法作一介紹；繼而實際就現今台灣所能目見《玉函山房輯佚書》完整之版本，詳加核算出確切之種數、卷數。最後，並將李元璜輯《玉函山房輯佚書目耕帖續補》所列者；《玉函山房輯佚書》總目已列而闕者；散見《玉函山房輯佚書》各序中，所謂已有著錄而今無之者；王獻堂等人所庋藏者；馬氏《手稿存目》著錄者，作一整理敘述，期能於今日所見《玉函山房輯佚書》外，更接近、掌握馬國翰所輯佚書之原始規模。

1. 諸家說法

〔註81〕 黃鎮偉於〈玉函山房、漢學堂輯佚書考略〉一文中提及：「思賢書局同樣源出皇華本，唯將原刊補遺20種隨類歸入正編各類」。按：二本補遺部分實際上皆入正編，並無差異。參見黃鎮偉撰：〈玉函山房、漢學堂輯佚書考略〉，頁15。

〔註82〕 同前註。

〔註83〕 〔清〕李元璜：《馬氏全書・後序》，頁1。

（1）〔清〕匡源《玉函山房輯佚書・序》

匡源於《玉函山房輯佚書・序》云：

《玉函山房輯佚書》，凡五百八十餘種，爲卷六百有奇。（頁1）

又云：

而有目無書者，尚少四十餘種，其散見各序中，所謂已有著錄者，
如陸希聲《周易傳》、劉向《洪範五行傳記》、劉歆《洪範五行傳》、
衛宏《尚文訓旨》、李軌《尚書音》、孫毓《春秋左氏傳賈服異同
略》、蔣濟《郊邱議》、干寶《司徒儀注》、楊泉《物理論》，凡九
種，亦皆不存，爲仍其目，以待後之博學君子蒐補焉。（《輯佚書・
序》，頁3）

綜上所引，匡源認爲《玉函山房輯佚書》有580多種，600餘卷，有目無書者
40餘種，〔註84〕散見各序中，所謂已有著錄者尚有9種。統以計之，馬國翰
所輯佚書，至少有630多種。

（2）〔清〕張之洞撰、范希曾補正《書目答問》

書中「叢書類」之《玉函山房叢書》著錄爲：

輯周、秦至隋、唐佚書六百餘種，分經、史、子、集四編。【補】六
百三十二種，附一種，分經、史、子三編。〔註85〕

然《玉函山房輯佚書》於《書目答問》經、史、子各部中之著錄又分別爲：

經編三百五十二種。

史編？種。【補】史編僅八種

子編？種。【補】馬輯子編一百五十三種，補編一種。〔註86〕

計514種。《玉函山房叢書》與《玉函山房輯佚書》同指一書，應無疑義，但
所錄二書之輯書種數竟達一百種的差異，頗令人不解。

（3）〔清〕楊守敬《增訂叢書舉要》

楊守敬於《增訂叢書舉要》第五十八卷中，詳列《玉函山房輯佚書》經、
史、子三編及補編之所有書目、卷數及佚書作者，並於每一類目後，統計該
類佚書之種數與卷數，經編計434種、554卷；史編8種、8卷；子編170種、

〔註84〕　按：若據濟南皇華館書局補刊本，匡源所補《玉函山房輯佚書》總書目，有
目無書者實際上只有34種，若據長沙瑯嬛館補校刊本則有41種。

〔註85〕　〔清〕張之洞撰、范希曾補正、高明路點校：《書目答問補正》，頁251。

〔註86〕　同前註，頁42、95、151。

168 卷；補編 20 種、21 卷；依《增訂叢書舉要》所載，馬國翰《玉函山房輯
佚書》共計「六百三十二種，共七百六十卷，內闕三十九卷」，〔註87〕不過，
此一數字，實待商議。楊守敬所列《玉函山房輯佚書》書目與各家版本有部
分相異，不知何據，且書目之著錄紕漏顛倒，重複、誤植屢見，更有統計數
字明顯誤算的情形產生。〔註88〕由此可見，《增訂叢書舉要》稱《玉函山房輯
佚書》「六百三十二種」之數，值得存疑。

（4）〔清〕梁啟超《中國近三百年學術史》

梁啟超認為清代嘉慶、道光朝之後，輯佚家備出，而其中專以輯佚為業且
所輯以多為貴者，除了黃奭之外，就屬馬國翰了。〔註89〕梁啟超於書中特別舉
出了馬國翰《玉函山房輯佚書》所輯佚書之種數，以明馬氏輯佚成績之可觀：

　　經部四百四十四部（內緯書四十種）。

　　史部八種。

　　子部一百七十八種。〔註90〕

從上列引文中，可以看出梁啟超所統計《玉函山房輯佚書》經、史、子三部
之種數，共 630 種。這個數字和諸家所言《玉函山房輯佚書》種數亦有差異，
然無相關資料可以得知梁啟超如何計算出 630 種之數，是否只就匡源所補總
目統計之？或只算及輯成今傳者？或已包括輯成復佚而知其書名？或有其他
之統計方式？未能確知。

（5）《山東通志》

據〔清〕宣統年間楊葆田等修纂之《山東通志》記載：

　　《玉函山房輯佚書》七百八卷，馬國翰編，道光中刊。分經、史、
　　子三編，為類三十有三，經編十六類，凡四百五十二種；史編三類，
　　凡八種；子編十四類，凡一百七十二種，共六百三十二種。板存章
　　邱李氏。同治中，山東巡撫丁寶楨、文彬先後補刊其殘缺。見於目
　　錄及序錄而無書者，尚六十餘種，其書止六百餘卷，云七百八卷者，

〔註87〕　〔清〕楊守敬：《增訂叢書舉要》，卷 58，頁 939～954。

〔註88〕　如〔晉〕陸機《陸氏要覽》，《玉函山房輯佚書》入「雜家類」，楊守敬《增訂
　　　　叢書舉要》則置入「儒家類」。又「儀禮類」實有二十六種，楊守敬誤植為二
　　　　十五種。同前註，頁 939～953。

〔註89〕　參〔清〕梁啟超撰：《中國近三百年學術史》（天津：天津古籍出版社，2003
　　　　年 5 月），頁 302。

〔註90〕　同前註。

併其闕佚之目數之。〔註91〕

據上文所述,《玉函山房輯佚書》凡 632 種、708 卷之數,是將「見於目錄及序錄而無書者」60 餘種,皆予以計算在內。若扣除之,則《輯佚書》實約 570 種、600 餘卷。

（6）《杭州大學圖書館藏線裝書目》

　　據《杭州大學圖書館藏線裝書目》之著錄:

　　《玉函山房輯佚書》六百二十一種。〔註92〕

所載種數與諸家說法又不相同。

（7）《四川大學圖書館古籍叢書目錄》

　　據倪晶瑩編《四川大學圖書館古籍叢書目錄》所著錄之《玉函山房輯佚書》為:

　　清光緒 9 年（1883）長沙瑯嬛館刻本。收子目 593 種。〔註93〕

此數與筆者重新統計之種數完全相符。

2. 現傳《玉函山房輯佚書》之種數、卷數

　　目前台灣所能見到的《玉函山房輯佚書》版本計有:「皇華館本」與「瑯嬛館本」、「湘遠堂本」與「楚南書局本」,惜「湘遠堂本」與「楚南書局本」皆殘闕不全,難以為據。「皇華館本」與「瑯嬛館本」基本上二書所收內容一致,惟書前總目著錄有差異,「瑯嬛館本」書前總目所列農家類多出闕目七種,此外,二者總目論語類之《古論語》、《論語孔氏訓解》等書所著錄之卷數亦不同,〔註94〕其中《古論語》實際僅收有六卷,二者目錄皆錯載,《論語孔氏訓解》實為十卷,「瑯嬛館本」著錄有誤。故擬以清同治十年刊行之「皇華館本」實際收錄之內容為據,包括補遺的 20 種統以計之,書前總目所列之「原闕」書目則不予計算,以確認馬國翰所輯佚書目前影印流傳於世的種數與卷數。

　　計《玉函山房輯佚書》著錄之書籍種數及卷數共 573 種、684 卷,若加入

〔註91〕 〔清〕孫葆田等撰:《山東通志‧藝文志第十》,卷 139,頁 3903。

〔註92〕 杭州大學圖書館編:《杭州大學圖書館線裝書總目》,頁 384。

〔註93〕 倪晶瑩編:《四川大學圖書館古籍叢書目錄》（成都:四川大學出版社,1994年 7 月）,頁 11。

〔註94〕 「皇華館本」書前總目著錄《古論語》十卷、《齊論語》一卷、《論語孔氏訓解》十卷;「瑯嬛館本」則著錄《古論語》十卷、《齊論語》一卷、《論語孔氏訓解》十一卷。

補遺則有 593 種、705 卷。所收經、史、子三編中，以經編書 415 種、519 卷，
種數、卷數最多，其中又以易類 64 種、小學類 46 種、春秋類 45 種次之；史
編所輯書籍最少，僅 8 種，以雜史類 5 種最多，目錄類則僅有 1 種而已；至
於子編亦收有 150 種之多，其中以儒家類 53 種最多，其次是雜家類收有 19
種，名家類、雜占類、藝術類則都只有 2 種，數量最少。

附表（七）：《玉函山房輯佚書》著錄書籍數量統計表

經　　編			史　　編			子　　編		
類　　目	種數	卷數	類　　目	種數	卷數	類　　目	種數	卷數
易　　類	64	81	雜史類	5	5	儒家類	53	54
尚書類	12	18	雜傳類	2	2	農家類	9	12
詩　　類	32	43	目錄類	1	1	道家類	17	17
周官禮類	13	20				法家類	7	7
儀禮類	25	25				名家類	2	2
禮記類	19	28				墨家類	5	5
通禮類	18	21				縱橫家類	7	7
樂　　類	13	13				雜家類	19	20
春秋類	45	51				小說家類	8	9
孝經類	16	16				天文類	8	8
論語類	40	67				陰陽類	3	3
孟子類	9	10				五行類	8	8
爾雅類	13	19				雜占類	2	3
五經總類	10	10				藝術類	2	2
緯書類	40	51						
小學類	46	46						
小　計	415	519	小　計	8	8	小　計	150	157

3. 馬國翰於《玉函山房輯佚書》外所輯佚書

　　馬國翰《玉函山房輯佚書》所收佚書雖已近六百種，規模極鉅，但《玉
函山房輯佚書》實於馬氏卒後始刊刻流傳，故其中勢必有所遺闕。〔清〕李元
瑃即肆力廣搜、續補馬國翰生前所輯未及刊刻者，計補輯《尚書逸篇》二卷、
《尚書百兩篇》一卷、《孟仲子詩論》一卷、《論語燕傳說》一卷、《夏侯論語
說》一卷、《王氏論語說》一卷、《逸孟子》一卷、《逸爾雅》一卷、《小學篇》

一卷、《荊州記》三卷、《五行傳記》三卷等十一種，見收於李元璜所輯《玉函山房輯佚書目耕帖續補》中，〔註95〕此書於台北中研院傅斯年圖書館可以得見。其中《逸孟子》、《逸爾雅》、《小學篇》、《荊州記》四種，書前無解題，書前牌記題爲「光緒己丑夏五李氏校刻」，每半葉九行，行二十字，小字雙行同，版心花口，四周雙欄，單黑魚尾，版心上題卷目，下記卷數，葉數。而蔣式瑆《書後》三篇亦曾就《玉函山房輯佚書》有目無書者及散見各序中，而今無之者的產生原因及種數問題，有所論述：

> 據各序所稱，經編、史編、子編、集部等字，知輯佚一書，分爲四編，今本經編已不完，子編尚存梗概，史編僅數種，集部則並一種無之。（下注：張制軍《書目答問》謂：濟南新刻本分經、史、子、集四部。又云共八百種，未詳何據），當由馬君刊刻未竟，遽歸道山，未刊之稿既多散失，並其已刊亦不免零落，其見於原刊目錄所列，而今無之者四十餘種，〔註96〕殊皆刊後零落者也；見於各序所列，

〔註95〕 〔清〕李元璜於《馬氏全書・後序》中對於補輯、刊刻過程言之甚詳，茲迻錄如下：「緊維丁公力，十餘年來堂兄符卿及元璜思補輯外王父未刻各書，而學識淺陋，涯涘莫窺，輒復中輟。丁亥（光緒十三年，1887）冬郭潤之名霖，歷城人世丈以蔣君性甫《書後》三篇見示，因索外王父手稿，爰屬表弟鳳藻搜其家敝篋，得百餘冊，寄呈性甫。次年（光緒十四年，1888）四月，蒙悉心校竣，作〈存目〉一卷、〈後記〉一篇，摘出可補刻者《尚書逸篇》等十三卷，……，今宮保大興張公嘉惠士林，無微不至，酌予貲本，命印六十部。元璜乃於通行本外，取蔣君校正之十三卷補刻，並昔歲誤遺之《荊州記》三卷列入，而附《書後存目》二卷於後，又益以古文詩詞雜著二十種爲《馬氏全書》。」〔〔清〕李元璜：《馬氏全書・後序》，頁1、2）。

〔註96〕 據濟南皇華館書局補刊本及長沙郎嬛館補校刊本，馬國翰生前輯成復佚而見於《玉函山房輯佚書》總目，確知書名者，計41種。詳予列舉於下：1.《尚書古文訓》一卷，〔漢〕貫逵撰。2.《集注尚書》一卷，〔晉〕李顒撰。3.《尚書逸篇》一卷，撰者缺。4.《周禮鄭氏音》一卷，〔漢〕鄭元撰。5.《五宗圖》一卷，〔後漢〕鄭元撰。6.《禮論鈔》一卷，庾蔚之撰。7.《禮雜問答鈔》一卷，〔梁〕何佟之撰。8.《鍾律書》一卷，〔漢〕劉歆撰。9.《管絃記》一卷，撰者缺。10.《安昌侯論語》十卷，〔漢〕張禹撰。11.《鄭記》一卷，〔後漢〕鄭玄撰。撰者缺。12.《五經析疑》，邯鄲綽撰。13.《八體六技》一卷，撰者缺。14.《女戒》一卷，〔後漢〕蔡邕撰。15.《月儀》一卷，〔晉〕靖索撰。16.《小學篇》一卷，〔晉〕王義撰。17.《音譜》一卷，李槩撰。18.《訓俗文字略》一卷，（北齊）顏之推撰。19.《開元文字音義》一卷，撰人缺。20・《義雲章》一卷，撰人缺。21.《李氏字略》一卷，〔唐〕李商隱。22.《侯子》一卷，撰人缺。23.《高祖傳》一卷，撰人缺。24.《孝文傳》一卷，撰人缺。25.《孔臧書》一卷，〔漢〕孔臧撰。26.《莊助書》一卷，〔漢〕莊助撰。27.

而今無之者尚有二十種，〔註97〕匡鶴泉〈序〉所列八種，猶未盡也。
（按：匡《序》所列陸希聲《周易傳》……，凡九種，實則《左傳
賈服異同略》已與孫所著《左氏傳義注》合輯爲一書矣。）〔註98〕
誠如蔣氏所言，則馬國翰所輯佚書尚有 60 多種於當時已未能目見。

此外，據王重民所撰〈清代兩個大輯佚書家評傳〉一文所載，王獻唐尙藏
有馬氏輯佚書初印本《三統歷譜》三卷、《鍾律書》一卷。〔註99〕《三統歷譜》
爲《玉函山房輯佚書》所未收，《鍾律書》則是有目無書。又王重民且提及：

天津河北省立第一圖書館藏有道光間管廷芬編的《一瓻筆存》內有
馬國翰輯《歸藏》一卷，與《輯佚書》本不同。〔註100〕

《手稿存目》〔註101〕中亦可見馬國翰以佚書目之，而欲廣輯增補者，或爲未
成之稿，或輯成而未及刊行者，多是今刊本《玉函山房輯佚書》所未收。因

《揚子法言宋氏注》一卷，〔後漢〕宋衷撰。28.《揚子法言虞氏注》一卷，〔吳〕
虞翻撰。29.《諸葛武侯集誡》一卷，〔蜀〕諸葛亮撰。30.《閔論》一卷，〔晉〕
蔡韶撰。31.《要覽》一卷，〔晉〕呂竦撰。32.《正覽》一卷，〔梁〕周捨撰。
33.《續說苑》一卷，〔唐〕劉貺撰。34.《貫子》一卷，撰人缺。35.《玉燭寶
典》一卷，〔隋〕杜臺卿撰。36.《園庭草木疏》一卷，〔唐〕王方慶撰。37.
《千金月令》一卷，〔唐〕孫思邈撰。38.《齊人月令》一卷，〔唐〕李淳風撰。
39.《保生月錄》一卷，〔唐〕韋氏撰。40.《四時纂要》一卷，〔唐〕韓鄂撰。
41.《種樹書》一卷，〔唐〕郭橐撰。

〔註97〕　〔清〕蔣式理整理云：「京房《周易章句·序》云：『今尚有京氏《易傳》三
卷，又別有《積算雜占條例》一卷，或共題《易傳》四卷，別爲補輯，以類
從焉。』然今本實無之。姚信《周易注·序》云：『其《士緯》佚編及他文辭，
別輯錄之，依《隋志》一入名家，一入集部。』馬輯姚信書《易注士緯》而
外，尚有《安天論》一種，當依《隋志》入天文，是所云他文辭者，今無之
也。孫炎《爾雅注序》云：『邢昺《爾雅疏·序》，於魏孫炎外，又云爲義疏
者俗閒有孫炎、高連，《宋志》稱《孫炎疏》十卷是也。蓋唐、宋閒人，與叔
然同名，別輯一家，不使相混。』今本亦無之。《神農書·序》云：『至他書
所引《食禁》、《別採集》，與《本草》相次，不錄於茲』今本亦無《神農本草》
與所云《食禁》者。以及劉昞《周易注·序》，稱昞有《敦煌實錄》，別爲搜
集，入雜傳。劉昌宗《禮記音·序》稱昌宗有《儀禮音》，已著錄。劉炫《孝
經古文述義·序》稱炫有《禮述義》，已著錄。鄭元《論語孟子注序》，並稱
元有《易書孝經注》，已著錄。顧歡《論語注夷夏論序》，並稱歡有《周易注》，
已著錄。楊偉《時務論·序》，稱其《景初歷》，別纂入歷譜家，今本亦並無。」
見〔清〕蔣式理：《書後》三篇，頁9。
〔註98〕　同前註。
〔註99〕　王重民：〈清代兩個大輯佚書家評傳〉，收在《中國目錄學史論叢》，頁301。
〔註100〕　同前註。
〔註101〕　參見〔清〕蔣式理校輯：《手稿存目》，頁1～19。

諸家鮮少論及，茲彙整、迻錄如下：

金字函第十二冊著錄云：

末有《古史考》、《世本》、《陳留志》、《荊州記》等輯佚殘稿。

石字函第二冊著錄云：

輯《相鶴經》（下注：並序錄）、《養魚》、《相馬》、《銅馬》、《相法》、《相牛》經等及傅元、黃伯仁、朱超石、崔駰、潘安仁、庾中丞、崔瑗、崔琰、張敞、張昶、袁宏、夏侯湛、曹顏遠、曹攄、應瑒、應璩、庾元規、盧植、王逸、朱勃、曹植、閔鴻、江逌、司馬遷、張協、張載、黃香、馬融、安革猛（按：即韋孟之譌）、劉琬等零篇碎句，殆輯佚集類創稿也。

石字函第七冊著錄云：

惟《芸窗私志》、《採蘭雜志》末有數條《說郛》本無，餘俱從《說郛》鈔。

石字函第八冊著錄云：

《相貝經》（下注：中夾一紙，亦此書有序錄槀，然僅其半耳。）、《養魚經》（下注：從《說郛》鈔，今已刊）、《續養魚經》（下注：未詳從何本鈔）、陳鼎《蛇譜》（下注：《四庫存目》云共六十三條，此僅二十八條。）、《腳氣集》（下注：共二條，末條眞草各半，《說郛》本無）。

石字函第十冊著錄云：

《避齋閒覽》（下注：末有四條《說郛》本無，粘紙二條《說郛》本亦無）。

石字函第十冊著錄云：

《漢官儀》（下注：首頁缺）、《漢官典職》、《漢舊儀》（下注：三種上、下方草書增寫殆遍，然孫淵如輯本盡之矣。）、《漢雜事秘辛》（下注：從《說郛》鈔）、《東宮舊事》（下注：似亦從《說郛》鈔）、《八王故事》（下注：末三條《說郛》本無）、《魏晉世語》（下注：中牟條以下《說郛》無，有草書注明出典及增添者。然只《初學記》、《水經注》、《太平廣記》所引，恐非完帙。）、《決疑要注》、《晉起居注》、《元嘉起居注》、《梁五禮》、《梁雜儀注》（下注：五種並有草書增添，然亦只《初學記》、《後漢書注》所引。）、《稽古定制》（下

注：似亦從《說郛》鈔）、《大業拾遺錄》（下注：多於《說郛》者甚
多，未悉從何本鈔，末有草書〈後序〉，輯自《六帖》。）、《大業雜
記》（下注：從《說郛》鈔）。

石字函第十二冊著錄云：

《花經》（下注：從《說郛》鈔，首一頁缺）、《花月令》（下注：未
詳從何本鈔）、《茹草紀事》（下注：訂正《說郛》本，前有序錄）、《種
樹書》（下注：訂正《說郛》本，前有序錄，草書增添處不少，惜未
注出典。按此書刊本目錄已列）。

石字函第十三冊著錄云：

《筆經》（下注：多於《說郛》數條）、《墨經》、《墨記》、《蜀牋譜》
（下注：均從《說郛》鈔）。

石字函第十五冊著錄云：

輯《廣古今五行記》定棄。然只從《太平廣記》採錄，亦無序錄。

絲字函第二冊著錄云：

末則輯《字林》棄也。

絲字函第六冊著錄云：

輯《凡將篇》、《訓纂篇》，兼有訓釋。

絲字函第七冊著錄云：

《春秋少陽》（下注：只一條）、《凡將篇》（下注：四條）、《古史考》
（下注：不及章逢之輯本之詳，然孔子作緇布冠等四條，章本所無，
惜未注出典耳）。

絲字函第十冊著錄云：

《許商五行傳記》、《尚書百兩篇》、《尚書逸篇》（下注：此書視輯入
《目耕帖》者，博且精矣。群書稱引周書者，概不錄，尤爲有見）。

絲字函第十一冊著錄云：

《逸詩》（下注：此則不如輯入《目耕帖》者。……魏了翁《周禮折
衷》、《逸孟子》、《孟子外書》（下注：即逸孟子棄）。……《逸孝經》
（下注：只二條）。

絲字函第十二冊著錄云：

《三統歷》、《元嘉歷》（下注：似是輯佚，未注出典）。

絲字函第十四冊著錄云：

《淮南畢萬術》（下注：多於《說郛》）、……《玉符瑞圖》（下注：多於《說郛》，似亦輯佚，未注出典。）、……《五行記》（下注：未詳從何本鈔，亦未注出典）、……《元覽》、《天元主物簿》（下注：二種未詳從何本鈔）、……《岣嶁神書》（下注：有草書增添，然止《本草綱目》所引耳。）、……《起世經》（下注：有三因緣以下，《說郛》無）、……《感應經》（下注：未詳）、……《相兒經》（下注：從《說郛》鈔）。

絲字函第十五冊著錄云：

《辨正論》（下注：只《太平廣記》所引）、《緯略》（下注：以下有從《說郛》鈔者，其餘未詳）、《釣磯立談》、《在窮記》、《姚氏殘語》、《獻帝春秋》、《五總志》、《促織經》、《鳥獸續考》。

竹字函之第六冊著錄云：

面題「晉、宋佚集」，為謝安、孫嗣、孔欣時、伏滔、習鑿齒、孫盛、袁宏、顧淳、熊鳴鵠、謝韶、王獻之、謝朗、郗愔、王珉、羅含、庾蓓、庾悠之、庾凱、孫放、庾肅之、蘇彥、王徽之、王忱、殷允、戴逵、孫廞、張元之、袁山松、卞湛、褚爽、范甯、范宏之、王珣、薄蕭之、曹耽之、胡訥、劉甯之、何瑾之、王恭、殷仲堪、桓元、卞範之、卞承之、殷仲文、……吳邁遠、范廣泉、孔法生、苟雍等若干家，輯佚集類創棄也。〔註102〕

竹字函之第六冊著錄云：

輯《名醫別錄》（下注：甄權坿）、《本草衍義補遺》、《大明日華本草》、明陳嘉謨《本草蒙筌》、《錢乙小兒直訣》、《本草權度》，然只《本草綱目》所引。

竹字函之第十冊著錄云：

輯《春秋後語》、《曹褒新禮》、《鄭氏婚禮》、《百官六禮辭》、傅元、蔡邕、姚最《序行記》、司馬彪《後梁略》、《梁典》、《鄧展》、《董養》、《入塞記》、《古今樂錄》、《山濤別傳》、《續帝王世記》、《樓觀本紀》、《仙經》、《物理論》，或五、六條或一、二條，乃創棄也。

竹字函之第十一冊著錄云：

輯《闕子》、《公孫尼子》、《世子》、《曾子》、《董子》、《玉匱經》、《五

〔註102〕此「晉、宋佚集」所收逾200人。同前註，頁6～8。

嶽真形圖》、《范子計然》、《裴元新語》、《尹子》、《肘後方》、《范汪方》、《篤論》、《元晏春秋》、虞溥《屬學篇》、《鄒子》，或五、六條或一、二條，乃創棄也。

竹字函之第十二冊著錄云：

輯陸景《典語》、《竹林名士傳》（下注：竹林七賢傳坿）、孫盛《晉陽秋》、《續晉陽秋》、《魏舒（別傳）》、《顧愷之（別傳）》、《向秀別傳》，宋子侯、劉公幹、郄潤甫、阮嗣宗、徐廣、枚乘、孔稚圭、王彪之、左思、謝慶緒、棗據、延篤、羊祜、羊秀、王符、夏侯雅、王羲之、殷仲堪、杜預、張綱、王武子、《駿馬圖》，或五、六條或一、二條，乃創棄也。

竹字函之第十三冊著錄云：

輯王朗、荀伯子、江統、孫瑞（下注：鄭小同坿）、劉劭、王彪之、王准之、劉遐、王濛、孫毓、王肅《喪服要記》、《喪服經傳》、孔嚴、《喪服變除》、江霦、徐藻、何澄、何休《春秋議》、劉表《後定喪服》、王元規等，然只《通典》所引。

竹字函之第十四冊著錄云：

前為張預《百將傳》。

竹字函之又一裏著錄云：

輯《文士傳》、《南康記》。

匏字函之第一冊著錄云：

《化清經》、阮子《正論》、袁子《正論‧序錄》。

土字函之第一冊著錄云：

《柯山書解》、《王炎書小傳》、《鄭少梅》、《李氏書解》各輯本，少者一、二條，多者十數條，皆采自……。

土字函之第三冊著錄云：

輯《尚書中候》數頁，《春秋鐸氏微》、《虞氏春秋》、《郭子》、《張蒼》、《三國典略》各一條。

土字函之第七冊著錄云：

輯《廣州先賢傳》、《水變占》、《京房易傳》、《京房占》、《博物記》、摯虞《月令章句》、《樂經》、《樂記》、干寶《周禮注》、伏侯《古今注》（下注：並序錄）、盧植《禮記注》、《尚書逸篇》、傅咸《春秋釋

痾》、杜林《說左傳》、《石渠論》、劉熙《孟子注》、《五經然否》、范
甯《尚書注》、《易傳太初篇》、《逸禮》、馬融《周禮注》、《中候》、《鄭
孝經注》、《鄭論語注》、王肅《禮注》、《獻帝起居注》、《甘石星經》、
《服氏左傳注》、《荊州星經》、《海中占》、《巫咸占》、《郤萌占》、《韓
楊占》、《黃帝星占》、《朝事儀》、《互氏說》、楊賜《物理論》，多至
二、三十條，少或一條。

土字函之第十冊著錄云：

　　輯《論語劉歆注》（下注：只一條）、……《樊光注》（下注：一條）。

革字函之第一冊著錄云：

　　兼有《古微書》卷六至十六添注出典，以爲緯書輯佚底棄。

革字函之第九冊著錄云：

　　杜林《倉頡故》、……劉杳《要雅》、《孔尚》（下注：一條）、李充《文
　　類》（下注：一條）、……《杜篤集》、江邃《文釋》、《漢律雜令》（下
　　注：一條）、……《吳普本草》（下注：一條）、《字書》（下注：二條）、
　　《字林》（下注：一條），殆創棄也。

革字函之第十冊著錄云：

　　杜林（下注：一條）、趙壹、《釋名》、《篇韻》（下注：並一條）、《籀
　　文》、《江西隨函》、《世本》、《摭華》（下注：一條）、《明堂月令》、《說
　　文引張林說》（下注：一條）、張顯《古今訓》（下注：一條）、《告幼
　　童文》（下注：一條）、《詁幼》、《說文引張徹說》（下注：一條）、《集
　　訓禮統》、殷仲堪《常用字訓》（下注：一條）、《瑞應經》（下注：一
　　條）。

革字函之第十二冊著錄云：

　　《孔藏集》（下注：一條）、《漢武集》（下注：一條）、《左九嬪》、《陳
　　思王》、《杜詩》（下注：一條）、《張超》（下注：一條）、《李陵》（下
　　注：一條）、《胡廣》、《韋仲將》、《卞蘭》等集。

木字函之第十二冊著錄云：

　　輯《孟仲子詩論》。

　　綜上所述，《玉函山房輯佚書》所收佚書實非馬國翰輯佚成果之全部。以
目前所通行之《玉函山房輯佚書》觀之，馬國翰所輯佚書其數量之龐大，已
堪稱清代輯佚的第一家，若再將其生前所輯佚書尚未完稿者、未及刊刻者、

已刊散落者合併計之，馬國翰之輯佚事業益顯宏鉅，有清一代輯佚諸家實難有匹敵者。

二、《玉函山房輯佚書》之解題與分類

（一）《玉函山房輯佚書》解題概述

《玉函山房輯佚書》解題與《玉函山房藏書簿錄》解題所具備之義例大致相仿，此處僅就馬國翰於《玉函山房輯佚書》解題中著力至深者及特出者，擇其大要，分述如下：

1. 補證撰者諸事

馬國翰為所輯佚書所撰寫之解題中，以「撰者」這一部分最是詳密，舉凡撰者之姓氏、名號、時代、里居、官爵、行事、人品、師承等多有論及，且於所收佚書之後間附有撰者傳記以及諸家所載相關資料以資參證，堪稱詳贍允恰。其中又以考辨一書之撰者、詳述撰者之行事、撰者之學說傳承、撰者之評價等四方面，用力最勤，以下分別紹述之。

（1）考辨一書之撰者

如：謝氏撰《禮記音義隱》一卷，解題云：

> 謝氏撰。謝氏不詳何人。《隋志》兩載此書，一題一卷，謝氏撰；一題七卷，不著姓名。意謝氏所著本一卷，後又有推廣而補之者，故有七卷也。《唐志》不著錄，而別有射慈《小戴禮記音》二卷。考《吳志·孫休傳》有射慈，《孫奮傳》作射慈。射即謝字之改，見《廣韻》四十禡射字注。《隋志》列此書一卷者，在蔡邕《月令章句》之下；七卷者在孫炎注之上。邕後漢人，炎魏人，疑謝氏，即吳謝慈也。《隋志》又於《禮記音義隱》一卷，謝氏撰下，類列《禮記音》二卷，宋中散大夫徐爰撰。梁有《鄭元（音）》、《王肅（音）》、《射慈（音）》、《射貞（音）》、《孫毓（音）》、《繆炳音》各一卷，皆以為亡。……故《正義》及引之，然引稱謝慈，謝慈即射慈。其所說下室之饋音兼乎義。此又謝氏即謝慈之一證也。（《輯佚書》，頁964）

又如：〔隋〕何妥撰《周易何氏講疏》一卷，解題云：

> 〔隋〕何妥撰。《北史》本傳云：妥字棲鳳，西城人，入周仕為太學博士，封襄城縣男。文帝受禪，除國子博士，加通直散騎常侍，進

爵為公，出為龍州刺史，以疾請還，尋為國子祭酒，諡曰肅。撰《周易講疏》十三卷，《孝經疏》二卷，並行於世。《唐書·藝文志》有何妥《周易講疏》十三卷，與本傳同。《隋書·經籍志》有《周易私記》三十卷，不著撰人姓名，下次《周易講疏》十三卷，注云：國子祭酒，何晏撰。考〔魏〕何晏官至吏部尚書。《隋志》集部題《魏尚書何晏集》十一卷，茲提國子祭酒，乃〔隋〕何妥之官號，且書名、卷數並與妥傳不殊，而次序又在〔陳〕周宏正之下，不著代者，以妥為隋人也。《志》偶誤妥為晏。而《冊府元龜》遂云：何晏撰《周易私記》二十卷，《周易講疏》十三卷。朱太史彝尊信之，載入《經義考》，展（輾）轉承訛，失而愈遠矣。（《輯佚書》，頁270）

對於所輯佚書撰者為誰之議題，馬氏頗能旁徵博引，反覆推論，獨到之見，所在多有，亦頗資參證。

（2）詳述撰者之行事

如：〔漢〕氾勝之撰《氾勝之書》二卷，解題云：

〔漢〕氾勝之撰。《漢書注》：成帝時為議郎。劉向《別錄》：使教田，三輔有好田者師之。《晉書·食貨志》：昔漢遣輕車使者氾勝之督三輔種麥，而關中遂穰。《文選注》引王隱《晉書》云：氾勝之敦睦九族。《廣韻》二十九凡、氾字注，又姓出燉煌濟北二望。皇甫謐云：本姓凡氏，遭秦亂避地於氾水，因改焉。漢有氾勝之撰書言種植之事，子輯為燉煌太守，子孫因家焉。鄭樵《通志·氏族略》：漢有氾勝之為黃門侍郎，此其事蹟可攷者。（《輯佚書》，頁2697）

又如：〔商〕伊摯撰《伊尹書》一卷，解題云：

〔商〕伊摯撰。《史記·殷本紀》云：伊尹名阿衡，欲干湯而無由，乃為有莘氏媵臣負鼎俎以滋味，說湯致于王道。案皇甫謐《帝王世紀》云：初力牧之後曰：康成箋，阿，倚也，衡，平也。伊尹，湯所依倚而取平，故以為官名，是阿衡，乃伊尹官號，非名也。《孟子》辨伊尹割烹要湯之事，云：伊尹耕於有莘之野而樂堯舜之道焉。云：湯使人以幣聘之。云：湯三使往聘之。出處詳明如此，何史遷誤信戰國游士之談而以為媵臣負鼎俎，重誣之也。（《輯佚書》，頁2713）

馬國翰廣泛運用史籍、類書、筆記小說、群經注疏等資料，取其與撰者生平有關者，加以綜合整理、條析縷分，以考述撰者之事蹟，皆便於參考。

（3）理清撰者之學說傳承

如：〔漢〕夏侯勝撰《尚書大夏侯章句》一卷，解題云：

> 攷《儒林傳》周堪、孔霸俱事大夏侯，堪授牟卿及長安許商長伯，
> 霸傳子光。由是大夏侯有孔、許之學。又《五行志》載夏侯始昌通
> 五經，善推五行傳，以傳族子夏侯勝，下及許商，皆以教所賢弟子。
> 其傳與劉向同，則子政與大夏侯亦一家之學。茲併取孔光、劉向所
> 引書義輯入。（《輯佚書》，頁 389）

又如：〔漢〕夏侯建撰《尚書大夏侯章句》一卷，解題云：

> 攷《儒林傳》張山拊，字長賓，平陵人，事小夏侯建，授同縣李尋、
> 鄭寬中少君、山陽張無故子儒、信都秦恭延君、陳留假倉子驕。由
> 是小夏侯有鄭、張、秦、假、李氏之學。今諸家惟李尋有傳，所述
> 經義皆小夏侯之佚說，並取編輯，雖非原文，而確有師授。（《輯佚
> 書》，頁 394）

古代學者重視師承，馬國翰將撰者之學說傳承關係加以理清，有助於鉤稽出
同一學派撰者之遺說、佚著。

（4）品評撰者行軼、風格

如：〔漢〕公孫宏撰《公孫宏書》一卷，解題云：

> 夫宏在當日東閣延賢布被昭儉，亦賢相也。特殺主父偃，徙董仲舒，
> 與汲黯不相能，一時輿論少之。至其言論通達，治體亦不盡曲學以
> 阿世，班固入其書於儒家，非無見也。（《輯佚書》，頁 2575）

又如：〔漢〕終軍撰《終軍書》一卷，解題云：

> 白麟奇木之對，不無傅會，胡越內附言亦幸中。然其文若不經意，
> 而音節自諧，宜林希元歎為天與之奇才，而惜其壽之不永哉？（《輯
> 佚書》，頁 2577）

馬國翰於《玉函山房輯佚書》解題中，不但對於有關撰者生平之文獻記
錄作出了拾遺補闕的工作，並且每每在考述當中呈現出其知人論事之洞見，
有裨於進一步了解撰者仕履、行誼、作品之全貌。

2. 論考書名異稱

如：〔吳〕顧譚撰《顧子新言》一卷，解題云：

> 其書本名《新言》。本傳云：著《新言》十二篇。《隋志》作《新語》，
> 《唐志》作《新論》，皆非原目。（《輯佚書》，頁 2614）

又如：撰人缺《琴歷》一卷，解題云：

> 《隋志》有《琴歷頭簿》一卷，《唐志》作《琴琴集歷頭拍簿》一卷，
> 均不著撰人姓名，即此是也。（《輯佚書》，頁 1221）

對於書名之有異稱者，馬氏於解題中往往詳加載錄，自可減少徵引資料、輯錄佚文的疏漏。

3. 說明存闕情況

如：〔晉〕盧諶撰《雜祭法》一卷，解題云：

> 《文選注》引徐廣《晉紀》云：顯宗徵爲散騎常侍，並詳載其字里，
> 所著《雜祭法》六卷。《隋書·經籍志》禮類注載其目云：梁有。又
> 云：亡。《唐書·藝文志》史部儀注類六十一家，復以六卷著錄，蓋
> 唐時蒐羅得之也。今佚。（《輯佚書》，頁 1118）

又如：〔周〕王孫氏撰《王孫子》一卷，解題云：

> 《隋志》於《孫卿子》十二卷下，注云：梁有《王孫子》一卷，亡。
> 《唐志》不著錄。馬總《意林》卷二標目在《申子》之上而書闕，
> 或誤以《莊子·雜篇》繫其下。《四庫全書》校本刪正之，只留缺目。
> （《輯佚書》，頁 2545）

言明所輯佚書於各目錄書籍中之著錄異同，以探究其存、闕情況，俾可有效掌握資料來源，以防誤輯。

4. 闡明取材來源

如：〔周〕魯仲連撰《魯連子》一卷，解題云：

> 《戰國策》載其六篇，其〈卻秦軍〉、〈說燕將〉二篇，《史記》亦載
> 之。文句不同，參互校訂。又搜採《意林》、《御覽》等書，得佚文
> 二十五節，合錄一卷。（《輯佚書》，頁 2550）

又如：〔吳〕顧譚撰《顧子新言》一卷，解題云：

> 唯《太平御覽》引數節。又本傳載〈疏〉一篇。《隋志》無譚〈集疏〉，
> 當在《新言》中。如賈誼〈治安疏〉在《新書》，董仲舒〈天人策〉
> 在《春秋繁露》之類。陳壽作譚〈傳〉即從譚書採之，末故詳言著
> 書篇目，其曰，〈知難篇〉，蓋以自悼傷也。則此〈疏〉又爲〈知難
> 篇〉之佚文可知，據補合訂一卷。（《輯佚書》，頁 2614）

馬氏不僅藏書繁富，且能苦學精究，故其對於所輯殘篇斷章無不詳載其來歷，以明源流，開益後人之處甚多。

5. 載明輯佚原由

如：〔魏〕董遇撰《周易董氏章句》一卷，解題云：

> 遇嘗教人讀書百遍，而義自見。又爲苦渴無日者，教以三餘之義。
> 摭此編而存之，蓋不沒其劬學之功力爾。（《輯佚書》，頁 193）

又如：〔後漢〕蔡邕撰《月令問答》一卷，解題云：

> 按：《蔡集》亦出後人所裒輯，度其原書，當必不止於此，姑就錄之，
> 比次章句，後循覽者，可識其探賾辨物之精心焉。（《輯佚書》，頁
> 943）

馬氏於解題中言明纂輯佚書之動因，除能彰顯該佚書之價值外，馬氏選輯佚書之標準亦可概見。

6. 紹述前賢輯佚成果

如：〔蜀〕范長生撰《周易蜀才注》一卷，解題云：

> 武威張太史澍嘗從《釋文》及李氏《集解》所引，輯爲一卷，載入
> 《蜀典》，今據校錄，偶有遺漏，悉爲補之。（《輯佚書》，頁 234）

又如：姚規撰《周易姚氏注》一卷，解題云：

> 武威張澍介侯《二酉堂叢書》載此書之目，尚未付梓，無從取校也。
> （《輯佚書》，頁 276）

前賢已輯錄之佚文，可取資者亦多，馬氏頗能匯集眾本，復加蒐採，以補闕訂誤、裒輯爲卷，故其所輯多能突過前人，後出轉精。至於其無從目見之前賢輯佚成果亦兼有述及。

7. 指出異文諸說

如：〔晉〕張軌撰《周易張氏義》一卷，解題云：

> 唯陸德明《釋文》引其說「齊斧」一語。今注疏用王弼本，作「資
> 斧」。《子夏傳》及眾家並作「齊斧」，除《釋文》引張晏、應劭、虞
> 喜外，考蔡邕〈太尉橋公碑〉云，亦用「齊斧」。又黃鉞銘云：「齊
> 斧罔設。」並與張義合，沿襲既久。見「齊斧」而駭爲新解者，不
> 知涼公當日實述舊聞也。（《輯佚書》，頁 208）

又如：〔晉〕黃穎撰《周易黃氏注》一卷，解題云：

> 唯《釋文》引其說九節而已，如「從禽」，音于用反，與鄭元同；「翰
> 如」，云馬舉頭高卬也，與董遇同；而「賁于丘園」，賁作世；「豚魚」
> 作遯魚，其義頗新，而未必有所本。（《輯佚書》，頁 239）

各書佚文，互有詳略、異同，馬氏多能加以整理、校訂，且於撰寫解題時即指出其中之要者，加以考論。

8. 匡正前賢謬誤

如：〔周〕世碩撰《世子》一卷，解題云：

> 充謂《世子》言人性有善有惡云云，作〈養書〉一篇，又謂宓子賤、漆雕開、公孫尼子之徒，說情性與《世子》相出入，復舉孟子、荀卿、揚子雲、劉子政等說，皆非實。而以世碩及公孫尼子爲得正，按碩亦聖門之徒，雖其持論與子輿氏不同，而各尊所聞，要亦如游、夏門人之論與？（《輯佚書》，頁 2520）

又如：〔周〕李克撰《李克書》一卷，解題云：

> 《漢志》儒家李克七篇注云：「子夏弟子，爲魏文侯相。」陸德明《經典釋文·詩敘錄》云：「子夏傳曾申，申傳魏人李克，克傳魯人孟仲子」。陸璣《毛詩疏》謂：「卜商爲之序，以授魯人申公，申公授魯人李克。」案：曾申，曾子之子，稱申公者誤。克先從曾申受《詩》，爲子夏再傳弟子，後子夏居魏，親從問業，故班固以爲子夏弟子也。
> （《輯佚書》，頁 2529）

不論是在撰者、書名、篇卷、學說等方面，前人有所謬說舛訛處，馬氏每每能詳舉證據，細加分析，予以刊正。

馬國翰《玉函山房輯佚書》之解題，雖仍不免有其未密之處，但馬氏於撰者諸事、書名異稱、存闕情況、取材來源、輯佚原由、前賢輯佚成果、異文諸說、前賢謬誤等方面，多能作系統且深入之探討，其中可資後人參證、援引之資料、論點，不勝枚舉，裨益學術甚多。而此一成果的展現與馬國翰「玉函山房」藏書之奧博自是息息相關。

（二）《玉函山房輯佚書》分類概述

《玉函山房輯佚書》於馬國翰卒前未能刊成定本，故馬國翰理應未及爲此書編纂總目，今僅能據其所撰《竹籟閒吟·序》云：

> 周小霞德配張孺人和蘭女史，丙午閏夏，忽無疾而終。小霞出其遺詩四卷，遺詞二卷，欲壽其名，以傳來世。適暑中正刻群經補遺，就付剞劂氏。〔註 103〕

〔註 103〕馬國翰：《玉函山房文集·續集》卷四，轉引自王重民〈清代兩個大輯佚書家

又《耕道獵德齋詠史小樂府‧序》云：

> 己酉初春，赴郡過沔，丁席儒少尉以其師陽湖周亦山先生《耕道獵
> 德齋詠史小樂府》二卷見畀，適余刻經、子輯佚書方竣，工猶未去，
> 遂付剞劂氏。〔註104〕

知馬國翰於生前確曾刊成經、子二編，至於類目爲何？則無法考知。據〔清〕
匡源所撰《玉函山房輯佚書‧序》所言：

> 分經、史、諸子爲三編。……内惟經編爲稍全，史編則所得僅八卷，
> 子編自儒家、農家外，俱無目。顛倒舛錯，漫無條理，蓋當時隨編
> 隨刊，書未成而先生卒，故其體例，未能畫一也。余得其書，乃參
> 校《漢、隋、唐志》，補爲目錄如次。〔註105〕

故依現今通行之《玉函山房輯佚書》濟南皇華館、長沙瑯嬛館印本爲準觀之，
《玉函山房輯佚書》之隸置群書，應該可說是匡源以馬國翰之分類觀念爲基
礎，而加以闡釋、發皇所完成的，尤其是子編，除儒家、農家外，更是匡源
依馬國翰所撰諸佚書解題中所述及之分類大要爲據，復參校《漢、隋、唐志》，
補爲目錄的。

從所知見的版本中，經筆者詳加核對後發現，自同治年間匡源所編之總
書目，將全書分成 3 編、33 類開始，此後諸本多承襲此一分類法，即經、史、
子三編，經編 16 類；史編 3 類；子編 14 類，爲類三十三。茲列其類目如下：

經編：

易類、尙書類、詩類、周官禮類、儀禮類、禮記類、通禮類、樂類、春
秋類、孝經類、論語類、孟子類、爾雅類、五經總類、緯書類、小學類。
計 16 類。

史編：

雜史類、雜傳類、目錄類。計 3 類。

子編：

儒家類、農家類、道家類、法家類、名家類、墨家類、縱橫家類、雜家
類、小說家類、天文類、陰陽類、五行類、雜占類、藝術類。計 14 類。

評傳〉，收在《中國目錄學史論叢》，頁 298。

〔註104〕同前註，頁 299。

〔註105〕〔清〕匡源：《玉函山房輯佚書‧序》，頁 1。

　　不過，於各版本中，卻有光緒十八年之思賢書局本多設有「國語」一類，將其他諸本原隸屬於「春秋類」之〔後漢〕鄭眾撰《國語章句》、〔後漢〕賈逵撰《春秋外傳國語解詁》、〔吳〕虞翻撰《春秋外傳國語虞氏注》、〔吳〕唐固撰《春秋外傳國語唐氏注》、〔吳〕孔晁撰《春秋外傳國語孔氏注》、《國語音》等六書，移置入「國語類」，全書乃成為 34 類，此為獨一之現象，不知為誰所改隸。以上所述，為今傳《玉函山房輯佚書》諸本之分類大概。雖然今傳《玉函山房輯佚書》僅刊刻印行經、史、子三編，然據蔣式瑆《手稿存目》石字函、竹字函等之著錄，馬國翰所輯佚書實包括「集部」諸家佚集，前文已詳載，資不贅舉，惜未及雕版刊印。可見馬國翰之輯佚工作豈止限於我們今日所目見的經、史、子三編近六百種而已，實亦總括經、史、子、集四部。馬國翰一生所企盼完成的輯佚藍圖想必是十分宏偉的。

　　至於其部居群書之所承，馬國翰於《玉函山房輯佚書》解題中，間有述及。以下茲分為據《漢書‧藝文志》隸部者、據《隋書‧經籍志》隸部者、據《舊唐書‧經籍志》與《新唐書‧藝文志》隸部者、據所引書隸部者，分別列舉之。

1. 據《漢書‧藝文志》隸部者

　　如：入「縱橫家類」〔漢〕鄒陽撰《鄒陽書》解題云：

> 陽生漢文景之世，六國餘習未能盡除，故其言論雖正，而時與《戰國策》文字相近，《漢書藝文志》列之縱橫家，以此故也。……一從《班志》之舊目焉。（《輯佚書》，頁 2823）

　　又如：入「墨家類」〔周〕太史尹佚撰《史佚書》解題云：

> 其對成王問政云：「使之以時而敬順之，忠而愛之，布令信而不食言。」又云：「善之則畜也，不善則讎也。」與《論語‧道千乘之國》章，《孟子‧君之視臣》章，意旨復合。而《春秋內外傳》所引諸語亦皆格言大訓，不知《班志》何以入其書於墨家之首？意或以墨家者流，出於清廟之守，佚為周太史，故探源而定之與？今仍依《班志》，觀者勿以墨翟兼愛之流弊，並疑此書也。（《輯佚書》，頁 2791）

2. 據《隋書‧經籍志》隸部者

　　如：入「五行類」〔漢〕司馬遷撰《太史公素王妙論》解題云：

> 書題「素王」，蓋以孔子為嚮往，而推詳貧富，有取於計然、范蠡諸人，則亦發憤著書，與作《史記‧貨殖列傳》同一微意。《隋志》

入五行，必有故。惜不得全書以徵之也。(《輯佚書》，頁 2968)

又如：入「五行家類」孫柔之撰《瑞應圖》解題云：

> 《隋志》「五行家」有《瑞應圖》三卷，《瑞圖贊》二卷，注云：梁
> 有孫柔之《瑞應圖記》，孫氏《瑞應圖贊》各三卷，亡。《唐志》「雜
> 家」復出孫柔之《瑞應圖記》三卷，今佚。(《輯佚書》，頁 2970)

3. 據《舊唐書‧經籍志》與《新唐書‧藝文志》隸部者

如：入「雜家類」〔後漢〕伏無忌撰《伏侯古今注》解題云：

> 《隋志》八卷，著錄雜史類。《唐志》入雜家，與崔豹《古今注》相
> 次，云三卷。……《隋志》崔書入雜家，此書入雜史，不若《唐志》
> 之允。(《輯佚書》，頁 2837)

又如：入「小說家類」〔宋〕東陽無疑撰《齊諧記》解題云：

> 所記皆神異事，《隋志》入雜傳記，《唐志》入小說。(《輯佚書》，頁
> 2935)

4. 據所引書隸部者

如：入「儒家類」〔晉〕虞溥撰《厲學》解題云：

> 依《御覽》入儒家類，訓辭爾雅，發人意志，而學之染人甚於丹青，
> 尤名言可繹也。(《輯佚書》，頁 2669)

又如：入「農家類」撰人名氏闕《家政法》解題云：

> 《隋、唐志》無此書之目，唯賈思勰《齊民要術》引之。……姑依
> 賈氏題錄，列於農家焉。(《輯佚書》，頁 2708)

《玉函山房輯佚書》所錄諸書，雖在有清一代爲散佚不存者，但多見載於《漢書‧藝文志》、《隋書‧經籍志》、《舊唐書‧經籍志》、《新唐書‧藝文志》等史志目錄，儘管馬國翰對於部分書籍於史志目錄中的隸屬，頗有意見，但其分門別類之法仍多祖述前代書目，至於少數未見載於史志者，馬氏則參酌所引典籍之分類情形，擇其最當者，加以部居。

第四節 《玉函山房藏書簿錄》與《玉函山房輯佚書》 之關係

《玉函山房藏書簿錄》是馬國翰所編撰的私家藏書目錄，而《玉函山房輯佚書》的著者爲誰，卻是眾說紛紜。本論文的第五章第二節已針對《玉函山房

輯佚書》作者爭議的問題作一分析與探討，馬國翰即爲《玉函山房輯佚書》之作者已無疑議。本節擬再從《玉函山房藏書簿錄》之著錄書籍、解題，參酌比較《玉函山房輯佚書》之取材資源、解題，以釐析、歸納出《玉函山房藏書簿錄》與《玉函山房輯佚書》之密切關係，知二書作者係出一人之手，且更進一步肯定《玉函山房藏書簿錄》於馬國翰從事輯佚工作時所扮演的重要地位。

一、《玉函山房藏書簿錄》所收輯本爲《玉函山房輯佚書》輯佚之基礎

馬國翰平時對輯佚工作的留心與關注，從《玉函山房藏書簿錄》著錄有不少前賢的輯本，即可知曉，而這些輯本自然也就是馬國翰編撰《玉函山房輯佚書》最直接、重要的取材、參證對象。馬國翰以這些輯本爲基礎，再加以拾遺補闕，其後出轉精的輯佚成績自是有目共睹的，而所撰諸佚書之解題亦時據輯本內容以爲論證。以下即舉《玉函山房藏書簿錄》著錄之輯本，爲《玉函山房輯佚書》所採摭者數例。

（一）〔周〕子夏撰《子夏易傳殘本》二卷

《簿錄·子夏易傳殘本》解題云：

原書佚，知玉屏縣前翰林院庶吉士武威張澍介侯輯錄。（卷2，頁3）

按：《輯佚書·周易子夏傳》解題云：

武威張太史澍輯此篇，刻入《張氏叢書》，今據校錄分爲二卷。（頁44）

（二）〔國朝〕張惠言輯《周易荀氏九家》三卷、《易義別錄》十四卷（《簿錄》，卷2，頁3、頁9）

《輯佚書·周易荀氏注》解題云：

張氏惠言輯《荀氏九家》，佚文具載而雜入九家中，今特別出爲三卷。（頁3）

《輯佚書·周易干氏注》解題云：

明姚士粦輯干常侍《易解》三卷，俱取李氏《集解》而時有疏謬，歸安丁氏杰補正，武進張氏惠言梓入《易義別錄》，茲據參校而習刊之。（頁213）

（三）〔國朝〕余蕭客撰《古經解鉤沉》三十卷

《簿錄·古經解鉤沉》解題云：

所引漢、唐人佚義居多。（卷6，頁5）

按：馬國翰《玉函山房輯佚書》中所輯之《周易施氏章句》（頁77）、《毛詩馬氏注》（頁548）、《毛詩義駁》（頁577）、《毛詩拾遺》（頁620）、《禮疑義》（頁1151）、《春秋大傳》（頁1232）、《爾雅劉氏注》（頁1950）、《七經義綱》（頁2094）等，徵引此書之處甚多。

（四）撰人缺《世本》（《簿錄》，卷10，頁1）

《簿錄》所收《世本》有二，一爲孫馮翼所輯之一卷本，另一爲張澍所輯之五卷本。

按：《輯佚書・魏文侯書》解題云：

兹據《世本》題周魏侯斯，不從《史記》。（頁2522）

（五）〔周〕尸佼撰《尸子》（《簿錄》，卷13，頁1）

《簿錄》所收《尸子》有二，一爲任兆麟所輯之三卷本，另一爲孫星衍所輯之二卷本。

按：《玉函山房輯佚書》中所輯之《伊尹書》（頁2716）、《老萊子》（頁2725）等有引稱者。

（六）〔明〕孫瑴編《古微書》三十六卷（《簿錄》，卷13，頁20）

《簿錄・古微書》解題云：

取五經緯之佚文裒次，凡《尚書緯》十一、《春秋緯》十六、《易緯》八、《禮緯》三、《樂緯》三、《詩緯》三、《論語緯》四、《孝經緯》九、《河圖》十、《洛書》五，疏漏舛誤，亦所不免。然《易緯》今存外，諸緯皆借此以存其略。篇中又搜采事類附記，頗見博洽。（卷13，頁20）

按：《玉函山房輯佚書》中所輯之《尚書緯璇璣鈐》（頁2112）、《尚書緯帝命驗》（頁2121）、《禮緯含文嘉》（頁2133）、《禮緯斗威儀》（頁2146）、《樂緯稽耀嘉》（頁2151）、《樂緯叶圖徵》（頁2153）、《春秋緯運斗樞》（頁2169）、《春秋緯考異郵》（頁2192）、《春秋緯漢含孳》（頁2198）、《春秋緯元命苞》（頁2251）、《論語讖》（頁2295）等皆有引稱者。馬國翰雖取資《古微書》甚多，但亦非一味鈔錄，間有補闕、糾謬之處，如《孝經緯援神契》「厖鴻未分之象也」條下曰：「以上三條，《古微書》失載」（頁2262）；又如《論語讖》「狸猶殺也」條下曰：「此節文《古微書》誤收《比考讖》，今更正。」（頁2301）。

（七）〔後漢〕桓譚撰《桓子新論》

《簿錄·桓子新論》解題云：

原書佚，嘉慶中部郎承德孫馮翼鳳卿輯刊。（卷 11，頁 5）

按：《玉函山房輯佚書》中所輯之《樂記》（頁 1203）條引之。

二、《玉函山房藏書簿錄》所著錄之書與《玉函山房輯佚書》所取材者相關

馬國翰輯佚成果之豐碩、解題考據之詳審與其個人藏書之富，實有相關。《玉函山房輯佚書》所引書及馬氏撰寫解題所據以考證之文獻資料，《玉函山房藏書簿錄》中多有著錄，以下即就《玉函山房輯佚書》編成之取材依據，擇其特出，且見於《玉函山房藏書簿錄》所著錄者，茲分爲（一）類書（二）子史群書（三）地志（四）古注（五）字書、金石（六）筆記（七）書目等七項，各舉數例以明之。

（一）類　書

《四庫全書總目》「類書類」小序所謂：

古籍散亡，十不存一，遺文舊事，往往託以得存。《藝文類聚》、《初學記》、《太平御覽》諸篇，殘璣斷璧，至捃拾不窮，要不可謂之無補也。〔註 106〕

馬國翰《玉函山房藏書簿錄》所收類書爲數頗多，計有 39 種，諸如《北堂書鈔》、《藝文類聚》、《初學記》、《白孔六帖》、《事類賦》、《太平御覽》、《冊府元龜》、《玉海》等皆是。馬氏編撰《玉函山房輯佚書》無不資以爲寶山玉海，勾稽利用之處俯拾即是。類書其裒集群書、無所不包且注明出處之特質，實爲馬氏輯佚取材之最大宗。茲以唐、宋知名類書《北堂書鈔》、《藝文類聚》、《太平御覽》、《冊府元龜》爲例。

1. 〔唐〕虞世南撰《北堂書鈔》一百六十卷（《簿錄》，卷 16，頁 44）

按：《玉函山房輯佚書》中所收之《禮記馬氏注》（頁 914）、《月令章句》（頁 927）、《禮統》（頁 1149）、《郭子》（頁 2922）、《元中記》（頁 2930）、《齊諧記》（頁 2936）、《昕天論》（頁 2955）、《太史公素王妙論》（頁

〔註 106〕據〔清〕永瑢、紀昀等撰：《欽定四庫全書總目·類書類·小序》，卷 135，頁 2641。

2968）等皆有引稱者。

2. 〔唐〕歐陽詢撰《藝文類聚》一百卷（《簿錄》，卷 16，頁 44）

按：《玉函山房輯佚書》中所收之《歸藏》（頁 40）、《禮統》（頁 1149）、《國語音》（頁 1589）、《吾邱壽王書》（頁 1581）、《笑林》（頁 2918）、《郭子》（頁 2922）、《元中記》（頁 2930）、《齊諧記》（頁 2936）《太史公素王妙論》（頁 2968）等皆有引稱者。

3. 〔宋〕李昉等奉敕撰《太平御覽》一千卷（《簿錄》，卷 16，頁 45）

按：《玉函山房輯佚書》中所收之《禮統》（頁 1149）、《古今樂錄》（頁 1212）、《裴子語林》（頁 2902）、《郭子》（頁 2922）、《元中記》（頁 2930）、《齊諧記》（頁 2936）《昕天論》（頁 2955）等皆有引稱者。

4. 《冊府元龜》（《簿錄》，卷 16，頁 45）

按：《玉函山房輯佚書》中所收之《禮記盧氏注》（頁 921）、《三禮義宗》（頁 1157）、《五經通義》（頁 2054）等皆有引稱者。

（二）子史群書

中國古代之子、史群書所徵引之資料十分廣泛，許多亡佚之諸子家說及一家之佚文佚詩因此得以保存。茲以《春秋繁露》、《論衡》、《晉書》、《隋書》爲例。

1. 〔漢〕董仲舒撰《春秋繁露》十七卷（《簿錄》，卷 5，頁 3）

按：馬國翰《玉函山房輯佚書》中所輯之《齊論語》（頁 1656）、《世子》（頁 2521）、《公孫尼子》（頁 2534）、《河間獻王書》（頁 2574）、《請雨止雨書》（頁 3009）等皆有引稱者。

2. 〔後漢〕王充撰《論衡》三十卷（《簿錄》，卷 13，頁 3）

按：馬國翰《玉函山房輯佚書》中所輯之《尚書歐陽章句》（頁 387）、《尚書大夏侯章句》（頁 392）、《董子》（頁 2548）、《范子計然》（頁 2687）、《纏子》（頁 2799）等皆有引稱者。

3. 〔唐〕房喬等奉敕撰《晉書》（《簿錄》，卷 8，頁 3）

按：馬國翰《玉函山房輯佚書》中所輯之《後養議》（頁 1125）、《五經通義》（頁 2057）、《春秋緯考異郵》（頁 2187）、《華氏新論》（頁 2646）、《易洞林》（頁 3014）等皆有引稱者。

4. 〔唐〕魏徵等撰《隋書》(《簿錄》,卷 8,頁 6)

　　按:馬國翰《玉函山房輯佚書》中所輯之《喪服古今集記》(頁 907)、《月
　　令章句》(頁 928)、《樂社大義》(頁 1207)、《春秋左氏傳解詁》(頁 1323)、
　　《爾雅孫氏注》(頁 1998)、《七略別錄》(頁 2506)等皆有引稱者。

(三)地　志

　　來新夏《方志學概論》有言:

　　　舊方志的藝文、金石、古蹟等類目中,著錄了大量當地人撰寫或
　　　與當地有關的詩文、書目、題名、碑刻、民歌、謠諺等。這部分
　　　的內容往往種類繁多,數量驚人,其中不少具有珍貴價值,可以
　　　補正史和流行詩文集的不足,可以作爲研究古代文化藝術的資
　　　料。〔註107〕

可見地志所保存之資料繁富且多樣,亦足爲輯佚者輯補闕佚取資的重要來
源。以下茲取《太平寰宇記》、《元和郡縣志》、《北戶錄》、《蜀典》爲例。

1. 〔宋〕樂史撰《太平寰宇記》二百卷(《簿錄》,卷 10,頁 13)

　　按:馬國翰《玉函山房輯佚書》中所輯之《春秋左氏傳解詁》(頁 1360)、
　　《爾雅李氏注》(頁 1971)、《爾雅孫氏注》(頁 2001)、《爾雅音義》(頁
　　2020)、《春秋緯文要鉤》(頁 2158)、《廣志》(頁 2885)等皆有引稱者。

2. 〔唐〕李吉甫撰《元和郡縣志》四十卷(《簿錄》,卷 10,頁 10)

　　按:馬國翰《玉函山房輯佚書》中所輯之《尚書王氏注》(頁 425)、《汲
　　冢書鈔》(頁 2493)、《春秋釋例》(頁 1379)等皆有引稱者。

3. 〔唐〕段公路撰《北戶錄》三卷

　　《簿錄・北戶錄》解題云:

　　　書載嶺南風土物產,極賅備,引證尤博,注亦典贍。(卷 10,頁 12)

　　按:《輯佚書・凡將篇・序》馬氏參證此書云:

　　　「黃潤纖美宜禪制,鐘磬竽笙筑坎侯」二句,考陸羽《茶經》、段公
　　　路《北戶錄》皆引之。(頁 2345)

　　又《玉函山房輯佚書》中所輯之《廣志》(頁 2885)亦條引之。

4. 〔國朝〕張澍撰《蜀典》十二卷(《簿錄》,卷 10,頁 48)

　　按:《輯佚書・周易蜀才注》,解題即云:

〔註107〕來新夏:《方志學概論》(福州:福建人民出版社,1983 年 8 月),頁 31。

武威張太史澍嘗從《釋文》及《李氏集解》所引，輯為一卷，載入
《蜀典》，今據校錄，偶有遺漏，悉為補之。（頁 233）

又《玉函山房輯佚書》中所輯之《樂記》（頁 2885）亦有所徵引。

（四）古 注

古注其博採群書，匯集眾家之說，且多能標註出處的優點，殘篇佚文多
賴此類書籍得存梗概，亦為輯佚工作重要之圖書文獻來源。茲舉《水經注》、
《三國志》裴松之注、《六臣注文選》、《世說新語》劉孝標注為例。

1. 〔後魏〕酈道元撰《水經注》四十卷（《簿錄》，卷 10，頁 8）
   按：馬國翰《玉函山房輯佚書》中所輯之《尚書馬氏傳》（頁 399）、《尚
   書王氏注》（頁 429）、《毛詩義問》（頁 550）、《毛詩義駁》（頁 577）、《春
   秋緯元命苞》（頁 2239）、《聖賢高士傳》（頁 2493）、《魯連子》（頁 2556）
   等皆有引稱者。

2. 〔晉〕陳壽撰、〔宋〕裴松之注《三國志》六十五卷（《簿錄》，卷 8，頁 3）
   按：馬國翰《玉函山房輯佚書》中所輯之《王子正論》（頁 2600）、《去
   伐論》（頁 2606）、《王氏新書》（頁 2609）、《周子》（頁 2612）、《顧子
   新言》（頁 2615）、《典語》（頁 2617）、《志林新書》（頁 2651）等皆有
   引稱者。

3. 《六臣注文選》六十卷（《簿錄》，卷 24，頁 1）
   按：馬國翰《玉函山房輯佚書》中所輯之《韓詩故》（頁 515）、《薛君
   韓詩章句》（頁 537）、《周禮鄭司農解詁》（頁 676）、《月令章句》（頁
   929）、《仲長子昌言》（頁 2590）等皆有引稱者。

4. 〔宋〕劉義慶撰、劉孝標注《世說新語》三卷（《簿錄》，卷 14，頁 3）
   按：馬國翰《玉函山房輯佚書》中所輯之《周易王氏注》（頁 232）、《論
   語孔氏訓解》（頁 1675）、《論語馬氏訓說》（頁 1723）、《春秋緯考異郵》
   （頁 2188）、《聖賢高士傳》（頁 2499）、《譙子法訓》（頁 2622）、《裴子
   語林》（頁 2901）等皆有引稱者。

（五）字書、金石

字書於文字之形體、聲音、意義的解釋上，往往能徵引古籍舊說；而金石
一類的典籍所包含之文字資料、佚文遺籍亦豐富可觀，皆為輯佚所據資料之來
源。以下茲舉《說文解字》、《汗簡》、《玉篇》、《經典釋文》、《隸續》為例。

1. 〔漢〕許慎撰《說文解字》三十卷（《簿錄》，卷7，頁8）

　　按：馬國翰《玉函山房輯佚書》中所輯之《古文尚書》（頁 359）、《古論語》（頁 1647）、《論語孔氏訓解》（頁 1662）、《論語馬氏訓說》（頁1727）等皆有引稱者。

2. 〔陳〕顧野王《玉篇》三十卷（《簿錄》，卷7，頁 11）

　　按：馬國翰《玉函山房輯佚書》中所輯之《周禮鄭司農解詁》（頁 733）、《古論語》（頁 1638）、《齊論語》（頁 1657）、《論語孔氏訓解》（頁 1676）、《史籀篇》（頁 2307）、《埤蒼》（頁 2387）等皆有引稱者。

3. 〔唐〕陸德明撰《經典釋文》三十卷（《簿錄》，卷6，頁2）

　　按：馬國翰《玉函山房輯佚書》中所輯之《尚書馬氏傳》（頁 399）、《韓詩故》（頁 515）、《毛詩王氏注》（頁 552）、《葛氏喪服變除》（頁 888）、《禮記劉氏音》（頁 984）等皆有引稱者。

4. 〔宋〕郭忠恕撰《汗簡》三卷（《簿錄》，卷7，頁 14）

　　《簿錄‧汗簡》解題云：

　　　其書目多後世罕見。（卷7，頁 14）

　　按：馬國翰《玉函山房輯佚書》中所輯之《古文尚書》（頁 352）、《古論語》（頁 1641）、《齊論語》（頁 1657）、《論語孔氏訓解》（頁 1668）、《雜字指》（頁 2371）、《異字》（頁 2417）等皆有引稱者。

5. 〔宋〕洪适撰《隸釋》二十七卷、《隸續》二十一卷（《簿錄》，卷 17，頁2）

　　按：馬國翰《玉函山房輯佚書》中所輯之《尚書馬氏傳》（頁 406）、《魯詩故》（頁 468）、《春秋公羊顏氏記》（頁 1237）、《論語包氏章句》（頁 1707）、《論語周氏章句》（頁 1716）、《孝經右契》（頁 2282）、《雜字指》（頁 2371）、《異字》（頁 2417）等皆有引稱者。

（六）筆　記

　　筆記所錄雖零星瑣碎，但經史子集、天文、地理、典章、制度、各種故事、傳聞、雜說，無不抄綴匯集，對輯佚而言有相當的參考價值。

1. 〔宋〕龔頤正撰《芥隱筆記》一卷（《簿錄》，卷 13，頁 20）

　　《簿錄‧芥隱筆記》解題云：

　　　書主攷據。卷帙雖少而博洽足稱。（卷 13，頁 20）

　　按：《玉函山房輯佚書》中所輯之《爾雅裴氏注》（2048）條引之。

2. 〔唐〕段成式撰《酉陽雜俎》二十卷（《簿錄》，卷 14，頁 11）

《簿錄・酉陽雜俎》解題云：

此書所記多荒怪不經，而廣蒐佚文秘典，文筆亦奇偉，唐說家之翹楚也。（卷 14，頁 11）

按：《玉函山房輯佚書》中所輯之《爾雅裴氏注》（頁 2048）、《元中記》（頁 2934）即條引之。

3. 〔唐〕馬總撰《意林》五卷（《簿錄》，卷 13，頁 9）

《簿錄・意林》解題云：

又有錄無書，卷帙散亡，正復不少。然觀所採諸子，今多不傳。（卷 13，頁 9）

按：馬國翰《玉函山房輯佚書》中所輯之《公孫尼子》（頁 2533）、《董子》（頁 2549）、《魯連子》（頁 2557）、《正部論》（頁 2582）、《仲長子昌言》（頁 2586）、《申子》（頁 2763）、《胡非子》（頁 2779）、《纏子》（頁 2798）等皆有引稱者。

4. 〔宋〕王應麟撰《困學紀聞》（《簿錄》，卷 13，頁 23）

按：馬國翰《玉函山房輯佚書》中所輯之《魯詩故》（頁 466）、《齊詩傳》（頁 508）、《毛詩王氏注》（頁 571）、《周禮劉氏音》（頁 799）、《月令章句》（頁 929）、《孝經傳》（頁 1598）、《論語孔氏訓解》（頁 1668）等皆有引稱者。

（七）書 目

從事輯佚有賴書目的幫助，始能查考書之存、佚狀況，而書目所輯錄之解題，往往能成為輯佚取材的重要來源。

1. 〔宋〕晁公武撰《郡齋讀書志》二卷（《簿錄》，卷 10，頁 49）

按：《輯佚書・論語江氏集解》解題云：

晁公武《郡齋讀書志》引侃〈序〉稱熙所集。（頁 1818）

即據《郡齋讀書志》加以論證，而馬國翰《玉函山房輯佚書》中所輯之《解疑論》（頁 1295）亦有徵引是書者。

2. 〔明〕陳第撰《世善堂藏書目》二卷（《簿錄》，卷 10，頁 51）

《簿錄・世善堂藏書目》解題云：

陳以武功起家，藏書甚多，其目只載書名，無解題。所載書有久佚

不傳者，蒐羅可謂富矣。（卷 10，頁 51）

按：《輯佚書‧董子‧序》馬氏參證此書云：

〔明〕陳第《世善堂藏書目》有之（《董子》），今復求索，不可得矣。
（頁 2548）

3. 〔國朝〕朱彝尊撰《經義考》二百卷（《簿錄》，卷 10，頁 51）

《簿錄‧經義考》解題云：

家所藏書八萬餘卷，輯其說之可據者，署經名而分系其下。……分
四門，曰存、曰佚、曰闕、曰未見，各著本書下。（卷 10，頁 51）

按：《輯佚書‧歸藏‧序》馬氏參證此書云：

朱太史《經義考》搜輯甚詳，據以為本，間有遺漏為補綴之。（頁
35）

《玉函山房輯佚書》中所輯之佚書，除《歸藏》（頁 36）外，尚有《魯詩故》
（頁 465）、《尚書緯運期授》（頁 2124）、《春秋緯保乾圖》（頁 2195）、《雜字
指》（頁 2371）、《異字》（頁 2417）、《易洞林》（頁 3011）等亦皆有引稱者。

三、二書之互為著錄

《玉函山房輯佚書》解題中，言明某人某書已別著錄者甚多，其中多數
為佚書輯本，確實已收入《玉函山房輯佚書》各編之中。不過，經筆者詳加
核對後發現有十部當時尚存之書，於《玉函山房輯佚書》解題中亦被指稱為
已別著錄者，實際上並不見收於《玉函山房輯佚書》，而是著錄於《玉函山房
藏書簿錄》中，由此更可證實《玉函山房輯佚書》與《玉函山房藏書簿錄》
之關係密切。備舉如下，以資參酌。

（一）《輯佚書‧冠禮約制》一卷，解題云：

〔漢〕何休撰。休有《春秋公羊傳解詁》已別著錄。（頁 832）

按：《玉函山房藏書簿錄》經編，春秋類，著錄有〔漢〕何休注、徐彥
疏、邢昺校定《春秋公羊傳注疏》二十八卷（卷 5，頁 2），何休《春秋
公羊傳解詁》即於其中。

（二）《輯佚書‧去伐論》一卷，解題云：

〔晉〕袁宏撰。宏有《後漢紀》已著錄史編。（頁 2604）

按：《玉函山房藏書簿錄》史編，編年類，確實著錄有〔晉〕袁宏撰《後

漢紀》三十卷。（卷 8，頁 11）

（三）《輯佚書・太元經》一卷，解題云：

〔晉〕楊泉撰。泉有《物理論》已著錄。（頁 2644）

按：《玉函山房藏書簿錄》子編，儒家類，著錄有〔晉〕楊泉撰《物理論》一卷。（卷 11，頁 9）

（四）《輯佚書・論語鄭氏注》十卷，解題云：

〔後漢〕鄭元撰。元有《易書》、《三禮注》、《毛詩箋》並皆著錄。（頁 1730）

按：《玉函山房藏書簿錄》子編，易類，著錄有〔漢〕鄭康成撰《周易鄭康成注》一卷。（卷 2，頁 4）；子編，詩類，著錄有〔漢〕鄭元箋《毛詩》二十卷。（卷 3，頁 31）；子編，禮類周禮之屬，著錄有〔漢〕鄭元注《周禮注疏》四十二卷。（卷 4，頁 1）；子編，禮類儀禮之屬，著錄有〔漢〕鄭元注《儀禮注疏》五十二卷。（卷 4，頁 10）；子編，禮類禮記之屬，著錄有〔漢〕鄭元注《禮記》二十卷。（卷 4，頁 20）。

（五）《輯佚書・論語析疑》一卷，解題云：

〔魏〕王弼撰。弼有《周易注》、《周易略例》，已各著錄。（頁 1769）

按：《玉函山房藏書簿錄》子編，易類，確實著錄有〔魏〕王弼撰《周易注》十卷及《周易略例》一卷。（卷 2，頁 6）

（六）《輯佚書・論語范氏注》一卷，解題云：

〔晉〕范甯撰，甯有《尚書集解》、《春秋穀梁傳集解》已各著錄。（頁 1804）

按：《玉函山房藏書簿錄》子編，春秋類，著錄有〔晉〕范甯集解《春秋穀梁傳注疏》二十卷。（卷 5，頁 3）

四、二書解題之辭意可互爲參證

比較二書之解題，辭意頗多相似、可互爲參證之處，不論是在說明撰者事蹟、考訂撰者、整理卷帙分合或是佚篇輯錄等方面之闡述，題意皆頗爲一致。據以推之，二書解題之撰者應皆爲同一人。以下茲舉十例，以備稽考。

（一）《簿錄・子夏易傳殘本》解題云：

〔周〕魏文侯師衛國卜商子夏撰。《漢志》不著錄。劉歆云：「漢興

韓嬰傳」。荀勗云:「丁寬所作」。張璠云:「或馯臂子弓所作,薛虞記」。孫坦《周易析蘊》以爲漢之杜子夏。趙汝楳《周易輯聞》以爲鄧彭祖,字子夏,傳梁邱《易》者。唯洪邁《容齋隨筆》引群經著作,斷爲孔子弟子卜子夏。晉《中經簿》四卷,梁《七錄》六卷。《隋書經籍志》、《唐書藝文志》并二卷,殘闕。陸德明《經典釋文·序錄》三卷。原書佚,知玉屛縣、前翰林院庶吉士、武威張澍介侯輯錄。武進張惠言亦有輯本,載《易義別錄》之首。(卷2,頁3、4)

《輯佚書·周易子夏傳》解題云:

〔周〕卜商子夏撰。商字子夏,衛人,孔子弟子,爲魏文侯師,事蹟詳《史記·仲尼弟子傳》。其《易傳》,《漢志》不著錄。王儉《七志》引劉向《七略》云:「《易傳子夏》,韓氏嬰也」。荀勗《中經簿》云:「《子夏傳》四卷」,或云:「丁寬所作」。張璠云:「或馯臂子弓所作,薛虞記」。阮孝緒《七錄》云,六卷。《隋書經籍志》云:「二卷,殘闕」,《唐書藝文志》同。陸德明《經典釋文·序錄》云,三卷。……孫坦《周易析蘊》以爲杜鄴。趙汝楳《周易輯聞》、徐幾《易輯》皆以爲鄧彭祖。二人皆字子夏,懸空臆度,迄非定論。獨洪邁信之。武威張太史澍,輯此篇刻入《張氏叢書》。(頁47)

(二)《簿錄·周禮釋文》解題云:

〔唐〕陸德明撰。多採徐邈、李軌、劉昌宗……。又引聶氏,不知何人。(卷4,頁1)

《輯佚書·周禮聶氏音》解題云:

聶氏撰。聶氏不詳何人。《隋唐志》皆不著錄。惟陸德明《釋文》引之。(頁789)

(三)《簿錄·春秋左傳》解題云:

杜氏集前儒之解,去取間有未審,劉炫嘗作書以規之,然具有根據,視後儒之空衍,不侔矣。(卷5,頁1)

《輯佚書·春秋規過》解題云:

又摘杜義中之失以正之,自居乎杜氏之諍友,故書名《規過》。……夫劉好非毀索,垢求瘢固,不免煩碎、錯亂之處亦有,顯爲杜失,而孔疏必委曲護之,左杜、右劉,前人固有定論已。(頁1494)

（四）《簿錄·古樂經傳》解題云：

〔國朝〕李光地撰。取《周禮·大司樂》以下二十官爲經，以《樂記》爲傳。又有附《樂經》，附《樂傳》。（卷4，頁44）

《輯佚書·樂經》解題云：

李厚菴相國有《古樂經傳》五卷，取《周禮·大司樂》以下二十官爲經，與《漢志》不合，不敢採入。（頁1199）

（五）《簿錄·三禮圖集注》解題云：

〔宋〕國子司業太常博士，河南聶崇義撰。舊爲圖說，有鄭元、阮諶、夏侯伏朗、張鎰、梁正及開元官禮六家。聶氏參攷成此書，雖未必盡如古制，而要皆有所依據，諸圖並佚，說義此爲最古焉。（卷4，頁34）

《輯佚書·三禮圖》解題云：

攷聶崇義《三禮圖》引鄭氏圖、阮氏圖又引舊圖，皆一書之文，復從他書搜採輯爲一卷，即就《聶圖》次第編之。聶於舊圖往往有所駁議，而要其去古未遠，見聞非後人可及，惜其圖盡亡。觀者就文考之，猶如觀三代法物云。（頁1102）

（六）《簿錄·論語集解義疏》解題云：

〔梁〕國子博士，吳郡皇侃爲義疏。首有侃自序，備載《江熙集解》所取十三家姓名，蓋其所據本也。書久不傳，杭人汪翼滄得之於日本足利學。（卷5，頁32）

《簿錄·論語正義》解題云：

〔宋〕邢昺撰。咸平二年詔昺，因皇侃之書重爲改定，頒列學官。（卷5，頁33）

《輯佚書·論語褚氏義疏》一卷，解題云：

《皇疏》宋世猶存，故邢昺作《正義》本之。《邢疏》行而《皇疏》稍隱。今得日本人傳之《皇疏》，晦而復顯。（頁1847）

（七）《簿錄·爾雅圖》解題云：

撰人缺。《隋志》《爾雅圖》十卷，郭璞注，梁有《爾雅圖讚》二卷，郭璞撰，亡。《唐志》江灌《圖讚》一卷。此本分卷不同，爲郭爲江不能定。（卷4，頁34）

《輯佚書・爾雅圖讚》解題云：

> 《隋志》有《爾雅圖》十卷，又云，梁有《爾雅圖讚》二卷，郭璞撰，亡。《唐志》《圖》一卷，今佚。……家藏有圖三卷，未識何人所補，讚則散失。（頁 2026）

（八）《簿錄・方言》解題云：

> 世或以許氏《說文》引稱雄說，不見於《方言》，疑爲僞託。然應仲遠實稱雄作，當非無據。許氏所引自是子雲〈訓纂〉語。（卷 5，43）

《輯佚書・訓纂篇》解題云：

> 許慎《說文》引揚雄說十二條，亦〈訓纂〉佚文也。據慎〈序〉論雄作〈訓纂〉云，凡〈倉頡〉已下十四篇，凡五千三百四十字，群書所載略存之矣。然則《說文》中明提雄說者，特存異解。（頁 2347）

（九）《簿錄・釋名》解題云：

> 〔後漢〕安南太守北海劉熙成國撰。凡二十篇，從音求義，得古六書諧聲之旨，所釋器用，可推古制。《隋志》《釋名》八卷下，有《辯釋名》一卷，韋昭撰。韋書已久佚，諸書所引皆辯劉氏〈釋官〉之誤。今劉書無〈釋官〉篇，則四卷非完帙也。（卷 5，頁 42、43）

《輯佚書・辯釋名》解題云：

> 〔吳〕韋昭撰。昭有《毛詩雜答問》已著錄。此編以〔漢〕劉熙《釋名》解有不合者辯而正之。《隋、唐志》皆一卷，今佚。輯錄二十五節，其二十三節，皆論辨官制。先列《釋名》原文，後加辨曰以別之，其無者，引文脫也。今《釋名》內無〈釋官〉篇，當是後人緣昭辨而刪之，而熙說亦借此以存其缺佚。（頁 2414）

（十）《簿錄・魏三體石經遺字考》解題云：

> 〔宋〕皇祐時，蘇望得搨本摹刻於洛陽，古文三百七、篆文二百十七、隸書二百九十五，凡八百一十九字，爲《尚書・大誥》呂刑文侯之命，《春秋》桓、莊、宣、襄四公經文。亦有傳，洪适《隸續》載之。但蘇氏又以《尚書》、《春秋》、《左傳》錯雜成文，命爲《左傳》不加分別。（卷 7，頁 32、33）

《輯佚書・三字石經尚書》一卷，解題云：

> 〔宋〕洪适《隸續》第四卷載魏三體石經《左傳》遺字古文三百七、

篆文二百十七、隸書二百九十五，有一字三體不具者，謂從洛陽蘇
望家得之，題左氏遺字，仍蘇刻也。（頁 2474）

總之，《玉函山房藏書簿錄》所收輯本為《玉函山房輯佚書》輯佚之基礎；
《玉函山房藏書簿錄》所著錄之書與《玉函山房輯佚書》所取材者相關；二
書之互為著錄；二書解題之辭意可互為參證等四大例證，在在證實《玉函山
房藏書簿錄》與《玉函山房輯佚書》二書關係非常，理當同出馬國翰之手，
殆無疑議。

第六章　結論——《玉函山房藏書簿錄》的評價

本章就馬國翰《玉函山房藏書簿錄》的優點與缺點，略述如次，以明《玉函山房藏書簿錄》之價值，並以此總結全文。

第一節　《玉函山房藏書簿錄》的優點

一、補充《四庫》之未備

馬國翰《玉函山房藏書簿錄》所著錄之四千餘種藏書中，有超過半數是《四庫》未收或後出之書，其中有清代以前的著作，有清代御纂欽定的典籍，有清初名儒碩彥的撰述，也有傳奇作品、通俗小說以及戲曲方面的典籍，馬國翰憑藉自己的藏書興趣、治學需求廣搜博採，對《四庫》的增補貢獻甚大，也讓這些圖籍得以保存流傳。而馬國翰為諸書所撰著之解題，也使有關《四庫》未收書的撰者、內容、篇目、得失、價值等得到了揭示，使後人雖未見其書而能窺其涯略，增加了學術研究取資參考之功用。至於《四庫》著錄之書，《玉函山房藏書簿錄》解題亦每每有拾遺補闕之功，如《簿錄·喻林》解題云：「造化、人事、君道、臣術、德行、文章、學業、政治、性理、物宜凡十門，分五百八十餘子目，引書四百餘家。」（卷 16，頁 48），《四庫全書總目》解題則僅述及：「分十門，每門又各分子目，凡五百八十餘類。」〔註 1〕《玉函山房藏書簿錄》為其補述門目。又如《簿錄·蔡中郎集》解題云：「邕

〔註 1〕　〔清〕永瑢、紀昀等撰：《欽定四庫全書總目》，卷 136，頁 2671。

宏才博學，推重一時，惟坐董卓黨，爲王允所殺。集中薦卓表，亦頗爲文章之玷。」（卷 18，頁 10），馬國翰增補撰者行事，間指出撰者著作之失，亦爲《四庫全書總目》所未及。

二、解題義例之齊備

馬國翰所撰寫的《玉函山房藏書簿錄》解題，總篇數多達四千餘篇，且解題應具有之義例，多能齊備，諸如介紹撰人仕履、說明內容大旨、敘述版刻情形、言明卷帙分合、辨別眞僞存佚、闡釋學術淵源等，皆能視是書之必要與實際狀況予以考訂和論述，充分發揮了目錄解題之功效。特別是在撰注人行事資料的增補以及一書序、跋文的著錄最是用力。其中歷代作家的基本資料《玉函山房藏書簿錄》多能完整展現，以備稽考，尤其是馬國翰尊長與諸位文友罕傳的生平傳略，往往可於《玉函山房藏書簿錄》解題中考見得知。至於序跋文的迻錄、序跋文撰著者的詳列、撰著年代的標註等，後人皆可藉此得到更完整的參考內容，進而增加了《玉函山房藏書簿錄》的利用機會。

三、分門別類之細密

私家書目的編制，多爲著錄所藏，以供尋檢稽核，馬國翰能衡諸學術發展及其實際藏書情況，將所藏書籍分門別類爲編、類、屬三級，共計 5 編、57 類、22 屬，相較於《郡齋讀書志》的 45 類、《直齋書錄解題》的 53 類、《四庫全書總目》的 44 類，所置類目明顯增加許多，其中如「勸善書類」的創立；「論語」、「孟子」、「四書」等類各立一門；「爾雅」、「擬經」等類的承襲；禮類下分五目、小學類下分四目，陰陽家類下分四目，譜錄類下分九目的細密，以及法家類、名家類、墨家類、縱橫家類藏書數量不多，亦予以獨立專門，以爲區別，諸如此類的做法不僅能使學術體系得以彰顯，部次群書也因此更能臻於妥善，當然也提供了馬國翰檢閱、利用藏書的最佳門徑。整體而言，《玉函山房藏書簿錄》分類之細密，既符合馬國翰藏書之需要，也符合馬國翰治學之需要。不過，持平而論，《玉函山房藏書簿錄》於群書的配隸上仍出現部分的小瑕疵，如杜澤遜師《影印玉函山房藏書簿錄·序》所舉：「《龍龕手鏡》當入小學類、字書之屬，馬氏入於韻書。」，〔註 2〕又如馬國翰將《十三經類

〔註 2〕 杜澤遜師：《玉函山房藏書簿錄·影印玉函山房藏書簿錄序》，頁 4。

語》置入經編、經總類，將《小學紺珠》置入小學類、禮教之屬，將《孟子年譜》置入經編、孟子類等，恐怕皆難脫循其名而未核其實之失。

四、保存文化典籍之貢獻

古往今來，文獻典籍每每會隨著天災、人禍而散失、淪亡，得以流傳至今者，往往有賴歷代藏書家的蒐集、整理與保存。吳辰伯（晗，1909～1969）《浙江藏書家史略·序》即嘗言：

> 大抵政府收藏，多隨政治局面之隆替而興廢，且其採掇，僅憑官司，無論精校丹黃，即鑑別真贗，品評得失，亦絕不可得。甚或深幽夐閟，徒飽蠹魚，日蝕月消，終歸湮滅。其不為學者所重也固宜。自板刻興而私人藏書乃盛，其中風流儒雅，代有聞人，宿史枕經，篤成絕學。甚或連楹充棟，富誇琳瑯，部次標籤，搜窮二酉，導源溯流，蔚成目錄之學。其有裨於時代文化，鄉邦徵獻，士夫學者之博古篤學者至大且鉅。〔註3〕

可知，無論在任何艱困的環境下，藏書家多能堅持所好，四方求索，遇上無力購置之珍本秘籍，亦可盡夜鈔錄，費盡畢生精力與財富，甘之如飴。馬國翰家藏圖書數量、種類之多，宋、元、明、清各朝版本皆有，經、史、子、集無所不涉，適足以補充公家藏書之未備，而其頑強的傳遞力量，古代文化典籍之全貌也藉此得以更完整的反映出來。

五、發揮著述門戶之功效

《玉函山房輯佚書》的完成，非廣搜博引眾多圖書無以為之。馬國翰藏書之豐富為《玉函山房輯佚書》的編纂提供了極佳的條件，且馬國翰能為自家藏書部次甲乙，撰著解題，如此詳實的資料匯編亦使馬國翰更易於從各類書中翻檢摘抄，鉤沉稽隱。《玉函山房輯佚書》體制的完備，諸如為所輯佚書撰著解題，所輯佚文皆注明出處，輯文考訂精審，書後多附撰者小傳等等，在在顯示出《玉函山房輯佚書》即是馬國翰搜羅藏書、善用《玉函山房藏書簿錄》的豐碩成果。馬國翰實為藏書致用的佼佼者。

〔註3〕 吳辰伯：《江浙藏書家史略·序》（台北：文史哲出版社，1982 年 5 月），頁 1、2。

第二節　《玉函山房藏書簿錄》的缺點

一、版本項著錄多歧的缺失

　　詳贍之版本項應包括著錄一書之刊刻朝代、年號、紀年、處所、版本類別等，對於從事目錄、校勘、輯佚、辨偽等工作助益頗大。馬國翰於《玉函山房藏書簿錄》中雖能明載一書之版本，但版本項之著錄卻未能畫一。其中有未記版本者，如〔國朝〕高自位、曠敏本同撰《南嶽志》八卷（《簿錄》，卷 10，頁 31）、〔元〕伊世珍撰《瑯嬛記》三卷（《簿錄》，卷 14，頁 40）等；有僅記圖書之版本但未標注朝代者，如〔國朝〕魏禧編《左傳經世鈔》二十三卷，下注：「江南刊本」（《簿錄》，卷 5，頁 22）、〔晉〕郭璞撰《葬經》二卷，下注：「徐氏刊本」（《簿錄》，卷 15，頁 8）等；有僅記藏家姓名或僅載藏書樓名者，如〔明〕黃淳耀撰《易經備旨一見能解》六卷，下注：「愼遠堂藏本」（《簿錄》，卷 2，頁 32）、〔宋〕鄒浩撰《道鄉集》四十卷，下注：「水鄉漁子家藏本」（《簿錄》，卷 20，頁 13）等。由此看來，馬國翰於版本項之著錄頗蹈鈔刻不分，時代無別之闕失。

二、解題撰著偶有謬失

　　《玉函山房藏書簿錄》卷帙浩繁，馬國翰僅憑一己之力為諸書撰著解題，偶有疏漏、謬誤的情況產生，自所難免。如《簿錄‧拾遺記》解題云：「〔晉〕處士隴西王嘉子年撰。」（卷 14，頁 2），此書或為依託，馬國翰卻信以為實，顯然有值得商榷之處，撰者前理應補上「舊題」或「原題」諸字較為妥當。又如《簿錄‧孫公談圃》解題云：「〔宋〕集賢殿學士、水部員外郎、高郵孫升君孚撰。」（卷 14，頁 22），按：孫升應為劉延世之誤。又如《簿錄‧南牕紀談》解題云：「記北宋時事，凡二十三條。」（卷 14，頁 28），按：實有 24條。又如《簿錄‧何氏語林》解題云：「〔明〕何俊良撰。」（卷 14，頁 42），按：何俊良實為何良俊之誤。又如《簿錄‧讀易私言》解題云：「許衡平仲撰。」（卷 2，頁 25），按：平仲應作仲平，馬國翰實承《四庫全書簡明目錄》解題之誤。台灣大學所藏《玉函山房藏書簿錄》中，馬國翰對於己撰解題之謬，雖多有手批訂正，但舛錯之例或為考證未審或為輯抄失校或為相沿而誤，仍所在多有。

三、引錄書目名稱不一

馬國翰於《玉函山房藏書簿錄》解題中，屢引史志目錄、官修目錄、私家藏書目錄以及前人所撰之題識序跋以相稽考，計有《漢書‧藝文志》、《隋書‧經籍志》、《郡齋讀書志》、《直齋書錄解題》、《文獻通考‧經籍考》、《經義考》等 22 種，引用之書目不可謂不多，馬國翰用功之勤，於焉可見。然美中不足的是馬國翰於引用這些書目時，卻每每有同書異稱的情形出現。如所引〔宋〕晁公武《郡齋讀書志》，或稱全名「《郡齋讀書志》」（如《簿錄‧蜀檮杌》卷 8，頁 38）；或稱「晁公武」（如《簿錄‧公是集》卷 20，頁 5）；或稱「晁公武《讀書志》」（如《簿錄‧靈棋經》卷 16，頁 7）；或稱「晁氏《讀書志》」（如《簿錄‧北齊書》卷 8，頁 5）；或稱「晁公武《郡齋讀書志》」（如《簿錄‧淮南子許慎注》，卷 13，頁 3）等，其中以「《郡齋讀書志》」使用較頻繁。又如〔宋〕陳振孫《直齋書錄解題》，或稱全名「《直齋書錄解題》」（如《簿錄‧毛詩名物解》卷 3，頁 36）；或稱「陳氏《書錄解題》」（如《簿錄‧春秋皇綱論》卷 5，頁 6）；或稱「《書錄解題》」（如《簿錄‧還冤志》卷 14，頁 4）；或稱「陳氏《書錄》」（如《簿錄‧說文解字篆韻譜》卷 7，頁 9）、或稱「陳振孫《書錄解題》」（如《簿錄‧南遷錄》卷 8，頁 28）、或稱「陳振孫《書錄》」（如《簿錄‧鬻子》卷 12，頁 3）；或逕稱「陳振孫」（如《簿錄‧東坡書傳》卷 3，頁 9）等，其中以「陳氏《書錄解題》」所用次數最多。諸如此類，雖仍可知其所指為何書，但不免過於粗略，有失嚴謹。

四、各類屬之總卷數核算舛錯

馬國翰於《玉函山房藏書簿錄》每類屬之末皆標註該類、屬所收書之總部數及總卷數，但往往與《玉函山房藏書簿錄》實際所著錄之藏書數量有所差異，此姑舉二例，以概見其餘。如《簿錄‧經編‧易類》末云：「右易類一百四十八部，共一千九十六卷，除載《文集》七卷，實一千九十一卷。」（卷 2，頁 49），詳為核計，實著錄 148 部，1128 卷，除載《文集》10 卷，亦有 1108 卷。又如《簿錄‧史編‧地理類》末云：「右地理類二百零三部，共三千四百八十四卷。」（卷 10，頁 49），然詳為核計，實著錄 188 部，3463 卷。或計算偶誤，或刊印前有所撤換，未詳其因。

總而言之，《玉函山房藏書簿錄》的編製雖偶有疏漏、舛誤之處，但持平而論，馬國翰以一己之力，既能匯整藏書、部次甲乙、撰寫解題，且又能妥

善利用藏書以治學著述，已可謂藏書家之典範，其於中國私家藏書史、目錄
學史上的貢獻與地位是值得肯定的。

重要參考書目

一、專　書

（一）經

1. 《尚書今古文注疏》，〔清〕孫星衍撰，皇清經解本，台北：復興書局，1972 年。

2. 《經學歷史》，〔清〕皮錫瑞撰、周予同注釋，北京：中華書局，1989 年 9 月第 4 次印刷。

3. 《清代學術概論》，〔清〕梁啟超撰，上海：上海書店，1989 年 10 月。

4. 《中國近三百年學術史》，〔清〕梁啟超撰，天津：天津古籍出版社，2003 年 5 月。

5. 《中國古籍輯佚學論稿》，曹書杰撰，長春：東北師範大學出版社，1998 年 9 月。

6. 《清代考據學研究》，郭康松撰，武漢：崇文書局，2003 年 5 月第 2 次印刷。

（二）史

1. 《漢書》，〔漢〕班固撰、〔唐〕顏師古注，台北：鼎文書局，1986 年 10 月第 6 版。

2. 《清史稿，趙爾巽等撰，台北：鼎文書局，1981 年 9 月。

3. 《十七史商榷》，〔清〕王鳴盛撰，續修四庫全書本，上海：上海古籍出版社 1997 年。

4. 《古史考》，〔清〕孫星衍，叢書集成新編本，台北：新文豐出版公司，1985 年。

5. 《中國史學史稿》，劉節撰，鄭州：中州書社，1982 年 12 月。

6. 《清代科舉考試述略，商衍鎏撰，台北：文海出版社，1975 年。

7. 《山東鄉試舉人題名錄》，不著編人，台北：中央研究院歷史語言研究所傅斯年圖書館藏清道光間刊本。

8. 《阮元年譜》，〔清〕張鑑等撰、黃愛平點校，北京：中華書局，2002 年 11 月北京第 2 次印刷。

9. 《藹仁府君自訂年譜》，〔清〕龔易圖編、龔晉義等續編，北京圖書館藏珍本年譜叢刊本，北京圖書館出版社，1999 年 4 月。

10. 《清儒學案》，〔清〕徐世昌編，台北：世界書局，1979 年 4 月。

11. 《江浙藏書家史略》，吳辰伯撰，台北：文史哲出版社，1982 年 5 月。

12. 《中國著名藏書家傳略》，鄭偉章、李萬健撰，北京：書目文獻出版社，1986 年 9 月。

13. 《中國藏書家考略》，楊立誠、金步瀛合編、俞運之校補，上海：上海古籍出版社，1987 年 4 月。

14. 《山東藏書家史略》，王紹曾、沙嘉孫撰，濟南：山東大學出版社，1992 年 12 月。

15. 《中國古代文獻學家研究》，張家璠、閻崇東主編，桂林：廣西師範大學出版 1996 年 6 月。

16. 《山東著名藏書家》，杜澤遜師、程遠芬師，濟南：山東文藝出版社，2004 年。

17. 《陝西省石泉縣志》，〔清〕舒鈞撰，台北：成文出版社據清道光 29 年刊本影印，1968 年。

18. 《陝西省涇陽縣志》，〔清〕劉懋官修、周斯億纂，台北：成文出版社據清宣統 3 年鉛印本影印，1968 年。

19. 《陝西省洛州縣志》，余正東主修、黎錦熙總纂，台北：成文出版社據民國 33 年鉛印本影印，1968 年 12 月台 1 版。

20. 《續輯漢陽縣志》，〔清〕黃式度修、王柏心等纂，中國地方志集成本，南京：江蘇古籍出版社，2001 年 8 月。

21. 《續陝西通志稿》，楊虎城等修、宋伯魯等纂，地方志人物傳記資料叢刊本（西北卷），北京：北京圖書館出版社，2001 年 6 月。

22. 《山東省章邱縣鄉土志》，〔清〕楊學淵撰，台北：成文出版社據清光緒 33 年石本影印，1968 年。

23. 《山東省續修歷城縣志》，〔清〕毛承霖纂修，台北：成文出版社據民國 15 年鉛本影印，1968 年。

24. 《山東通志》，〔清〕孫葆田等撰，台北：華文書局，民國 4 年重印本，

1969 年 1 月。

25. 《天一閣藏明代地方志考錄》，駱兆平編，北京：書目文獻出版社，1982
    年 12 月。

26. 《方志學基礎》，王復興撰，濟南：山東大學出版社，1987 年 8 月。

27. 《隋書經籍志考證》，〔清〕章宗源撰，二十五史補編本，北京：中華書
    局，《1991 年 3 月。

28. 《郡齋讀書志》，〔宋〕晁公武撰，書目續編本，台北：廣文書局，1968
    年 3 月。

29. 《直齋書錄解題》，〔宋〕陳振孫撰，書目續編本，台北：廣文書局，1979
    年 5 月再版。

30. 《通志二十略》，〔宋〕鄭樵撰、王樹民點校，北京：中華書局，1995 年
    11 月。

31. 《文獻通考》，〔元〕馬端臨撰，台北：新興書局，1958 年 10 月。

32. 《淵閣書目》，〔明〕楊士奇撰，明代書目題跋叢刊本（上），北京：書目
    文獻出版社，1994 年 1 月。

33. 《寶文堂書目》，〔明〕晁瑮撰，明代書目題跋叢刊本（上），北京：書目
    文獻出版社，1994 年 1 月。

34. 《千頃堂書目》，〔明〕黃虞稷撰，上海：上海古籍出版社，2001 年 7 月。

35. 《千頃堂書目研究》，周彥文撰，台北：東吳大學中文研究所博士論文，
    1985 年 4 月。

36. 《經義考》，〔明〕朱彝尊，北京：中華書局，1998 年 11 月。

37. 《經義考補正》，〔清〕翁方綱撰，書目續編本，台北：廣文書局，1968
    年 3 月。

38. 《朱彝尊經義考研究》，楊果霖撰，台北：中國文化大學中文研究所博士
    論文，2000 年 6 月。

39. 《欽定四庫全書總目》，〔清〕永瑢、紀昀等撰，台北縣，藝文印書館，
    1997 年 9 月初版 7 刷。

40. 《四庫全書簡明目錄》，〔清〕紀昀等撰，台北：世界書局，1975 年 11
    月 3 版。

41. 《增訂四庫簡明目錄標注》，〔清〕邵懿辰撰，台北：世界書局，1961 年
    5 月。

42. 《玉函山房藏書簿錄》，〔清〕馬國翰撰，北京：北京圖書館出版社，2001
    年 6 月。

43. 《增補彙刻書目》，〔清〕朱學勤，書目五編本，台北：廣文書局，1972
    年。

44. 《書目答問補正》，〔清〕張之洞撰、范希曾補正、高明路點校，北京：
    北京燕山出版社，1995 年 5 月。

45. 《清朝續文獻通考》，〔清〕劉錦藻撰，台北：台灣商務印書館，1987 年
    12 月台 1 版。

46. 《觀古堂藏書目》，〔清〕葉德輝撰，台北：中央研究院歷史語言研究所
    傅斯年圖書館藏長沙葉氏觀古堂 1915 年排印本。

47. 《郋園讀書志》，〔清〕葉德輝撰，台北：明文書局，1990 年 12。

48. 《藏園群書經眼錄》，〔清〕傅增湘撰，北京：中華書局，1983 年 9 月。

49. 《販書偶記》，〔清〕孫殿起錄，北京：中華書局，1962 年 4 月第 3 次印
    刷。

50. 《烏石山房簡明書目》，龔綸重校鈔，台北：台灣大學圖書館藏鋼板寫刻
    油印本。

51. 《四庫提要敘講疏》，張舜徽撰，台北：台灣學生書局，2002 年 3 月。

52. 《國立台灣大學、台灣省立台北圖書館、國防研究院、國立台灣師範大
    學、私立東海大學善本書目，國立台灣大學等編輯，台北：台灣大學，
    1968 年。

53. 《東京大學東洋文化研究所漢籍分類目錄》，東京大學東洋文化研究編，
    東京：東京大學東洋文化研究所，1973 年 3 月。

54. 《京都大學人文科學研究所漢籍目錄》，京都大學人文科學研究所編，京
    都：京都大學人文科學研究所，1979 年 3 月。

55. 《杭州大學圖書館線裝書總目》，杭州大學圖書館編，杭州：杭州大學圖
    書館 1964 年。

56. 《四川大學圖書館古籍叢書目錄》，倪晶瑩編，成都：四川大學出版社，
    1994 年 7 月。

57. 《山東師範大學圖書館館藏古籍書目》，張宗茹、王恆柱編，濟南：齊魯
    書社 2003 年 5 月。

58. 《山東文獻書目》，王紹曾主編，濟南：齊魯書社，1993 年 12 月。

59. 《清人文集別錄》，張舜徽撰，台北：明文書局，1982 年 2 月。

60. 《清人詩集敘錄》，袁行雲撰，北京：文化藝術出版社，1994 年 8 月。

61. 《清人別集總目》，李靈年、楊忠主編，合肥：安徽教育出版社，2000
    年 7 月。

62. 《中國叢書綜錄》，上海圖書館編，上海：上海古籍出版社，1959 年 12
    月。

63. 《中國叢書綜錄補正》，陽海清編撰、蔣孝達校訂，揚州：江蘇廣陵古籍
    刻印社 1984 年 8 月。

64. 《經籍會通外四種》,〔明〕胡應麟等撰,王嵐、陳曉蘭點校,北京:北京燕山出版社,1999 年 8 月。

65. 《書林清話外二種》,〔清〕葉德輝撰,紫石點校,北京:北京燕山出版社,1999 年 12 月。

66. 《中國目錄學史論叢》,王重民撰,北京:中華書局,1984 年 12 月。

67. 《中國目錄學》,昌彼得、潘美月撰,台北:文史哲出版社,1991 年 10 月初版 2 刷。

68. 《中國目錄學史》,李瑞良撰,台北:文津出版社,1993 年 7 月。

69. 《中國目錄學》,胡楚生撰,台北:文史哲出版社,1995 年 9 月。

70. 《中國目錄學理論》,周彥文撰,台北:台灣學生書局,1995 年 9 月。

71. 《中國目錄學》,劉兆祐撰,台北:五南圖書出版有限公司,1998 年 7 月。

72. 《中國古代圖書分類學研究》,傅榮賢撰,台北:台灣學生書局,1999 年 8 月。

73. 《余嘉錫説文獻學》,余嘉錫撰,上海:上海古籍出版社,2001 年 3 月。

74. 《中國文獻學》,張舜徽撰,台北:木鐸出版社,1983 年 9 月。

75. 《校讎別錄》,王叔岷撰,台北:華正書局,1987 年 5 月。

76. 《古籍版本學概論》,嚴佐之撰,上海:華東師範大學出版社,1989 年 10 月。

77. 《中國大陸古籍存藏概況》,潘美月、沈津編,台北:國立編譯館,2002 年 12 月。

78. 《中國藏書通史》,傅璇琮、謝灼華撰,寧波,寧波出版社,2001 年 2 月。

(三)子

1. 《諸子集成新編（三)》,四川大學古籍整理研究所・中華諸子寶藏編纂委員會編,成都:四川人民出版社,1998 年 2 月。

2. 《玉函山房輯佚書》,〔清〕馬國翰撰,東京:中文出版社,1979 年 9 月。

3. 《黃氏逸書考》,〔清〕黃奭撰,續修四庫全書本,上海:上海古籍出版社,1997 年。

4. 《增訂叢書舉要》,〔清〕楊守敬撰,楊守敬集本,武漢:湖北人民出版社,1988 年 4 月。

5. 《玉函山房輯佚書目耕帖續補》,〔清〕李元璂輯,台北:中央研究院歷史語言研究所傅斯年圖書館藏清光緒己丑夏五章邱李氏校刊本。

6. 《紅藕花軒泉品》,〔清〕馬國翰撰,中國錢幣文獻叢書本,上海:上海

古籍出版社，1992 年 8 月。

7. 《勸化金箴——清代善書研究》，游子安撰，天津：天津人民出版社，1999
年 4 月。

（四）集。

1. 《顧亭林文集》，〔清〕顧炎武撰，台北：新興書局，1956 年 2 月。

2. 《章學誠遺書》，〔清〕章學誠撰，北京：文物出版社，1985 年 5 月。

3. 《鐵橋漫稿》，〔清〕嚴可均撰，續修四庫全書本，上海：上海古籍出版
社，1995 年。

4. 《秋橋詩選》，〔清〕王德容撰，濟南：山東省立圖書館藏道光壬寅刊本。

5. 《馬氏全書十種》，〔清〕馬國翰撰，台北：中央研究院歷史語言研究所
傅斯年圖書館藏清光緒十年繡江李氏補刊本。

6. 《玉函山房文集》，〔清〕馬國翰撰，上海：上海圖書館藏清光緒十年甲
申孟秋繡江李氏補刊本。

7. 《玉函山房詩集》，〔清〕馬國翰撰，上海：上海圖書館藏清光緒十年甲
申孟秋繡江李氏補刊本。

8. 《校經室文集》，〔清〕孫葆田撰，叢書集成續編本，台北：新文豐出版
公司，1989 年 7 月台 1 版。

二、單篇論文

1. 《佞古書屋漫筆》，〔日〕神田喜一郎，愛書，第 3 輯，昭和 9 年（1934
年）12 月。

2. 《鵝莊訪書記》，邢藍田撰，山東省立圖書館季刊第 2 期，奎虛書藏落成
紀念專集第 1 集，1936 年 12 月。

3. 《玉函山房藏書簿錄及輯佚書問題》，梁子涵撰，大陸雜誌，第 4 卷第 5
期，1952 年 3 月。

4. 《馬國翰和玉函山房輯佚書》，沙嘉孫撰，山東圖書館季刊，1983 年第 2
期，1983 年。

5. 《清代兩大輯佚書家評傳》，王重民撰，收入《中國目錄學史論叢》，北
京：中華書局，1984 年 12 月。

6. 《山東古代私家藏書簡述》，齊秀榮撰，山東圖書館季刊，1987 年第 2
期總第 24 期，1987 年。

7. 《馬國翰竊章宗源輯佚成果辯》，葉樹聲、張立敏撰，淮北，河北圖苑，
1994 年第 4 期總第 26 期，1994 年。

8. 《周中孚的目錄學貢獻》，李衍翎撰，山東圖書館季刊，1994 年第 2 期，

1994 年。

9. 《論清代輯佚興盛的原因》，張升撰，古籍整理研究學刊，1994 年第 5 期總第 51 期，1994 年。

10. 《觀古堂藏書聚散考》，蔡芳定撰，國立中央圖書館館刊，第 27 卷第 1 期，1994 年 6 月。

11. 《國立台灣大學圖書館所藏古籍的整理》，潘美月、夏麗月撰，國家圖書館館刊，第 85 卷第 2 期，1996 年 12 月。

12. 《玉函山房輯佚書研究》，王君南撰，書目季刊，第 31 卷第 1 期，1997 年 6 月。

13. 《輯佚工作展望》，喬衍琯撰，國家圖書館館刊，1998 年第 1 期，1998 年 6 月。

14. 《玉函山房、漢學堂輯佚書考略》，黃鎮偉撰，古籍整理研究學刊，1998 年第 3 期，1998 年。

15. 《道教勸善書的界定及主要特徵》，陳霞撰，宗教學研究，1998 年第 3 期，1998 年。

16. 《清代輯佚學的成就》，蘇秀錦撰，重高學報，第 2 期，1999 年 6 月。

17. 《齊魯私人藏書樓概述》，沙嘉孫撰，收入黃建國、高躍新主編《中國古代藏書樓研究》，北京：中華書局，1999 年 7 月。

18. 《清代馬國翰著作木刻雕版在章邱發現》，滕咸惠撰，文史哲，2000 年第 4 期，2000 年。

19. 《百年藏板重現記》，寧陰棠撰，藏書家第 4 輯，濟南：齊魯書社，2001 年 9 月。

20. 《馬國翰與玉函山房藏書簿錄》，杜澤遜師撰，文獻，2002 年第 2 期，2002 年 4 月。

21. 《馬國翰與玉函山房藏書簿錄》，賀宜撰，東岳論叢，第 23 卷第 5 期，2002 年 9 月。

22. 《唐以前中國文獻目錄分類的沿革》，景遐東撰，湖北師範學院學報（哲學社會科學版），第 23 卷第 1 期，2003 年。

23. 《馬國翰和玉函山房輯佚書》，梁玲華、馮海霞合撰，泰山鄉鎮企業職工大學學報，2003 年第 1 期，2003 年。

書　影

書影一：《玉函山房藏書簿錄》

〔清〕馬國翰撰（北京圖書館出版社影印山東大學圖書館藏清刊本《玉函山房藏書簿錄》2001 年 6 月）

書影二：馬國翰《玉函山房藏書簿錄》手批（一）

〔清〕馬國翰撰，原刊本（台灣大學圖書館藏）

案徐家印
編此書之佐
記任土事
再玉此二再
殘本玉無
可題三處
右行張冠
李戴殊矢
詳考

周魏文侯師衞國卜商子夏撰漢志不

歆云漢興韓嬰傳荀易云丁寬所作張

駢臂子弓所作薛虞記孫坦周易枝蘊

之杜子夏趙汝楳周易輯聞以為鄧彭

夏傳梁邱易者唯洪邁容齋隨筆引羣

斷為孔子弟子卜子夏晉中經簿四卷

六卷隋書經籍志唐書藝文志并二卷

德明經典釋文序錄三卷原書佚知玉

翰林院庶吉士武威張澍介侯輯錄武

玉函山房藏書簿錄 卷二 三

書影三：馬國翰《玉函山房藏書簿錄》手批（二）

〔清〕馬國翰撰，原刊本（台灣大學圖書館藏）

其點化故實筆有爐錘而寄託又復深遠使遇
皮陸兩翁拈毫對壘未知古今人孰勝負也然
集爲律賦試帖
潛研堂文集五十卷　嘉定刊本
國朝……嘉定錢大昕曉徵撰號竹汀于
經文之舛誤經義之聚訟而難決者皆能剖析
源流凡文字音韻訓詁之精微地理之沿革官
制之體例氏族之流派古人姓字里居古今石
刻篆隸及　古九章算術迄今中西歷法無不賅

書影四：《玉函山房詩集》

〔清〕馬國翰撰，清光緒十年甲申孟秋繡江李氏補刊本（上海圖書館藏）

玉函山房詩集卷一　　　歷城馬國翰竹吾甫

丁卯

廟志詩

晴晝方永微風乍過啼鶯在樹寄我好歌光陰荏苒駛

此流波不勤往訓此生若何

卬躬懋勉感彼流暉惜今之日知昔之非心自有含約

之始歸古歡永好佩我弦韋

望漳河

玉函山房詩集　卷一

書影五：《玉函山房文集》

〔清〕馬國翰撰，清光緒十年甲申孟秋繡江李氏補刊本（上海圖書館藏）

玉函山房文集卷一

賦

歷城馬國翰竹吾甫

蘭比君子賦 以清風過之其香藹然爲韻、

有草焉深山挺秀幽谷含貞品超凡卉色擢羣英宜國香之服媚感王氣而鍾生根之深者葉茂實之大者聲宏故惟秋蘭之馥堪比君子之清爾其懷淡品固深叢被清露汜光風鑒三霄之月向離十丈之塵紅無邊景足竟體香充抱孤芳於石畔塗瑶質於山中則君子之

書影六：馬國翰致李廷棨手札

〔清〕馬國翰撰（採自邢藍田撰〈鵝莊訪書記〉，山東省立圖書館季刊奎虛
書藏落成紀念專集，第 1 集第 2 期，1936 年 12 月）

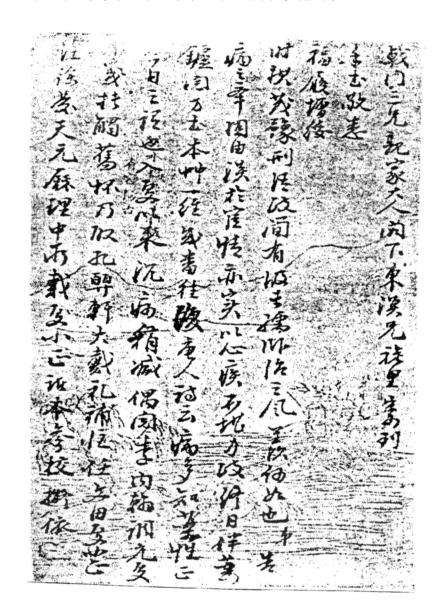

書影七：馬國翰的藏書印（一）──玉函山房藏書

採自〔明〕王士琛撰《順成集稿》，明天順五年永年教授徐節刊本（台北國
　　家圖書館藏）

書影八：馬國翰的藏書印（二）──玉函山房藏書

採自〔清〕高承埏撰《崇禎忠節錄》，清刊本（中央研究院歷史語言研究所
　　傅斯年圖書館藏）